Eduard Pestel

Jenseits der Grenzen des Wachstums

Eduard Pestel

Jenseits der Grenzen des Wachstums

Bericht an den Club of Rome

Deutsche Verlags-Anstalt Stuttgart

Zum Andenken an

Aurelio Peccei,
den Gründer und ersten Präsidenten
des Club of Rome

CIP-Titelaufnahme der Deutschen Bibliothek

Pestel, Eduard:
Jenseits der Grenzen des Wachstums:
Bericht an d. Club of Rome/ Eduard Pestel. –
Stuttgart: Deutsche Verlags-Anstalt, 1988
ISBN 3-421-06393-1

© 1988 Deutsche Verlags-Anstalt GmbH, Stuttgart
Alle Rechte vorbehalten
Typografische Gestaltung: Brigitte Müller
Gesamtherstellung: Druckerei Wagner GmbH, Nördlingen
Printed in Germany

Inhalt

»Wo keine Vision ist,
werden die Menschen verkommen.«

Salomos Sprüche 29,18

Vorwort

Ursprünglicher Anlaß für dieses Buch war der Wunsch des Präsidenten des Club of Rome, Dr. Alexander King, und des Exekutivkomitees nach einer Neubewertung des ersten Berichts an den Club of Rome, »Die Grenzen des Wachstums«, der vor fünfzehn Jahren in aller Welt erhebliches Aufsehen erregt hatte. Daraus erwuchs – nach einer kritischen Auseinandersetzung des erweiterten Exekutivkomitees mit der ersten Version des vorliegenden Buches – schließlich ein Bericht mit einer neuen Zielsetzung, die im Prolog dargelegt ist und sich als Herausforderung an die in den wohlhabenden und mächtigen Ländern lebenden Menschen versteht.

Darüber hinaus gewann das Buch, während es in den vergangenen Monaten Gestalt annahm, auch programmatischen Charakter für die wichtigsten Themen der gegenwärtigen und zukünftigen Arbeit des Club of Rome. Ich habe mich jedenfalls bemüht, dem Leser mit diesem Bericht ein über den Tag hinaus wesentliches Dokument in die Hand zu geben.

Die angesprochenen Themen sind von eminent aktueller Bedeutung für die zukünftige Entwicklung des menschlichen Zusammenlebens in allen Teilen der Welt. Bei ihrer Behandlung mußte ich natürlich versuchen, auf konkrete, in diesen Themenkomplexen sich stellende Fragen auch möglichst konkrete Antworten zu geben. Hier erschien es mir wichtig, im Rahmen einer Weltsicht, die das »Zeitlose« dieses Berichts ausmacht, beispielhaft Lösungen für eine Reihe uns alle bedrängender Probleme anzubieten. Wem diese Lösungsvorschläge unzureichend oder gar ungeeignet erscheinen, dem mögen sie wenigstens als Anregung zu eigener Suche nach besseren Lösungen dienen.

Ich möchte den vielen Freunden danken, die sich die Mühe gemacht haben, die in englischer Sprache geschriebene Originalfassung dieses Buches zu kommentieren. Zu besonderem Dank bin ich Alexander King für seine zahlreichen kritischen Anmerkungen und seine ständige Ermunterung verpflichtet. Ohne Zweifel hat dieses Buch auch in hohem Maße von langen Diskussionen mit meinem Mitautor des zweiten Berichts an den Club of Rome, »Menschheit am Wendepunkt«, Professor Mihailo Mesarović, profitiert.

Hannover, im August 1987   Eduard Pestel

Einführung
von Alexander King

Präsident
des Club of Rome

Der Club of Rome wird 1988 sein zwanzigjähriges Bestehen feiern. Es ist in der Tat ein kleines Wunder, daß diese Gruppe von hundert Persönlichkeiten aus dreiundvierzig Ländern ohne Organisationsstruktur, ohne Geschäftsstab und ohne Etat so lange überleben konnte. Sie verdankt es im hohen Maße der Überzeugungskraft, der Energie und dem Charisma ihres verstorbenen Präsidenten Aurelio Peccei, dem dieses Buch gewidmet ist.

Als wir 1968 den Club of Rome gründeten, hatten die Industrieländer den Höhepunkt des schnellen Wirtschaftswachstums in der Nachkriegsperiode erreicht, aber schon damals traten viele beunruhigende Zeichen der Disharmonie zutage. Es war das Jahr der »Ereignisse von Paris« und der Anfang der Studentenunruhen in vielen Ländern; die ersten Hippies machten von sich reden, wie auch andere Jugendliche, in denen sich die Entfremdung gegenüber der Tradition und dem Establishment manifestierte; zum ersten Male wurden sich viele Kreise der Bevölkerung in den Industrieländern der Tatsache bewußt, daß ihre Umwelt zunehmend Schaden nahm; und auch die Erkenntnis begann sich auszubreiten, daß sich globale Probleme am Horizont abzeichneten, die nicht mehr von einzelnen Nationen allein gelöst werden konnten.

Angesichts dieser Symptome einer Krankheit, die vornehmlich die wohlhabenden Gesellschaften, aber nicht nur diese, befallen hatte, gründeten wir den Club. Wir taten es in der Überzeugung, daß die Regierungen dieser Bedrohung nur unzureichende Aufmerksamkeit widmeten und daß es von allgemeinem Nutzen sein werde, wenn einige wenige Menschen verschiedener Herkunft und Denkweisen die Weltsituation untersuchen und ihre Schlußfolgerungen den Politikern wie den Bürgern zur Kenntnis bringen würden.

Bei ihrer ersten Zusammenkunft in Rom brachte eine Handvoll von Westeuropäern, die seine ersten Mitglieder waren, ihre Überzeugung zum Ausdruck, daß die wachsende Interdependenz zwischen den Nationen einen neuen und globalen Denkansatz verlangte, daß Regierungen wegen ihrer kurzen Legislaturperioden zu sehr mit den unmittelbar zu lösenden Aufgaben beschäftigt seien und daher Schwierigkeiten hätten, sich den langfristigen und fundamentalen Problemfeldern zu stellen – und daß schließlich der Komplexitätsgrad der modernen Gesellschaft so hoch sei, daß man die unterschiedlichen Aufgaben wegen ihrer weithin unerkannten gegenseitigen Beeinflussung nicht mehr säuberlich voneinander getrennt bearbeiten könne. Wir gaben diesem Beziehungsgeflecht der Gegenwartsprobleme den Namen »Weltproblematik«.

»Die Grenzen des Wachstums« war der erste und dann bei weitem bekannteste in einer Reihe von Berichten *an* den Club of Rome. Ich betone das Wort *an*, weil wir niemals den Versuch gemacht haben, unter allen Mitgliedern des Club einen Konsens zu erreichen. Obwohl wir uns in der gemeinsamen Sorge um die Zukunft der Menschheit einig sind, so sind doch Herkunft, Ideologien und Denkansätze für die Lösung der Probleme bei unseren Mitgliedern so unterschiedlich, daß die Bemühung um Konsens unvermeidlich zu einem substanzlosen, ja einfältigen Kompromiß in der Beurteilung der Weltlage führen müßte. Wir haben uns daher mit der Analyse der Problemfelder begnügt, deren breit angelegte Diskussion uns allen notwendig erschien.

In den Diskussionen, die zu der Studie über »Die Grenzen des Wachstums« führten, war der Begriff des Wachstums keineswegs unser zentrales Thema. Wir stellten die Notwendigkeit weiteren Wachstums für die Beseitigung von Armutsbereichen und für soziale Verbesserungen in den Industrieländern nicht in Frage, natürlich auch nicht für den Beginn des Kampfes gegen die unsägliche Massenarmut in der Dritten Welt. Wir empfanden jedoch von Anfang an, daß das Streben nach Wirtschaftswachstum als Selbstzweck unzureichend, ja gedankenlos war, und daß ein dringendes Bedürfnis bestand, die gesellschaftlichen, kulturellen und politischen Folgen schnellen Wachstums vorausschauend zu studieren, das Wirtschaftswachstum in engen Bezug zu anderen gesellschaftlichen Zielen zu setzen und sich auch ernsthaft mit dem Aspekt der Wachstumsqualität auseinanderzusetzen.

Wir waren von der tiefgreifenden Resonanz, die der Bericht weltweit auslöste, höchst überrascht, zugleich auch von der plötzlichen »Berühmtheit« beunruhigt, die »Die Grenzen des Wachstums« uns einbrachte. Die meisten von uns waren sehr betroffen, nunmehr als Nullwachstums-Advokaten eingestuft zu werden: ein Ruf, der uns bis zu diesem Tage anhaftet und der wohl im wesentlichen von jenen Kritikern ausging, die sich wohl gar nicht der Mühe unterzogen hatten, das Buch oder zumindest die »Kritische Würdigung« sorgfältig zu lesen, in der die Mitglieder des Exekutivkomitees des Club of Rome ihre Meinung zu dem Bericht zum Ausdruck gebracht hatten.

Während wir uns dem zwanzigjährigen Jubiläum nähern, scheint es uns an der Zeit zu sein, einmal auf Ereignisse zurückzublicken, die der Veröffentlichung der »Grenzen des Wachstums« vorausgingen und die ihr folgten. Wir haben daher Professor Eduard Pestel, der damals wesentlich an dem Zustandekommen dieser Studie mitgewirkt hat, gebeten, seine persönlichen Erinnerungen und Erfahrungen niederzuschreiben und darüber hinaus sein eigenes Konzept eines vernünftigen Wachstumsansatzes darzulegen, dem er die Bezeichnung »organisches Wachstum« gegeben hat.

Dies hat er in dem hier vorliegenden Bericht getan, verbunden mit einigen Aspekten seiner Weltsicht, die mit den gegenwärtigen Anliegen des Club of Rome eng korrespondieren.

Bevor ich auf die vorliegende, von Pestels persönlicher Erfahrung stark geprägte Darstellung ein wenig eingehe, möchte ich den »Grenzen des Wachstums« noch einige Bemerkungen anfügen: Als der Bericht der Öffentlichkeit vorgestellt wurde, waren wir uns alle der unvermeidlichen Unzulänglichkeit dieser Pionierarbeit bewußt, nicht zuletzt wegen der nicht ausreichenden Datenbasis, aber auch wegen der Schwierigkeit, z. B. die Wirkungen und Folgen der Umweltverschmutzung quantitativ zu erfassen und unvorhersehbare technische Entwicklungen mit ins Kalkül zu ziehen. Nichtsdestoweniger waren wir überzeugt, daß der Bericht die Grundlage für eine

breite Debatte über das Wachstum und seine Folgen bot; darin war
der Bericht zweifellos äußerst erfolgreich. Die weitere Bedeutung
des Buches bestand darin, daß es eindrucksvoll die quantitativen
gegenseitigen Beeinflussungen der verschiedenen Variablen des
Weltmodells darstellte und damit einem der wesentlichen Anliegen
des Club of Rome gerecht wurde. Dieser erste Versuch eines Weltmodells hatte auch zur Folge, daß viele Anstrengungen unternommen wurden, den Modellansatz zu verbessern und auszuweiten;
unter diesen ragt das regionale Weltmodell von Mihailo Mesarovic
und Eduard Pestel hervor.

Am bedeutsamsten war jedoch, wie im folgenden auch Pestel betont, die Tatsache, daß das Buch weltweit eine Diskussion über die
Zukunftsaussichten der Menschheit stimulierte und das Bewußtsein
für die großen globalen Probleme schärfte: Es unterstrich somit
auch das dringende Bedürfnis nach antizipatorischem Denken und
Handeln, das an die Stelle des gegenwärtig praktizierten lediglich
adaptiven Reagierens auf Situationen treten müsse, die bereits kri-
senhafte Ausmaße angenommen hätten.

Natürlich bleibt die Frage: Müssen wir uns heute immer noch um
näherrückende Grenzen sorgen? Mit Sicherheit bestehen Grenzen
für exponentielles Wachstum. Wie im vorliegenden Buch dargestellt, würde ein jährliches Wachstum von 5 Prozent am Ende des
nächsten Jahrhunderts eine zweihundertfünfzigfache Zunahme des
Volumens der Weltwirtschaft bedeuten – was man sich einfach
nicht vorstellen kann. Aus diesem Grunde ist es überzeugend, wenn
Pestel Parallelen zum Wachstum in der Natur sucht, wo die Bäume
auch nicht in den Himmel wachsen, und den Begriff des »organischen Wachstums« einführt und diesen dann mit der Betonung auf
differenzierte und qualitative Entwicklung weiter untersucht. Im
Gegensatz dazu ist Krebs das wohl eindringlichste Beispiel in der
Natur für undifferenziertes Wachstum.

In der Tat ist Wachsamkeit erforderlich im Hinblick auf viele Variablen im Weltsystem und ihre gegenseitige Beeinflussung, hinter denen sich leicht unerwartete Verwundbarkeiten des Systems verber-
gen können – was bald nach der Veröffentlichung der »Grenzen des
Wachstums« allen vor Augen geführt wurde, als der Ölpreis plötz-

lich stark anstieg und die Versorgungssicherheit des Erdöls in Frage gestellt wurde. Dieses Ereignis war ein unübersehbarer Hinweis auf die Bedeutung des Begriffs »Weltproblematik«, da von der Ölkrise Erschütterungen der Industrie und des Transportwesens, des internationalen monetären Systems, der Umweltbedingungen und der Geopolitik ausgingen. Gegenwärtig kann auf ähnliche Weise die ungleiche Bevölkerungsentwicklung in Nord und Süd die unterschiedlichsten Schwierigkeiten hervorrufen. Das Bevölkerungswachstum wird sicherlich nicht weiter exponentiell verlaufen, aber seine Abflachung kann so spät kommen, daß vielen Teilen der Erde Katastrophen drohen.

Die rapide Zunahme der Bevölkerung wird ferner die Belastung der Umwelt vergrößern, sowohl im Rahmen der Erzeugung von Nahrungsmitteln, indem z. B. immer mehr Land überweidet wird und immer mehr Ackerboden der Erosion zum Opfer fällt, als auch wegen der wachsenden Abfallmengen, die von der Erde, der Luft und den Ozeanen absorbiert werden müssen.

Die Zunahme menschlicher Aktivitäten ist weitaus größer, als die Zunahme der Menschenzahl vermuten läßt: Nicht nur die Zahl der Menschen wächst rapide, sondern auch der Pro-Kopf-Verbrauch von Gütern, Dienstleistungen, Nahrungsmitteln und Rohstoffen, der in Zukunft immer stärker auch auf die Entwicklungsländer übergreifen wird. Ich schätze, daß allein während meiner Lebenszeit die Gesamtheit menschlicher Aktivitäten um das 15- bis 20fache zugenommen hat – und daß dies so weitergehen wird, wenn in unserem Lebensstil keine drastischen Änderungen erfolgen.

Es erscheint daher durchaus noch als realistisch, von gewissen materiellen Grenzen zu sprechen, auch davon, daß viele der Warnungen in den »Grenzen des Wachstums« heute noch Gültigkeit haben. Es wäre jedoch klug, diese Probleme weniger vom Standpunkt möglicher Grenzen des Wirtschaftswachstums zu sehen als innerhalb der Dynamik der Weltproblematik.

So besteht mehr denn je grundlegender Bedarf für Instrumente, die es den Regierungen ermöglichen, besser vorauszuschauen, die verschiedenen Trends abzuschätzen und Problemfelder abzutasten, bevor deren Bewältigung zu schwierig wird. Pestel widmet sich diesen

Fragen auch vom Standpunkt der Theorie in einleuchtender Weise am Ende des ersten Teils dieses Buches.

Der Begriff »Grenzen« kann nicht allein auf materielle Grenzen beschränkt werden. Als die Kontroverse über »Die Grenzen des Wachstums« auf dem Höhepunkt war, gaben Aurelio Peccei und ich zu bedenken, daß die materiellen Grenzen, so wichtig sie sein mögen, wohl kaum je erreicht würden, weil vor ihnen bereits eine ganze Reihe von Begrenzungen – politische, gesellschaftliche, logistische und in der eigentlichen Natur des Menschen selbst begründete – erreicht werden würden. Wir müssen in der Tat drei Typen potentieller Grenzen anerkennen, die »äußeren Grenzen«, die wie die im Meadows-Bericht berücksichtigten im wesentlichen materieller Natur sind, die »inneren Grenzen«, die gesellschaftliche Systeme betreffen, und die »innerlichsten Grenzen«, die in der Natur des Menschen selbst angesiedelt sind.

In seinem zweiten Kapitel analysiert Pestel die unheilvollen Effekte, die eine aus Angst vor materiellen Grenzen bewußt geführte Nullwachstumspolitik nach sich ziehen würde. Die meisten, wenn nicht alle Club-Mitglieder, würden wohl dieser Analyse zustimmen. Da aber, wie schon angedeutet, undifferenziertes Wirtschaftswachstum auf Dauer nicht möglich ist, entwickelt Pestel danach seine Hauptthese vom »Organischen Wachstum« oder besser gesagt: organischer Weltentwicklung, in welcher die interdependente Entwicklung der einzelnen Subsysteme unseres Planeten stattfindet. In diesem Zusammenhang wendet sich Pestel der sich immer weiter erhöhenden Komplexität unserer Welt zu, die nicht als eine Ansammlung von 160 weitgehend unabhängigen souveränen Nationalstaaten gesehen werden darf, weil sie in der Tat aus aktiv mit- und gegeneinander agierenden Subsystemen besteht.

Zweifellos besteht der erste Schritt darin, bei den Entscheidungsträgern wie in der allgemeinen Öffentlichkeit ein tieferes Verständnis für die wahre Natur und die Evolution unserer Gegenwartsprobleme zu wecken. Dies ist eine der zentralen Aufgaben des Club of Rome, und das vorliegende Buch liefert dazu einen bedeutsamen Beitrag. Zudem müssen wir die Regierungen dazu bringen, sich der Notwendigkeit und ihrer Verantwortung für langfristiges Denken, für eine Politik auf weite Sicht und für mehr antizipatorisches als nur adaptives Handeln bewußt zu werden.

Der zweite Teil des Buches, »Wege in die Zukunft«, ist folgerichtig im Geiste des Konzepts einer organischen Entwicklung gestaltet. Alle hier angesprochenen Fragen betreffen Anliegen, mit denen sich der Club of Rome gegenwärtig beschäftigt und die offensichtlich wichtige Faktoren im Beziehungsgeflecht der Weltproblematik darstellen. Es ist unwahrscheinlich, daß alle Mitglieder des Club of Rome alle Gedanken des Verfassers mittragen werden; in der Tat hat das Exekutivkomitee des Clubs sich schon vor einem halben Jahr in kritischer und konstruktiver Debatte mit einer ersten Version des Berichtes auseinandergesetzt. Indessen wird man gerade diesem zweiten Teil des Buches in seiner jetzigen Fassung gern zugestehen, daß der Leser hier eine Fülle von stimulierenden und provokativen Ideen findet.

Das Buch wendet sich im wesentlichen an die in den Industrieländern lebenden Menschen und betont ihre Vorbildrolle und somit auch ihre besondere Verantwortung aufgrund ihres Einflusses, ihres Reichtums und ihrer Beherrschung moderner Technologie.

Die in diesem Buch gemachten Vorschläge einer Entwicklungsstrategie für die armen Länder sollten nicht als Rezepte »von der Stange« betrachtet werden. Jede Gesellschaft sollte eigene Alternativen erproben, die mit ihren kulturellen Traditionen und ihren menschlichen und materiellen Ressourcen in Einklang stehen. Dies ist offenbar der richtige Weg und sollte nicht nur toleriert, sondern von den hilfeleistenden Nationen ermutigt werden.

Ich möchte auch der Hoffnung Ausdruck geben, daß Pestels Ansichten zur Abrüstung, Abschreckung und Geopolitik ernste Aufmerksamkeit geschenkt wird. Diese werden weitgehend in den internen Debatten des Clubs über die Frage von Krieg und Frieden geteilt. »Frieden ist nicht bloß die Abwesenheit von Krieg, der selbst nur ein Symptom ist«, ist stets unser Leitmotiv gewesen, und nur im Rahmen harmonischer Weltentwicklung können wir auf wirklich dauerhafte Sicherheit hoffen.

Schließlich noch einige Worte zum letzten Kapitel über Energie und Umwelt. Trotz der zunehmenden Bewußtseinsbildung in der Öffentlichkeit in bezug auf die möglichen Klimaveränderungen, die sich aus der Konzentrationssteigerung von Kohlendioxid in der Atmosphäre bei fortgesetzter Nutzung fossiler Brennstoffe ergeben können – und trotz des Konsensus unter den Wissenschaftlern, daß dies eine wirkliche Gefahr ist –, wird einer langfristigen Energiepolitik viel zu wenig Aufmerksamkeit gewidmet. Die Katastrophe von Tschernobyl hat die Furcht der Öffentlichkeit vor der Kernenergie verstärkt. Die Zukunft mag jedoch zeigen, daß in der Konsequenz des Treibhauseffektes sich das Verbrennen von Kohle und Öl als gefährlicher erweist als der Einsatz von Kernenergie. Somit wird der Übergang in das nicht-fossile Energie-Zeitalter eine zwingende Notwendigkeit, in welchem nur noch die umfassende Nutzung der Sonnenenergie und eine akzeptable Anwendung der Kernenergie zur Erzeugung von Wärme, Treibstoffen, Elektrizität und Wasserstoff stattfinden werden.

Da dieser Übergang eine lange Zeit erfordern wird, entwirft Pestel eine interessante Übergangsstrategie. Sicherlich können auch noch andere Szenarien entworfen werden – wichtig ist jedenfalls, daß auf solche Weise die wirklich langfristigen Energieprobleme dargelegt und mögliche Lösungswege sorgfältig erörtert werden. Dies ist in vieler Hinsicht von großer Bedeutung, nicht zuletzt auch für die Kontinuität der Erzeugung ausreichender Nahrungsmittel für die riesige Erdbevölkerung, die unvermeidlich unseren Planeten bewohnen wird.

Das Buch ist reich an wichtigen Gedanken und neuen Konzepten, und so kann ich nur hoffen, daß es eine große Leserschaft finden wird.

Prolog

Um die Mitte des 19. Jahrhunderts wurde in England ein neues Kapitel in der Menschheitsgeschichte aufgeschlagen: Die erste industrielle Revolution hatte im Verlauf von nur einhundert Jahren einen neuen Gesellschaftstyp, die Industriegesellschaft, hervorgebracht. Vorausgegangen war das Zeitalter der Aufklärung mit einer Zunahme bürgerlicher Freiheiten im politischen und wirtschaftlichen Leben. Eine der wesentlichen Triebkräfte war das beschleunigte Wachstum von Englands Bevölkerung, die im 18. Jahrhundert von fünf auf zehn Millionen angewachsen war und in der ersten Hälfte des 19. Jahrhunderts mit zwanzig Millionen eine weitere Verdoppelung erfahren hatte. Bis dahin einzigartig in der Geschichte, hatte sich innerhalb nur eines Jahrhunderts ein umsturzartiger Wandel auf allen Gebieten des Lebens vollzogen.

Gegen 1850 war also in England die erste Industriegesellschaft der Menschheitsgeschichte entstanden: Mehr als 50 Prozent der Bevölkerung lebte in Städten, die in der Landwirtschaft tätigen Menschen machten nur noch 15 Prozent aus, und die Zahl der Werktätigen in der Industrie, im Bergbau und Baugewerbe, in Handel und Verkehr war innerhalb von hundert Jahren von weniger als 15 Prozent auf 60 Prozent der Beschäftigten angewachsen.

England war somit das erste industrielle Zentrum der Welt, und dieses industrielle Kerngebiet umfaßte damals mit seinen zwanzig Millionen Menschen ganze 2 Prozent der Weltbevölkerung von rund einer Milliarde Menschen.

Nur fünfzig Jahre später hatte sich das industrielle Zentrum auf Westeuropa und die Vereinigten Staaten von Nordamerika ausgedehnt und war damit auf 250 Millionen Menschen angewachsen, das heißt auf etwa 15 Prozent der Weltbevölkerung von 1900. Zu dieser Zeit bildeten Ost- und Südeuropa sowie Japan die industrielle Peripherie, deren weitere industrielle Entwicklung in den darauffolgenden fünfzig Jahren die Bevölkerung des industriellen Zentrums auf 750 Millionen anschwellen ließ. Heute umfaßt das industrielle Kerngebiet der Welt schon mehr als eine Milliarde Menschen, also etwa 20 Prozent der fünf Milliarden Menschen, die unseren Planeten gegenwärtig bewohnen.

Noch bedeutsamer ist jedoch die Tatsache, daß sich in den vergangenen fünfzig Jahren auch die industrielle Peripherie gewaltig erweitert hat. Mit den Schwellenländern China, Indien, Brasilien, Mexiko – um nur die volkreichsten zu nennen – wird die industrielle Peripherie heute von mehr als zwei Milliarden Menschen bevölkert. Im Blick auf die rapide Urbanisierung steht zu erwarten, daß die Schwellenländer in den kommenden fünfzig, sechzig Jahren in das industrielle Zentrum hineinwachsen und damit dann, wegen ihres vorhersehbaren Bevölkerungswachstums, dem gegenwärtigen industriellen Kerngebiet mehr als drei Milliarden Menschen hinzufügen werden.

Wenn diese Länder – dem schrecklichen Beispiel der heutigen Großmächte folgend – sich dabei genötigt sähen, gleichzeitig mit ihrer industriellen Entwicklung auch am Wettlauf um militärische Macht teilzunehmen, wäre kaum auszudenken, welche Mächtekonstellation mit einem ungeheuren Zerstörungspotential entstehen würde. Dann könnten in der Tat die politischen Spannungen in der Welt schließlich doch noch die letzten Bande der Solidarität unter den Menschen auf unserer Erde zerreißen. Wenn wir die unheilvollen Vorstellungen des militär-industriellen Komplexes nicht aus unseren Köpfen vertreiben, ist jedenfalls eines ganz sicher: Die Verschwendung menschlicher und materieller Ressourcen aufgrund wahnwitziger militärischer Aufwendungen – sie betragen heute schon jährlich mehr als 800 Milliarden US-Dollar, also Tag für Tag über zweieinhalb Milliarden Dollar – würde dann noch astronomischere Summen erreichen.

Nicht wenige Autoren vertreten die Meinung, die Industrieproduktion der gegenwärtigen industriellen Peripherie werde in den nächsten vierzig bis fünfzig Jahren um mehr als das 25fache zunehmen

(1)*. Solche Wachstumsvorhersagen kann ich zwar weder unter-
mauern noch widerlegen, gleichwohl habe ich keine Zweifel daran,
daß die Menschen in diesen Schwellenländern den Willen und auch
die Fähigkeiten besitzen, nach der Mitte des kommenden Jahrhunderts ihr Ziel eines materiellen Lebensstandards zu verwirklichen,
der dem der Menschen in den heutigen Industrieländern entspricht.

Wir können somit erwarten, daß zweihundert Jahre nach dem Aufbau der ersten Industriegesellschaft um 1850, mit eben 2 Prozent
der damaligen Weltbevölkerung, in den Industrieländern der Mitte
des 21. Jahrhunderts mehr als vier Milliarden Menschen leben werden, also rund die Hälfte der Zahl von mehr als acht Milliarden
Menschen, mit deren Erreichen bald nach dem ersten Viertel des
kommenden Jahrhunderts gerechnet wird.

Viele Erfahrungen sprechen dafür, daß die gegenwärtig sich indu-
strialisierenden Völker mit großer Wahrscheinlichkeit von den in
den heutigen Industrieländern vorherrschenden und sich weiterent-
wickelnden industriellen sowie landwirtschaftlichen Produktionsmethoden Gebrauch machen werden. Daraus folgt: Die moderne
Industriegesellschaft muß sich ihrer Vorbildfunktion bewußt werden und damit auch ihrer Verantwortung, die mit dieser Rolle verbunden ist (2). Es wäre zweifellos vermessen, den heutigen Lebensstil
der in den wohlhabenden Ländern lebenden Menschen als vorbild-
lich zu betrachten – aber dies bedeutet nicht, daß dieser materielle
Lebensstil nicht doch von immer mehr Menschen in den Schwellen-
und Entwicklungsländern als Vorbild betrachtet würde. Deren politische Eliten, selbst die in den ärmsten Ländern, leben wie die Reichen in den Industrienationen und wirken dabei als nachstrebens-
werte Vorbilder für die Bevölkerung ihrer Staaten.

Die heutigen Generationen in den wohlhabenden Ländern sollten
sich daher die folgende Frage stellen und dann auch um deren Be-
antwortung bemüht sein:

> Ist ein Entwicklungsprozeß, gekennzeichnet durch die welt-
> weite Anwendung moderner industrieller und landwirt-

---

* Diese Ziffern verweisen auf das Literaturverzeichnis, S. 206 f.

schaftlicher Produktionsmethoden und durch den unge-
hemmten Konsum ihrer Erzeugnisse, regional wie global
verträglich mit ökologischer Stabilität, mit einer gesunden
menschlichen und gesellschaftlichen Entwicklung, mit einer
zuverlässigen Versorgung aus nicht-erneuerbaren natürlichen Ressourcen und schließlich mit politischer Stabilität,
wenn der stets stattfindende Wandel in der Nutzung von
Energie und Rohstoffen sowie in den Produktions- und
Konsummustern weiterhin dem Weg des geringsten Widerstandes folgt, indem man sich hauptsächlich von wirtschaftlichen Gesichtspunkten und der augenblicklichen Befriedigung materieller Bedürfnisse leiten läßt?

Mit dem ersten Bericht an den Club of Rome (3) wurde im wesentlichen versucht, auf diese Frage – auch wenn von den Autoren der
Studie nicht in der hier vorliegenden Form gestellt – eine Teilant-
wort zu geben. Sie bestand in einem klaren Nein. Allerdings waren
die Lösungen, welche die Autoren zur Vermeidung der von ihnen
vorausgesehenen katastrophalen Entwicklung anboten, solcher Art,
daß sie von praktisch allen Entscheidungsträgern in Politik und
Wirtschaft – in den Industrie- wie in den Entwicklungsländern – als
utopisch und unrealistisch abgelehnt oder ignoriert wurden. Da das
Buch »Die Grenzen des Wachstums« sich mit der Welt als einem
homogenen Ganzen ohne jegliche Aufteilung in Nationen oder Regionen beschäftigte, fühlte sich auch niemand direkt angesprochen
und herausgefordert, Mitverantwortung für eine Korrektur der
Menschheitsentwicklung zu übernehmen, die andernfalls in nicht
allzu ferner Zukunft zum allgemeinen Zusammenbruch führen
müßte.

Natürlich hat jeder erwachsene Mensch – ob arm oder reich, ob
schwach oder mächtig – sein Maß an Verantwortung zu tragen,
doch dürfte wohl niemand der Feststellung widersprechen, daß die
bei weitem größte Last der Verantwortung auf den Schultern derer
ruht, die in den wohlhabenden Ländern leben. Denn wer kann sich
wohl um die ferne Zukunft sorgen, der heute nicht weiß, ob er
morgen noch genügend Nahrung für sich und seine Familie finden
wird?

Wenn also die soeben gestellte Frage eine negative oder zumindest eine mit erheblichen Zweifeln belastete Antwort erhalten sollte, dann stellt sich eine zweite herausfordernde Frage, die sich nun – ohne Wenn und Aber – an die Menschen in den wohlhabenden Ländern sowie an jene richtet, denen die Regierungsverantwortung für das Schicksal von Milliarden armer Menschen zufällt:

Wie können die im gegenwärtigen industriellen Zentrum lebenden Menschen ihre Vorbildfunktion für den Entwicklungsprozeß der Schwellenländer wie auch jener ganz armen Länder wahrnehmen, die noch nicht einmal in die Übergangsphase zur Industriegesellschaft eingetreten sind? Welcher Wandel in ihrem politischen, sozialen, ökonomischen und moralischen Denken, in ihrem materiellen Lebensstil und in der Entwicklung ihrer technischen Möglichkeiten ist notwendig, damit sie, die Wohlhabenden und Mächtigen, ihre Vorbildfunktion angemessen erfüllen und damit der Verantwortung für eine anhaltend günstige Entwicklung der gesamten Welt gerecht werden?

Ich hege keine Zweifel daran, daß die Übernahme ihrer Vorbildfunktion durch die Reichen und Mächtigen und die Qualität, mit der diese den Entwicklungsprozeß überall in der Welt richtungsweisend beeinflussen, von außerordentlicher Bedeutung für die Zukunft aller Menschen sein werden. Damit soll nicht gesagt sein, die Menschen in den Entwicklungsländern sollten sich den Lebensstil der Wohlhabenden und Mächtigen zu eigen machen. Sie sind selbstverständlich frei – soweit das die Bindungen und Beschränkungen gestatten, welche die gegenseitigen Abhängigkeiten der Völker ihnen auferlegen –, ihren eigenen Entwicklungsweg zu suchen. Einige Entwicklungsländer mögen jenen materiellen Lebensstil sogar völlig ablehnen, wie er in vielen Gesellschaftsschichten der modernen Industrienationen vorherrscht, die ihrerseits sicherlich auch von den gegenwärtig noch armen Völkern viel lernen können. Deshalb bedeutet der an die Wohlhabenden und Mächtigen gerichtete Appell zur Wahrnehmung ihrer Vorbildfunktion die Forderung, ihren Lebensstil, ihre Industriestruktur, ihre Verbrauchsmuster usw. auf eine Weise zu ändern, daß bei einer Übernahme all dessen durch die heute in den Schwellenländern und auch in den erst am Anfang der Industrialisierung stehenden, äußerst armen Entwicklungsländern lebenden Menschen die so im Laufe des kommenden Jahrhunderts entstehende Welt ökologisch, materiell, politisch, sozial, kulturell, moralisch und geistig auf Dauer überlebensfähig ist. Auf keinen Fall ist die Forderung nach Wahrnehmung der Vorbildfunktion so zu verstehen, daß der einzige Entwicklungspfad, der die Entwicklungsländer zu größerem Wohlstand führen könne, darin bestehe, das Modell der gegenwärtig industriell fortgeschrittenen Länder zu kopieren. Ich bitte meine Leser, sich dieser Definition der Vorbildrolle zu erinnern, wenn im folgenden immer wieder auf diese Vorbildfunktion der Wohlhabenden und Mächtigen hingewiesen wird.

Da durch »Die Grenzen des Wachstums« mehr als durch jedes andere Buch in der seither verflossenen Zeit die Diskussion über die Zukunft der Menschheit beflügelt worden ist, und weil besonders dieser Bericht an den Club of Rome versucht hat, die erste der umseitig gestellten beiden Fragen zu beantworten, habe ich Teil I des hier vorgelegten Berichts unter das Thema »›Die Grenzen des Wachstums‹ – wiederbetrachtet« gestellt. Natürlich gibt es noch weitere Gründe für diese Neubewertung; unter ihnen spielt nicht zuletzt die Tatsache eine Rolle, daß das Buch »Die Grenzen des Wachstums« die Aktivitäten des Club of Rome in den vergangenen fünfzehn Jahren quasi überschattet hat. Deshalb hat sich auch der Club of Rome in den vielen seither erschienenen Berichten und auf seinen zahlreichen internationalen Konferenzen – allerdings mit wenig Erfolg – darum bemüht, nicht ausschließlich mit den Aussagen der »Grenzen des Wachstums« identifiziert zu werden. Der hier vorgelegte Bericht dient unter anderem auch diesen Bemühungen. Ferner wird in Teil I ein neues Paradigma für Wachstum und Entwicklung eingehend erörtert, das eine konzeptionelle Sicht von Entwicklungsprozessen vermittelt, die über das gegenwärtig akzeptierte enge Konzept von quantitativem Wirtschaftswachstum grundlegend hinausgeht.

In Teil II wendet sich dieser Bericht einer Reihe von entscheidenden konkreten und allgemeinen Fragen zu, deren Lösung die Menschen in den wohlhabenden Ländern zu suchen haben, indem sie sich dringlich um Antworten auf den zweiten hier aufgeworfenen Fragenkomplex bemühen. In diesem Teil konnte ich stellenweise auf einige frühere Berichte an den Club of Rome zurückgreifen.

Möge so dieses Buch »Jenseits der Grenzen des Wachstums« als ein weiterer Schritt in der Evolution der Arbeit des Club of Rome – von der Analyse der uns bedrängenden Weltprobleme bis zur Erkundung verschiedener gangbarer Wege in die Zukunft – gesehen werden.

I
»Die Grenzen des Wachstums« – wiederbetrachtet

Einleitung

Ich hatte das Buch nicht wieder in die Hand genommen, seit es vor fünfzehn Jahren (1972) veröffentlicht worden war, und so war ich ein wenig neugierig, ob es mich genauso anrühren würde wie damals.

Obwohl ich zu den Kritikern der »Grenzen des Wachstums« gehörte – aus Gründen, die ich später erörtern werde –, war ich wieder von Anfang an von dem Buch gefesselt, vielleicht mehr von der gelungenen Diktion, die Donella Meadows verantwortete, als vom Inhalt selbst. Auch jetzt noch war ich beeindruckt von der mit einfachen Mitteln überzeugenden Darstellung und Interpretation der Ergebnisse des Forschungsprojekts und von dem gleichermaßen bescheidenen wie selbstbewußten Eingeständnis mancher Mängel der Studie.

Beim Wiederlesen des Buchs wurden natürlich auch viele Erinnerungen wach, darunter solche an heftige öffentliche Auseinandersetzungen und an – zuweilen unfaire – Kritiken in Zeitungen, Zeitschriften und sogar in Gestalt ganzer Bücher. Im Gedächtnis geblieben waren mir auch die zahlreichen Fehldeutungen der nicht gerade wenigen, welche »Die Grenzen des Wachstums« für ihre Behauptung auszuschlachten suchten, in den Industrieländern müßten Wirtschaftswachstum und technischer Fortschritt sofort ein Ende finden. Erneut gewann ich auch den Eindruck, daß viele, die damals so schnell eine abschließende Meinung zu dem Buch präsentierten, es offenbar nur flüchtig gelesen und dabei häufig bloß ihre eigenen Vorurteile auf den Text des Buches projiziert hatten.

Es war daher für mich keine Überraschung, daß von den meisten Kritikern jene zwei unmittelbaren Ziele kaum beachtet worden waren, die der Club of Rome im Auge hatte, als sein Exekutivkomitee

das Team des Massachusetts Institute of Technology (MIT) einlud,
dieses Forschungsprojekt durchzuführen. Diese Ziele finden sich in
der »Kritischen Würdigung« des Exekutivkomitees am Ende des
Buches. Offensichtlich waren viele Leser, professionelle Kritiker
eingeschlossen, beim Lesen gar nicht so weit gekommen. Es lohnt
sich daher wohl, im folgenden die entsprechenden Passagen der
»Kritischen Würdigung« wörtlich zu zitieren:

> »1. Wir wollten die Grenzen unseres Weltsystems und die
> Zwänge, die es dem Menschen auferlegt und die seine Akti-
> vitäten lenken, genauer kennenlernen. Stärker als je zuvor
> tendiert die Menschheit gegenwärtig zu beschleunigtem
> Wachstum der Bevölkerung, rascherer Nutzung von Boden,
> Steigerung von Produktion, Verbrauch und Erzeugung von
> Schadstoffen. Man nimmt dabei kurzerhand an, daß der
> natürliche Lebensraum dies zulasse oder daß Wissenschaft
> und Technik alle etwaigen Hindernisse überwinden könn-
> ten. Wir wollten wissen, bis zu welchem Grad diese Haltung
> mit den Gegebenheiten auf unserem begrenzten Planeten
> und den grundlegenden Notwendigkeiten unserer menschli-
> chen Gemeinschaft vereinbar ist – von der Milderung sozia-
> ler und politischer Spannungen bis zur Verbesserung der
> Lebensqualität für alle.
> 2. Wir wollten dazu beitragen, die beherrschenden Kräfte
> und die zwischen ihnen wirkenden Beziehungen klar heraus-
> zuarbeiten, die auf lange Sicht unser Weltsystem beeinflus-
> sen. Das kann nach unserer Meinung nicht erreicht werden,
> wenn man sich auf nationale Komplexe und Kurzzeit-Ana-
> lysen beschränkt. Unser Forschungsziel sollte keine Futuro-
> logie sein, sondern eine Analyse herrschender Tendenzen
> und ihrer gegenseitigen Wechselwirkungen sowie der mögli-
> chen Folgen. Wir wollten vor weltweiten Krisenzuständen
> warnen, die entstehen können, wenn diese Tendenzen an-
> halten, und Wege zu Veränderungen auf politischem, wirt-
> schaftlichem und sozialem Gebiet aufzeigen, die derartige
> Krisen verhindern könnten.«

Wer in dem letzten Satz den Sinn des lateinischen Ausspruchs »Uti-

nam vates falsus sim« (Auf daß ich ein falscher Prophet sei!) entdeckt, dürfte wohl richtig interpretieren. Wie fünfzehn Jahre zuvor
glaube ich auch heute noch, daß »Die Grenzen des Wachstums«
diesen Zweck gut erfüllt haben und daß das Buch sich darüber
hinaus mit seinen – vorerst nur tastenden – Vorschlägen als Kataly-
sator für die Eröffnung neuer Perspektiven zur Gestaltung der
Zukunft unserer Welt bewährt hat.

Fairerweise muß zugegeben werden, daß der Club of Rome zunächst weit ehrgeizigere Ziele anvisiert hatte. Er war zu dem Ent-
schluß gekommen, ein »Projekt zur mißlichen Lage der Menschheit« auf den Weg zu bringen. Es sollte den Komplex von Problemen untersuchen, die alle Menschen unserer heutigen Welt bedrän-
gen: Armut inmitten von Überfluß; Umweltzerstörung; Verlust des
Vertrauens in überkommene Institutionen; wachsende Arbeitslosigkeit und Beschäftigungsunsicherheit; Entfremdung zwischen jung
und alt; Ablehnung traditioneller Werte; Inflation sowie andere
monetäre und wirtschaftliche Erschütterungen usw. – all dies zusätzlich zu den spezifischen Problemen, denen die Entwicklungsländer im Süden und die Industieländer im Norden in unterschiedlicher Weise gegenüberstehen, wie das rapide Bevölkerungswachstum im Süden und die sich beschleunigende Zunahme des Verbrauchs nicht-erneuerbarer Rohstoffe und Energieressourcen im
Norden. Diese anscheinend so unterschiedlichen Symptome der
»Weltproblematik« sind alle interdisziplinärer Natur, indem sie
gleichzeitig technische, soziale, ökologische, ökonomische und politische Elemente enthalten; vor allem aber ist festzustellen, daß sie
innig miteinander verkettet sind. Diese systemaren Zusammenhänge galt es aufzudecken.

»Die Grenzen des Wachstums«

Zur Vorgeschichte

Im Spätsommer 1969 traf sich in dem Tiroler Kurort Alpbach ein halbes Dutzend Club-Mitglieder mit dem österreichischen Bundeskanzler Josef Klaus. Im Verlauf dieser Zusammenkunft schlug ich vor, die Analyse der »Weltproblematik« doch einmal mit Hilfe eines quantitativen Computermodells zu erarbeiten; auf andere Weise könnten wir wohl kaum erwarten, auf politische und wirtschaftliche Entscheidungsträger einen tiefen Eindruck zu machen, wie sich ja an der geringen Aufmerksamkeit erkennen lasse, die man verbalen Darstellungen der »Weltproblematik« bisher entgegengebracht habe – zum Beispiel zuletzt Aurelio Pecceis soeben erschienenem Buche »Der Abgrund vor uns« (4).
Dieser Vorschlag fand sogleich Anklang, wie auch später bei einer Zusammenkunft mit österreichischen Bankiers und Industriellen, und so wurde ein Mitglied des Club of Rome aufgefordert, einen Forschungsantrag auszuarbeiten, welcher der Stiftung Volkswagenwerk vorgelegt werden sollte. Damals bestand zunächst die Absicht, eine modifizierte »Delphi-Methode« als Forschungsansatz zu verwenden. (Dies ist eine Voraussagemethode, bei welcher die Vermutungen einer Vielzahl von Experten systematisch ausgewertet werden.)
Leider bot dieser Forschungsantrag – er wurde Anfang 1970 der Stiftung Volkswagenwerk vorgelegt – kaum einen überzeugenden Ansatz für die Durchführung dieser höchst komplizierten quantitativen Analyse, und so war es nicht überraschend, daß fast alle Gutachter der Stiftung aus ebendiesem Grund dem Antrag des Club of Rome ihre Unterstützung versagten.

Anfang Juni 1970, einige Wochen vor der Kuratoriumssitzung der Stiftung, fand die erste Jahreskonferenz des Club of Rome mit der Teilnahme fast aller Mitglieder (damals ungefähr vierzig) auf Einladung der Schweizer Regierung in Bern statt, deren damaliger Präsident Nello Celio unser Mitglied war. Auch hier konnten wir nicht von der Durchführbarkeit des Projekts auf der Basis einer modifizierten Delphi-Methode überzeugt werden. Dies war insbesondere deswegen bedauerlich, weil wir gehofft hatten, mit Hilfe dieses Ansatzes neben ökonomischen und anderen leicht quantifizierbaren Größen auch ökologische, soziale und politische Elemente explizit mitzuerfassen. Somit wäre diese Methode, hätte sie Anwendung finden können, der interdisziplinären Dimension der »Weltproblematik« gewachsen gewesen. Doch wie die Dinge standen, war die Zuversicht geschwunden, unsere ursprünglichen Vorstellungen in einem handhabbaren quantitativen Weltmodell zu verwirklichen.

Zu diesem Zeitpunkt erschien Professor Jay W. Forrester vom MIT quasi als »deus ex machina« auf der Szene und erklärte, mit seiner Methode – damals noch als »Industrial Dynamics« bezeichnet – die Aufgabe lösen zu können. In didaktisch hervorragender Manier demonstrierte er anhand schnell an die Tafel geworfener Diagramme, wie Bevölkerung, Industrietätigkeit und Ressourcen miteinander agierten. So gelang es ihm, unser Vertrauen wiederherzustellen, nun doch ein Computermodell konstruieren zu können, das die »mißliche Lage der Menschheit« – wenn auch nicht in allen ihren Dimensionen, so doch in einigen ihrer wesentlichen Aspekte – quantitativ erfassen würde. Ich gebe gern zu, daß mir, der ich viele Jahre Regelungs- und Systemtheorie an der Technischen Universität Hannover gelehrt hatte, Forresters pragmatischer Ansatz außerordentlich attraktiv erschien.

Als dann einige Wochen später das Kuratorium der Stiftung Volkswagenwerk den ursprünglichen Antrag des Club of Rome endgültig abgelehnt hatte, konnte mein Eintreten für Forresters Ansatz zumindest erreichen, daß einige Mittel für die Vorbereitung eines neuen Projekts am MIT gewährt wurden; und zwar mit dem Ziel festzustellen, ob mit Hilfe der Forrester-Methode nun doch noch eine quantitative Analyse der »Weltproblematik« durchgeführt werden könnte.

Inzwischen hatte Forrester bereits mit der Arbeit begonnen und in äußerst kurzer Zeit erstaunliche Fortschritte gemacht: Schon während seines Rückflugs von Bern nach Boston hatte er das Flußdiagramm für sein Modell »Welt 1« entworfen, das als seine fünf Hauptelemente Bevölkerung, landwirtschaftliche und industrielle Produktion, Vorräte an natürlichen Ressourcen und Umweltbelastung enthielt, also genau die gleichen Komponenten, die auch später das Gerüst für das von Meadows und seinen Mitarbeitern konstruierte Modell bildeten. Als das Exekutivkomitee des Club of Rome Ende Juni 1970 für eine Woche am MIT zusammenkam, um die Durchführung des Vorbereitungsprojekts zu erörtern, konnte Forrester uns bereits die ersten Läufe seines weiter verbesserten Computermodells »Welt 2« vorführen. Ich kann mich noch deutlich erinnern, wie beeindruckt Aurelio Peccei davon war, daß die Wachstumsphasen bei allen Computerläufen früher oder später während des kommenden Jahrhunderts ein jähes Ende fanden und in katastrophale Zusammenbrüche umschlugen, unabhängig davon, welche »technischen Tricks« angewendet wurden, um solche Zusammenbrüche zu verhindern. Peccei fand dadurch offenbar seine Befürchtung bestätigt, die Fortsetzung exponentiellen Bevölkerungs- und Wirtschaftswachstums werde in nicht allzu ferner Zukunft zu Katastrophen führen.

Wie nicht anders zu erwarten, verwarfen einige unserer Mitglieder – Sozialwissenschaftler – Forresters Ansatz. Ihre Argumente, die wir nach der Veröffentlichung von »Grenzen des Wachstums« von ihren Fachkollegen wiederhören sollten, waren ungefähr die folgenden: Ein Modell à la Forresters »Welt 2« ignoriere die relevanten Theorien und empirischen Grundlagen, die in den Disziplinen Ökonomie, Soziologie, Politologie und Psychologie erarbeitet worden seien; es vernachlässige die zu erwartenden technischen Fortschritte und unvorhersehbaren Diskontinuitäten; die bei der Formulierung des Modells gemachten Annahmen seien gröbliche Vereinfachungen des wirklichen Sachverhalts; die undifferenzierte Aggregierung in den Komponenten Bevölkerung, Ressourcen, Umweltbelastung,

Landwirtschaft, Industriekapital, kurz, die globale Aggregierung aller wesentlichen Komponenten, einschließlich der Hilfsvariablen wie Geburten- und Todesraten, Investierungen usw., wie der verschiedenen Wirkungsverzögerungen – all dies sei hoffnungslos unrealistisch. Kein Zweifel, ihre Argumente – wenn auch nicht alle – konnten nicht auf die leichte Schulter genommen werden. Andererseits vermochten die kritisch eingestellten Freunde keine bessere quantitative Modelltechnik anzubieten, die für die Analyse der »Weltproblematik« geeignet sein könnte.

Schließlich schlugen die Pragmatiker im Exekutivkomitee vor, wir sollten unsere ursprünglichen Ziele auf die oben zitierten zurückschrauben, um wenigstens einen ersten Schritt in unserem umfassenden »Projekt zur mißlichen Lage der Menschheit« zu tun. Da die Mehrheit sich diesem Vorschlag anschloß, baten wir Forrester, die Forschungsleitung zu übernehmen. Zu unserem Bedauern fand er sich jedoch nur bereit, das Projekt in beratender Funktion zu begleiten, da sein Assistent Dennis Meadows fähig genug sei, das Forschungsteam in der Vorbereitungsphase zusammenzustellen und zu leiten – und diese Funktion auch später wahrzunehmen, sollte die Stiftung Volkswagenwerk zur Finanzierung des Projekts bereit sein.

Es war eine spannungsreiche, ja zuweilen hektische Kuratoriumssitzung der Stiftung im November 1970, in der zu Beginn der stundenlangen Debatte die Dinge gar nicht rosig aussahen. Nach langem, zähen Ringen trat ein allmählicher Umschwung ein, der schließlich zu großer Stimmenmehrheit für die Finanzierung des Projekts führte. Meadows und sein junges, international besetztes Team konnten an die Arbeit gehen.

Einige Monate später, als ich das MIT in Cambridge (Mass.) im Frühjahr 1971 aufsuchte, um mir von dem Fortschritt des Unternehmens ein Bild zu machen, erwarteten mich zwei Überraschungen:

1. Das im Entstehen begriffene Modell »Welt 3« von Meadows unterschied sich wenig von Forresters »Welt 2«. Unterschiede bestanden lediglich in der größeren Anzahl von Hilfsvariablen, die sich auf eine umfangreichere empirische

Basis stützten als bei Forrester, und in einem erheblichen Einsatz von Verzögerungsfunktionen, die – wie jeder Regelungstechniker weiß – dann auch für die steileren Zusammenbrüche in den »Welt 3«-Läufen im Vergleich zu den entsprechenden Läufen von Forresters »Welt 2« verantwortlich waren.

Was mich jedoch besonders enttäuschte, war die Tatsache, daß nicht versucht worden war, die »Welt« zumindest in zwei gekoppelten »Nord«- und »Süd«-Modellen darzustellen. Als dann doch der Versuch gemacht wurde, meinem Wunsch nach einem solchen regionalisierten Weltmodell zu entsprechen, erwies sich allerdings die Methode »System Dynamics« (auf Vorschlag des Exekutivkomitees während der obenerwähnten Zusammenkunft im Juli 1970 hatte Forrester seiner Methode den neuen Namen »System Dynamics« gegeben) als hierfür nicht geeignet. Dieser Versuch der Desaggregierung mußte schon deshalb scheitern, weil das globale Modell »Welt 3« ebenso wie seine Vorgänger nicht aus der Aggregierung nationaler und regionaler Modelle hervorgegangen war, sondern in seiner monolithischen Struktur eine homogenisierte Welt darstellte. Es konnte damit von vornherein dem Wesen der Weltproblematik, seiner inhärenten Konfliktsituation, nicht gerecht werden.

2. Während der sechs Monate seit unserer Zusammenkunft am MIT im Juli 1970 hatte Forrester sich daran gemacht, sein eigenes Buch mit dem Titel »World Dynamics« zu schreiben, wahrscheinlich um seinem Weltmodell das Erstgeburtsrecht zu sichern. Hätte er für sein Buch den Titel seines vierten Kapitels, »Grenzen des Wachstums«, gewählt, wie es Meadows ein Jahr später tat, dann würde Forresters Buch wohl den Wind aus den Segeln des Meadows-Berichts genommen haben. Aber mit dem akademischen Titel »World Dynamics« (in Analogie zu seinen früheren Büchern »Industrial Dynamics« und »Urban Dynamics«) zog Forresters Buch in den Vereinigten Staaten nur geringe Aufmerksamkeit auf sich, ebenso wie später in der Bundesrepublik

Deutschland unter dem etwas kühneren, aber noch weniger aussagefähigen Titel »Der teuflische Regelkreis« (5); ein Buch, welches innerhalb kurzer Zeit von den »Grenzen des Wachstums« gänzlich verdrängt wurde, das nur wenige Monate später, im Juni 1972, in deutscher Sprache erschien. Meine Reise nach Cambridge im Frühjahr 1971 hatte aber auch ein höchst erfreuliches Ergebnis, da ich dort zum erstenmal mit Professor Mihailo Mesarović zusammentraf, der zufällig am MIT eine Gastvorlesung über »Complex Hierarchical Systems« hielt. Ich erkannte sofort das Potential seines Systemansatzes für die Konstruktion eines regionalisierten Weltmodells, in dem auch die regionalen Divergenzen und Konflikte erfaßt werden könnten, die der Welt soviel zu schaffen machen. Denn ohne Lösung dieser Konflikte dürften sich kaum Wege aus der Krise unserer Welt finden lassen. Ein solches Modell, das sich auf die Theorie komplexer hierarchischer Systeme stützte, würde wohl auch dem ursprünglichen Projekt des Club of Rome angemessen sein. Mesarović griff meinen Vorschlag, an einem neuen Weltmodell-Projekt zusammenzuarbeiten, damals – ein Jahr vor dem Erscheinen der »Grenzen des Wachstums« – sofort begeistert auf. Diesem Beginn folgte eine höchst konstruktive Zusammenarbeit, die drei Jahre später, 1974, in der Veröffentlichung des zweiten Berichts an den Club of Rome, »Menschheit am Wendepunkt« (6), ihren vorläufigen Höhepunkt erreichte und seither niemals abbrach. Aber dies ist eine andere Geschichte.

Die ersten Kommentare des Club of Rome zu den »Grenzen des Wachstums«

Das Exekutivkomitee stellte den Meadows-Bericht auf zwei internationalen Konferenzen im Sommer 1971, also noch fast ein Jahr vor seiner Veröffentlichung, zur Diskussion: Die eine fand in Moskau, die andere in Rio de Janeiro statt. Sie führten zu vielen Fragen und reizten zu Kritik; dennoch gab es keine grundsätzlichen Meinungsverschiedenheiten über die Ausblicke, die sich eröffneten. Ein vorläufiges Konzept des Berichts wurde etwa vierzig Personen, zu-

meist Mitgliedern des Club of Rome, zugeleitet. Die Hauptpunkte
ihrer Kritik unterschieden sich kaum von den schon erwähnten
Beanstandungen, wenn sie auch weniger aggressiv formuliert wurden. Manche gingen jedoch so weit, von der Veröffentlichung des
Berichts abzuraten: Es sollte nicht unser Hauptanliegen sein, die
Wachstumsprobleme in der Welt auf die Tagesordnung zu setzen;
wir sollten vielmehr Wege suchen, Armut und Krieg aus der Welt zu
verbannen. Die solche Argumente vortrugen, würden sich heute
durch die Tatsache bestätigt finden, daß der Club gegenwärtig ein
»Poverty Project« durchführt und kürzlich auch Anstrengungen
eingeleitet hat, nach Möglichkeiten zu suchen, die »von Abschrek-
kung zu Frieden ohne Furcht« führen könnten.
Die meisten Mitglieder machten sich allerdings die grundlegenden
Aussagen des Berichts zu eigen. Die wesentliche Bedeutung des Projekts wurde in seinem globalen Ansatz gesehen, der den Leser dazu
zwingt, über den Tellerrand nationaler Probleme hinweg den Blick
auf die »Weltproblematik« zu lenken. Allerdings, so wurde zugegeben, mußte angesichts der Verschiedenartigkeit der Weltbevölkerung, der nationalen politischen Strukturen und des jeweiligen Ent-
wicklungsstands natürlich ein Nachteil darin gesehen werden, daß
die in dem Bericht gezogenen Schlüsse zwar für unseren Planeten –
wäre er, was er nicht ist, eine monolithische Einheit –, keineswegs
aber für ein bestimmtes Land der Erde richtig sein könnten.
»In der Wirklichkeit« – so heißt es in der »Kritischen Würdigung«
– »entwickeln sich Krisen sporadisch in bestimmten Spannungs-
zentren, keineswegs überall und gleichzeitig auf dieser Erde. Wenn
also die Weltentwicklung, die im Modell vorweggenommen wird,
wegen menschlicher Gleichgültigkeit und politischer Schwierigkeiten tatsächlich eintreten sollte, so wird sie sich ohne Zweifel zunächst in einer Reihe von begrenzten örtlichen Krisen und Katastrophen auswirken. Zweifellos aber ist es richtig, daß auch diese lokalen Ereignisse weltweite Rückwirkungen haben würden und dann
in vielen Nationen und Völkern durch rasch ergriffene Hilfsmaßnahmen oder auch durch einen Rückzug in die Isolation und Autar-
kie die im Gesamtsystem wirksamen Faktoren nur verschlimmern
würden. Die gegenseitige Abhängigkeit der verschiedenen Kompo-

nenten im Weltsystem würde diese Maßnahmen auf lange Sicht
nutzlos machen. Kriege, Epidemien, schwerwiegende Verknappung
von Rohstoffen in Industriegesellschaften oder ein allgemeiner wirtschaftlicher Verfall würden zu gefährlicher Zersetzung des gesamten Sozialsystems führen« (s. »Kritische Würdigung« in »Die
Grenzen des Wachstums«, S. 168 f.).

Ein kritischer Empfang

Bereits vor der Veröffentlichung der »Grenzen des Wachstums«
waren wir uns der Möglichkeit bewußt, daß die meisten Aussagen
dieses Berichts als extrem pessimistisch gewertet werden würden.
Viele würden uns entgegenhalten, daß die Natur doch wohl Gegen-
maßnahmen gegen das Bevölkerungswachstum entwickeln werde
(von AIDS wußte damals noch niemand etwas), welche die Gebur-
tenrate noch vor dem Ausbruch von Katastrophen senken müßten.
Andere würden meinen, die in der Studie aufgezeigten Tendenzen
entzögen sich menschlichen Einwirkungsmöglichkeiten, und sie wären geneigt, fatalistisch darauf zu warten, daß sich irgend etwas
ereigne. Wieder andere mochten wohl hoffen, kleinere Korrekturen
des gegenwärtigen politischen Handelns könnten zu einer allmählichen und ausreichenden Anpassung und vielleicht zu einem Gleichgewichtszustand führen. Und weiterhin würde sicher eine große
Mehrheit an die Technik als Allheilmittel für alle Schwierigkeiten
glauben. Sie würde gewiß die Hauptrolle dabei spielen, das bedrük-
kende Schicksal der Erde, wie es in den Modelläufen angekündigt
wurde, abzuwenden.
Alle unsere Vorahnungen wurden übertroffen, als der Bericht im
März 1972 der Öffentlichkeit vorgestellt wurde. Ein großer Teil der
Kritik, hauptsächlich von seiten der Wirtschaftswissenschaften,
wies darauf hin, daß praktisch alle bei der Formulierung des Computermodells gemachten Annahmen aufgrund des hohen Aggregierungsgrades viel zu »grobgeschnitten« seien. Hiergegen war zwar
wenig einzuwenden, selbst nicht gegen den Vorwurf, einige Annahmen müßten als falsch angesehen werden. Insbesondere müßte

wohl zugegeben werden, daß in dem Modell die wichtige Rolle des Preismechanismus gar nicht berücksichtigt wurde, ja nicht berücksichtigt werden konnte, weil in dem Weltmodell nur *eine* – fiktive – Sorte von Ressourcen behandelt wurde, wodurch zum Beispiel die Substitution einer knapp werdenden Ressource durch eine andere von vornherein ausgeschlossen war.

Dennoch kann ich mich nicht von dem Argwohn freimachen, daß hier nicht der wesentliche Grund für den Proteststurm gegen »Die Grenzen des Wachstums« lag. Professor Geoffrey S. Holister umriß diesen Grund – noch zu einem so späten Zeitpunkt wie Oktober 1981 – mit unmißverständlicher Klarheit, vielleicht etwas zu scharf, in einem Leitartikel der UNESCO-Zeitschrift »Impact of Science on Society« (7) mit folgenden Sätzen: »Der Grund liegt in folgendem: Während die von den Modellbauern gemachten Annahmen in der Tat nicht vergröbernder oder unrealistischer sind als die üblicherweise von Wirtschaftswissenschaftlern gemachten, unterscheiden sie sich ›leider‹ von diesen. Modelle technischer Innovation und Substitution und ähnlicher Vorgänge, wie sie in den Wirtschaftswissenschaften dargestellt werden, haben – grob gesagt – einen genauso geringen Wirklichkeitsbezug, wie ihn der ›ökonomische‹ Mensch zum wirklichen besitzt. Im übrigen stützen sich die Begründungsketten der Wirtschaftswissenschaftler zumeist auf armselige Argumente von der Art, ›wie man leicht sieht‹ ... Solche Modelle haben nun aber in den Wirtschaftswissenschaften axiomatischen Rang, und wer sie in Frage stellt oder ignoriert, ist ein Ketzer für traditionelle Wirtschaftswissenschaftler, von denen viele jede Beziehung zur Wirklichkeit der Wirtschaft verloren haben und lediglich noch in monetären Kategorien zu denken vermögen.«

Nachdem also Professoren der Wirtschaftswissenschaften und der Soziologie sowie ähnlich ausgebildete Journalisten und andere Intellektuelle ihre Munition gegen den Club of Rome verschossen hatten – was übrigens mehr als alles andere dazu beitrug, »Die Grenzen des Wachstums« zu einem Bestseller in über zwanzig Sprachen zu machen –, blieb dennoch *ein* beharrliches Argument, das hauptsächlich aus politischen und industriellen Kreisen kam. Es bestand darin, daß die in den »Grenzen des Wachstums« angeblich

ausgesprochene Forderung nach Nullwachstum unbegründet sei;
zudem würde ihre Verwirklichung – falls diese sich erreichen ließe –
katastrophale Folgen haben, nicht nur für die Industrieländer, sondern noch viel mehr für die armen Entwicklungsländer. Ich erinnere
mich noch deutlich an die Intervention des indischen Botschafters in
den Vereinigten Staaten, der während der öffentlichen Vorstellung
des Buches in Washington am 3. März 1972 vehement darauf hin-
wies, daß jegliches Einfrieren weiteren wirtschaftlichen Wachstums
die Entwicklungsländer dazu verdammen würde, auf Ewigkeit in
Armut und Hunger zu leben.

Der »Nullwachstums-Club«

Mit der Zeit wurde es üblich, den Club of Rome mit der Forderung
nach Nullwachstum zu identifizieren. Das Wort »Nullwachstum«
taucht jedoch in dem Buch an keiner Stelle auf. Die Autoren schla-
gen vielmehr vor, die Welt möge einen Zustand »globalen Gleichgewichts« anstreben – mit im wesentlichen stabilen Zahlen für Bevölkerung und Kapital –, in dem Faktoren für Wachstum und
Schwund sorgfältig gegeneinander abgewogen sind.
Es spricht manches dafür, daß die Behauptung, der Club betrachte
Nullwachstum als wesentliche Bedingung für die Rettung dieser
Welt, bis heute immer wieder erhoben wurde, weil das Exekutivkomitee nicht früh genug gegen diese Unterstellung Front gemacht
hatte. Möglicherweise trug dazu der Umstand bei, daß einige Politiker hohen Ansehens, wie zum Beispiel Sicco Mansholt (der damalige Präsident der Europäischen Kommission), darauf bestanden,
die Phase wirtschaftlichen Nullwachstums so bald wie möglich einzuleiten. In einer öffentlichen Podiumsdiskussion am 14. Oktober
1973 – einen Tag nachdem der Club den »Friedenspreis des deutschen Buchhandels« in Anwesenheit des Bundespräsidenten erhalten hatte – eröffnete Sicco Mansholt sein Kurzreferat (8) wie folgt:
»Die wichtigste Frage scheint mir: Wie können wir in dieser Gesellschaft ein Nullwachstum herbeiführen? Es steht für mich außer
Frage, daß dieses Nullwachstum in unseren Industriegesellschaften,

in Amerika, Westeuropa und Japan, erreicht werden muß. Das macht auch die MIT-Studie beklemmend deutlich. Sollte das nicht gelingen, dann wird die Kluft, dann werden die Spannungen zwischen den armen und den reichen Nationen immer größer ... Es wäre eine Illusion, ja eine Lüge, zu behaupten, daß es ohne unser Wachstum auch kein Wachstum in der Dritten Welt geben könne. Eigentlich bin ich noch pessimistischer als Meadows ... Ich bin auch besorgt, ob wir die Kräfte bändigen können, die auf permanentes Wachstum gedrillt sind. Unser gesamtes Gesellschaftssystem drängt auf Wachstum – nicht nur einzelne Firmen, die Großunternehmen, die multinationalen Giganten ...« Auch die weiteren Ausführungen von Sicco Mansholt blieben weitaus radikaler als irgendeine Aussage in den »Grenzen des Wachstums«.

Ich glaube, daß heute nur noch ganz wenige Mitglieder des Club of Rome Mansholts unbedingtem und drängendem Eintreten für das Nullwachstum folgen würden. Zu jener Zeit freilich fanden die kritischen Stimmen einer ganzen Reihe von Club-Mitgliedern so gut wie keine Aufmerksamkeit in der Öffentlichkeit, weil für die Gegner des Clubs die Bezeichnung Nullwachstum ein willkommenes Stigma war, das den Club als seriösen Gesprächspartner in Kreisen der Politik und Wirtschaft disqualifizierte – während auf der anderen Seite denjenigen, welche die Welt für umsturzreif hielten, die den »respektheischenden Herren des Clubs of Rome« unterstellte Forderung nach Nullwachstum als gratis gelieferte Munition gegen das Establishment äußerst gelegen kam.

Unzulängliches und Verdienstvolles im ersten Bericht an den Club of Rome

Daß das Forschungsprojekt, aus welchem der Bericht »Die Grenzen des Wachstums« hervorgegangen war, nur ein erster, tastender Schritt war und daher in vieler Hinsicht unzulänglich sein mußte, wurde leider nur zu bereitwillig von Feind und Freund gleichermaßen übersehen. Meadows und sein Team waren sich natürlich der Mängel bewußt und wiesen darauf auch wiederholt in ihrem Be-

richt hin. Es wäre daher klüger gewesen, hätten sie in ihren katego-
rischen Schlußfolgerungen nicht versucht, den Eindruck zu erwek-
ken, als seien diese als gesicherte Resultate ihrer computergestütz-
ten Forschungsarbeit anzusehen. In diesem Zusammenhang sei der
Leser zum Beispiel auf die Abbildung 42 auf Seite 127 der »Grenzen
des Wachstums« verwiesen (s. Abb. 1): Hier versuchen die Autoren,
ihre These zu beweisen, daß die Nutzung aller technischen Maßnahmen, mit deren Hilfe die verschiedenen Grenzen des Wachstums
in allen Sektoren des Weltmodells umgangen werden sollten, zwar
die Periode des Wachstums von Bevölkerung und Industrie verlän-
gert, sich aber offensichtlich als ungeeignet erweist, die endgültigen
Grenzen des Wachstums zu beseitigen. Zweifellos sackt die Bevölkerungszahl am Ende des 21. Jahrhunderts rapide ab, und zwar
hauptsächlich wegen des Zusammenbruchs der Nahrungsmittelerzeugung und des außerordentlichen Anstiegs der Umweltverschmutzung. Aber an dieser Abbildung kann man leicht erkennen,
daß die implizierte Überbeanspruchung landwirtschaftlichen Bo-
dens, die dann schließlich die Nahrungsmittelerzeugung und in ihrer Folge die Bevölkerungszahl zusammenbrechen läßt, vermieden
worden wäre, hätten die Modellbauer die Pro-Kopf-Erzeugung von
Nahrungsmitteln auf, sagen wir, den dreifachen Betrag von 1970
begrenzt. Es hätte sicherlich keiner anderen Wertvorstellungen be-
durft, um die »Härte« zu ertragen, im Durchschnitt »nur« dreimal
soviel zu essen zu haben wie 1970. Oder haben die Autoren wirklich geglaubt, die Landwirte würden weltweit alles an Nahrungsmitteln erzeugen, was technisch möglich wäre, ohne Rücksicht darauf, ob sie gekauft und verzehrt würden? Auch die Begrenzung der
durchschnittlichen industriellen Produktion pro Kopf auf das vier-
oder fünffache Niveau von 1970 hätte für die Menschen keine besondere Härte bedeutet, aber sicherlich in hohem Maße dazu beigetragen, in dem Modellauf die Erschöpfung der natürlichen Ressourcen ebenso wie die Zunahme der Umweltverschmutzung zu verzö-
gern, dabei dennoch den Lebensstandard der Armen dieser Welt
über alle optimistischen Erwartungen hinaus zu erhöhen und
gleichzeitig den Beginn des Zusammenbruchs vor Ende des
21. Jahrhunderts zu vermeiden.

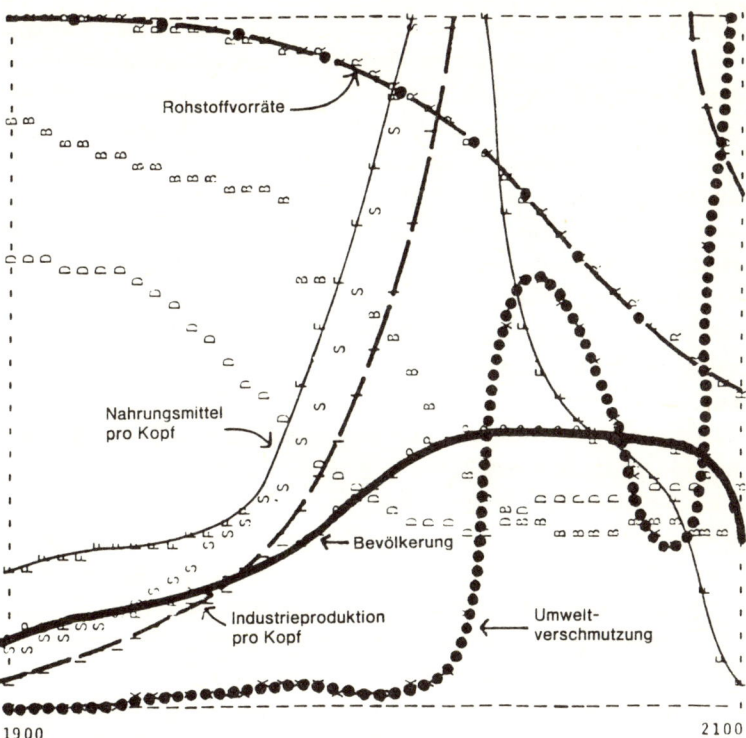

Abb. 1: **Verlauf bei unbegrenzten Rohstoffvorräten, Bekämpfung der Umweltverschmutzung, erhöhter landwirtschaftlicher Produktion und einer perfekten Geburtenkontrolle.**

Gleichzeitig wurden vier verschiedene Maßnahmen simuliert, um der Wachstums- und Verfallserscheinung der zuvor diskutierten Simulationen zu entgehen. 75 Prozent der genutzten Rohstoffe werden wieder der Nutzung zugeführt, die Schadstofferzeugung ist auf ein Viertel des Wertes von 1970 reduziert. Die Landnutzung ist verdoppelt, und wirksame Maßnahmen zur Geburtenkontrolle sind eingeführt. Jetzt wird zeitweilig ein gleichbleibender Bevölkerungsstand erreicht, wobei weltweit fast das Durchschnittseinkommen wie in den USA pro Kopf der Bevölkerung erzielt wird. Schließlich jedoch gerät das industrielle Wachstum wegen Rohstoffverknappung ins Stocken, die Sterberate und die Umweltverschmutzung steigen, während die Nahrungsmittelproduktion fällt.

Während es wahrscheinlich richtig ist, daß technischer Fortschritt *allein* die Menschheit nicht vor einer Katastrophe bewahren kann, so läßt sich doch eine solche Aussage – und dies sollte als eine sehr kritische Feststellung gewertet werden – nicht mit Hilfe des verwendeten Computermodells oder irgendeines anderen ähnlicher Bauart »beweisen«. Man muß sich darüber im klaren sein, daß quantitative Modelle zwar wichtige Hilfsmittel darstellen, aber in jeder Hinsicht unzulänglich sind, solche definitiven Urteile beweiskräftig zu begründen. Genausowenig kann natürlich der Beweis dafür erbracht werden, daß die Welt durch die Fortentwicklung technischer Mittel allein zu retten wäre.

Es ist auch eine Überforderung des Modells »Welt 3«, wenn die Autoren der »Grenzen des Wachstums« in ihrer Einführung zu dem Buch kategorisch feststellen:

»Unsere Schlußfolgerungen lauten:
1. Wenn die gegenwärtige Zunahme der Weltbevölkerung, der Industrialisierung, der Umweltverschmutzung, der Nahrungsmittelproduktion und der Ausbeutung von natürlichen Rohstoffen unverändert anhält, werden die absoluten Wachstumsgrenzen auf der Erde im Laufe der nächsten hundert Jahre erreicht. Mit großer Wahrscheinlichkeit führt dies zu einem ziemlich raschen und nicht aufhaltbaren Absinken der Bevölkerungszahl und der industriellen Kapazität.
2. Es erscheint möglich, die Wachstumstendenzen zu ändern und einen ökologischen und wirtschaftlichen Gleichgewichtszustand herbeizuführen, der auch in weiterer Zukunft aufrechterhalten werden kann. Er könnte so erreicht werden, daß die materiellen Lebensgrundlagen für jeden Menschen auf der Erde sichergestellt sind und noch immer Spielraum bleibt, individuelle menschliche Fähigkeiten zu nutzen und persönliche Ziele zu erreichen.
3. Je eher die Menschheit sich entschließt, diesen Gleichgewichtszustand herzustellen, und je rascher sie damit beginnt, um so größer sind die Chancen, daß sie ihn auch erreicht.
Diese knappen Schlußfolgerungen sind derart weitreichend und werfen so viele Fragen für künftige Forschungen auf,

daß auch wir selbst uns von der Größe dieser gigantischen
Aufgabe, die hier erledigt werden muß, nahezu überfordert
fühlen. Wir hoffen, daß dieses Buch das Interesse der Menschen auf allen Gebieten der Forschung und in allen Ländern der Erde erweckt und das Verständnis für die riesige
Aufgabe fördert: den Übergang vom Wachstum zum Gleichgewicht.«
Diese Feststellungen geben sicherlich die Ergebnisse der Modelläufe
wieder und enthalten unbestreitbar ein hohes Maß an faszinieren-
der Wahrheit. Es ist jedoch unzulässig, dem Leser den Eindruck zu
vermitteln, ihre Wahrheit werde durch die mit dem Computermodell gewonnenen Ergebnisse beweiskräftig bestätigt.
Von einem rein mathematischen Standpunkt gesehen muß jedes
dynamische System-Modell, das als Anfangswertproblem der hier
vorgelegten Art mit eingebauten Begrenzungen (Ressourcen und
landwirtschaftlich nutzbare Fläche) formuliert wird, mit fortschrei-
tender Zeit notwendigerweise das Eintreten von Zusammenbrü-
chen »vorhersagen«. (Im vorliegenden Fall wird das Modell mathe-
matisch von fünf gewöhnlichen linearen Differentialgleichungen erster Ordnung beschrieben, die miteinander durch Dutzende von
zumeist nicht-linearen algebraischen Beziehungen und einer Anzahl
von Verzögerungsfunktionen gekoppelt sind.) Bei Vorhandensein
kräftiger positiver Rückführungen werden auch eine beträchtliche
Erhöhung der eingebauten Begrenzungen und die Anwendung aller
nur denkbaren technischen Maßnahmen zur Ressourcen- und Um-
weltschonung nur ein geringes zeitliches Hinausschieben der Zusammenbrüche herbeiführen, was ja auch aus den Modelläufen her-
vorgeht. Da kann man auch ins Modellverhalten nichts »Kontra-
Intuitives« hineingeheimnissen, wie es Forrester ständig für das
Verhalten komplexer gesellschaftlicher Systeme beansprucht. Zusammenbrüche derartiger Systeme sind eben unvermeidlich, wenn
vorausgesetzt wird, sie seien unabdingbar von absoluter Ressour-
cenbegrenzung beherrscht. Die einzige offene Frage ist dann nur
noch die des Zeitpunkts, an dem das System kollabiert.
Was das Modell jedoch in hervorragender Weise – schon bei diesem
ersten Versuch – aufzeigte, waren die Verkettung und gegenseitige

Beeinflussung der in diesem Modell berücksichtigten Variablen. Die Struktur eines Modells aufzustellen ist nicht so sehr ein mathematisches Problem; es erfordert vielmehr die Durchdringung des Systems und ein vertieftes Verständnis seiner Wirkungsweise. Dies setzt in hohem Maße die Fähigkeit voraus, die komplexe Wirklichkeit auf ihre wesentlichen Aspekte zurückzuführen, damit das so entstehende Modell nicht zu kompliziert wird, zugleich aber all das erhalten bleibt, was für den Untersuchungszweck wesentlich ist. Daß dabei häufig zu grobe Vereinfachungen gemacht werden müssen, ist natürlich eine Folge des für Weltmodelle typischen hohen Aggregierungsgrades. Deshalb dürfen weder die Autoren einer Modellstudie noch deren Leser der Versuchung erliegen, im Modellverhalten das der Wirklichkeit zu sehen. Dieser Gefahr ist man ständig ausgesetzt, und es gibt in den »Grenzen des Wachstums« wie auch in dem zweiten, von Mesarović und mir verfaßten Bericht an den Club of Rome, »Menschheit am Wendepunkt«, eine Reihe von Passagen, bei denen der Leser den Eindruck gewinnen könnte, die Verfasser seien dieser Versuchung zum Opfer gefallen. Holister (7) hat wohl recht, wenn er sagt: »Man sollte in Weltmodellen nützliche Parabeln sehen, bei denen man bei vorsichtiger Auslegung gewisse Einsichten in mögliche zukünftige Optionsspielräume gewinnen kann.«

Wenn man sich mit der Zukunft beschäftigt, können Modelle bei der Gewinnung tieferer Einsicht in komplexe Zustände und Entwicklungen sehr hilfreich sein; sie können jedoch keine Vorhersage ermöglichen. Auf diesen Punkt werde ich am Schluß von Teil I, im Abschnitt »Überleitung«, zurückkommen.

Das Wachstumsdilemma

Betrachtung des »abgekürzten« Standardlaufs

Nehmen wir einmal an, Meadows und sein Team hätten ihren Zeithorizont auf das Jahr 2000 begrenzt, also »nur« über einen Zeitraum von dreißig Jahren in die Zukunft geschaut – für den traditionellen Wirtschaftsprognostiker bereits eine sehr lange Zeitspanne. Der Standardlauf des Weltmodells in der Abbildung 35 (s. »Die

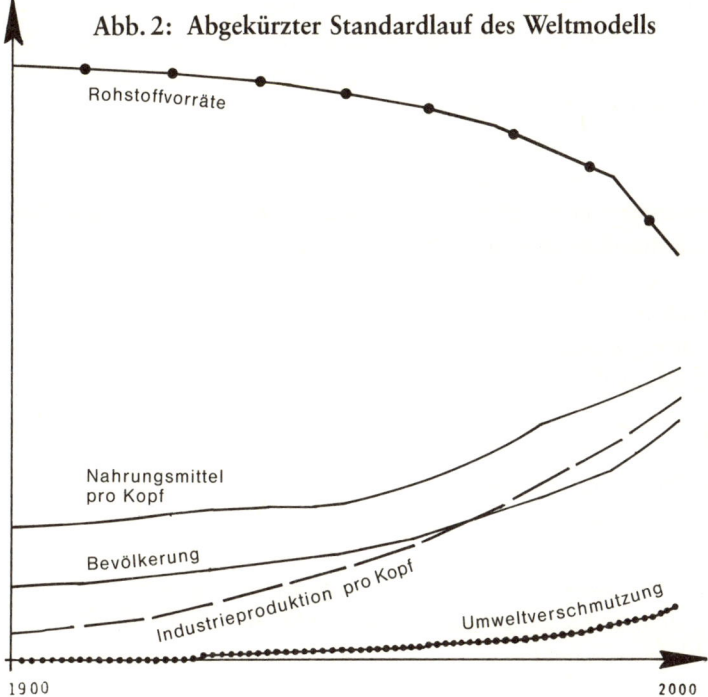

Abb. 2: Abgekürzter Standardlauf des Weltmodells

Rohstoffvorräte

Nahrungsmittel pro Kopf

Bevölkerung

Industrieproduktion pro Kopf

Umweltverschmutzung

1900   2000

Grenzen des Wachstums«, S. 113) würde dann dem der Abbildung
2 auf der vorangehenden Seite entsprechen:
Niemand würde sich über die in dieser Abbildung dargestellte Entwicklung aufgeregt haben: Nahrungsmittelerzeugung und Industrieproduktion pro Kopf übertreffen im Jahre 2000 die entsprechenden Zahlen von 1970 um 50 Prozent – nicht schlecht, wenn
man bedenkt, daß im gleichen Zeitraum die Weltbevölkerung von
3,6 auf über sechs Milliarden anwächst; daraus würde dann eine
absolute Zunahme der landwirtschaftlichen und industriellen Produktion um 80 Prozent folgen. Dies ist zwar nicht besonders beein-
druckend, denkt man an die Wachstumsraten der sechziger Jahre;
aber man könnte versucht sein, aus diesem Modellauf den »Beweis«
dafür abzulesen, daß die Welt ohne Schwierigkeit mit dem Anwachsen der Bevölkerung um mehr als zwei Milliarden innerhalb von nur
dreißig Jahren fertigwerden könnte, einem Zuwachs also von mehr
Menschen, als vor fünfzig Jahren die Erde bevölkerten. Im übrigen
spiegelt sich in der Darstellung der Abbildung 2 eine Weltentwicklung, die nicht weit von jener entfernt ist, welche in den seit der
Veröffentlichung der »Grenzen des Wachstums« vergangenen fünfzehn Jahren stattgefunden hat.
Es ist außerdem interessant festzustellen, daß die aus der Abbildung
2 ableitbaren Schlußfolgerungen in überraschendem Gegensatz zu
den entsprechenden Schlüssen des Berichts »Global 2000« der Car-
ter-Administration stehen. Dieser Bericht ist weitaus pessimistischer
als »Die Grenzen des Wachstums«; denn der Standardlauf der
Abbildung 2 zeigt eine deutliche Verbesserung des Zustands unserer Welt, während »Global 2000« zu dem Schluß kommt, daß
im Jahr 2000 die Verhältnisse bestenfalls nicht besser als die heutigen sein werden, wenn die gegenwärtigen Trends sich fortsetzen
sollten.
Aus der Abbildung 2 können wir auch nur eine geringe Zunahme
der Umweltverschmutzung ablesen, während die Abnahme der
natürlichen Ressourcen bis zum Jahr 2000 nach dem Standardlauf schon ganz erheblich ist. Doch bessere Technik, verbessertes
Recycling und intelligente Substitution von Rohstoffen durch neue,
reichlich vorhandene Materialien, Kern- und Sonnenenergie usw.

sollten im Laufe der Zeit helfen, jeder ernsthaften Verknappung von Rohstoffen entgegenzuwirken. Auf diese Weise könnte man geneigt sein, den Standardlauf mit Optimismus zu interpretieren. Also kein Grund zur Unruhe, wenn die Welt die gegenwärtigen Wachstumstrends aufrechterhalten könnte?

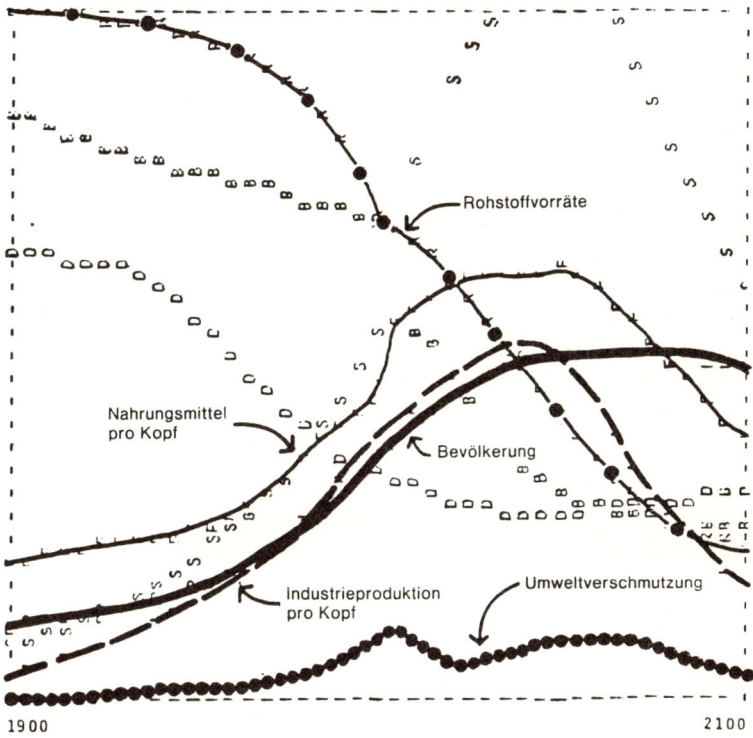

1900   2100

Abb. 3: Weltmodell mit stabilisierenden Maßnahmen (im Jahr 2000).

Wenn man alle Maßnahmen zur Stabilisierung erst im Jahr 2000 einführt, läßt sich nur ein kurzer Gleichgewichtszustand erreichen, da durch Anwachsen von Bevölkerung und Industrieproduktion schwerwiegende Lebensmittelknappheit und Rohstoffmangel schon vor dem Jahr 2100 wirksam werden.

Bemerkungen zum globalen Gleichgewichtszustand

Hätte Meadows und sein Team den Modellauf (s. Abb. 3), in welchem rigorose stabilisierende Maßnahmen im Jahre 2000 ergriffen werden (vgl. Abb. 48 auf Seite 152 der »Grenzen des Wachstums«), in das 22. Jahrhundert weiterlaufen lassen, anstatt wie bei allen Modelläufen im Jahre 2100 aufzuhören, dann hätte man auch hier einen Zusammenbruch der Bevölkerung zu Beginn des zweiundzwanzigsten Jahrhunderts feststellen müssen. Denn der wäre notwendigerweise die Folge einer raschen Abnahme der natürlichen Ressourcen, der pro Kopf zur Verfügung stehenden Nahrungsmittel und der Industrieproduktion gewesen, einer Abnahme, die sich in dem Modellauf schon Ende des 21. Jahrhunderts ankündigt; und dies, obwohl hier alle möglichen Stabilisierungsmaßnahmen (vgl. Seiten 149 bis 150 von »Grenzen des Wachstums«) vom Jahr 2000 ab getroffen wurden.

In dem Ergebnis dieses Modellaufs, daß nämlich die Zusammenbrüche trotz solch offensichtlich rigoroser Stabilisierungsmaßnahmen unvermeidbar sind, könnte man geneigt sein, die wirklich pessimistische Botschaft – wenn auch nicht expressis verbis so mitgeteilt – der MIT-Studie zu sehen: Ein Gleichgewichtszustand, den zu erreichen ja das erklärte Ziel der Meadows-Studie war, kann unter keinen Umständen langfristig aufrechterhalten werden, am Ende ist der Zusammenbruch unausweichlich. So wie das Modell konstruiert ist (mit begrenzten Ressourcen), ist der Zusammenbruch nur eine Frage der Zeit; nichts kann ihn verhindern.

Bedrückende Folgen des »Nullwachstums«

Die Gegner der Idee des Nullwachstums, seien sie Politiker, Industrielle oder Wirtschaftler, würden sich wohl kaum einer solchen »intellektuellen Anstrengung« wie der obigen Auslegung des »Gleichgewichtsablaufs« unterzogen haben. Sie hätten wahrscheinlich nur mit dürren Worten festgestellt, daß es keiner hundertjährigen Prognose bedürfe, um diesen Zusammenbruch vorauszusagen.

Vielmehr würden sie wohl darauf hinweisen, daß beabsichtigtes wirtschaftliches Nullwachstum nicht nur utopisch sei, sondern auch katastrophale Folgen haben müßte, wenn es ernsthaft weltweit von denen versucht würde, welche die politische und wirtschaftliche Macht hätten, ihren Mitbürgern eine solche Politik aufzuzwingen. Katastrophale Folgen wären auch dann unausbleiblich, wenn man »nur« ein Pro-Kopf-Nullwachstum erzwänge, was ja im Welt-Durchschnitt wegen des gegenwärtigen Bevölkerungswachstums immer noch ein durchschnittliches Wachstum der Weltwirtschaft von fast 2 Prozent pro Jahr erfordern würde. Das war aber gerade die durchschnittliche Wachstumsrate der Weltwirtschaft in den zehn Jahren nach der ersten drastischen Ölpreiserhöhung von 1973. Somit könnten sie ihre Argumentationskette gegen das Nullwachstum − sei dieses beabsichtigt oder nicht − mit der Feststellung fortsetzen, daß wir schon jetzt einen Eindruck davon gewonnen hätten, welche unglückseligen Folgen das Nullwachstum haben würde. Ihre Stellungnahme könnte also etwa wie folgt lauten:

In den siebziger Jahren verschlechterte sich die Ernährungslage in vielen Entwicklungsländern ständig: Bei mehr als sechzig von ihnen nahm die Erzeugung von Nahrungsmitteln pro Kopf ab. Da die Nachfrage nach Nahrungsmitteln von seiten der Sowjetunion wegen deren stagnierender Landwirtschaft und von seiten der OPEC-Länder auf hohem Niveau blieb oder sogar zunahm, stiegen auch die Getreidepreise steil an. Damit wurde die Fähigkeit vieler Entwicklungsländer, Nahrungsmittel in ausreichendem Maße einzuführen, im Hinblick auf ihre miserable Zahlungsbilanz ernsthaft in Mitleidenschaft gezogen. Als Folge davon können sich heute die in den einkommensarmen Entwicklungsländern lebenden 1,5 Milliarden Menschen weniger Getreide leisten, als weltweit an Tiere zum Zweck der Fleischproduktion verfüttert wird. Ihre chronische Unterernährung führt für zig Millionen von Menschen, besonders für Kinder und Alte, zu tragischen Lebens- und Sterbensumständen wie auch zur dauernden Beeinträchtigung der geistigen und körperlichen Fähigkeiten derer, die in diesem Elend überleben. Ökonomisch betrachtet sind die beklagenswerten Folgen eine ineffiziente Nutzung aller Ressourcen, der menschlichen wie der materiellen, eine

beharrlich niedrige Arbeitsproduktivität und damit auch eine äußerst geringe Kaufkraft der Massen. Die Aussicht, daß die Zahl der
unterhalb der Armutsgrenze lebenden Menschen – möglicherweise
heute schon eine Milliarde – in den nächsten zehn bis zwanzig
Jahren abnehmen wird, ist daher nur gering. Man braucht kein
Prophet zu sein, um in dieser Situation ein weiter ansteigendes Potential für soziale und politische Instabilität zu erkennen.

Vom wirtschaftlichen Standpunkt aus gesehen, hat die globale De-
pression der siebziger und der beginnenden achtziger Jahre noch
nachteiligere Wirkungen bei den Entwicklungsländern mittleren
Einkommens ausgelöst. Diese sind lange Zeit in der Lage gewesen,
ihre Defizite zu finanzieren, sogar mit Hilfe privater ausländischer
Banken. Mit den steigenden Kosten des Erdöls und der Importe aus
den Industrieländern sowie aufgrund von deren zunehmenden Han-
delsschutzmaßnahmen haben bei den Entwicklungsländern die
Handelsdefizite und damit auch die Auslandsschulden gegenüber
den Industrieländern des »Westens« überwältigende Ausmaße angenommen: ein Anstieg auf fast 1000 Milliarden US-Dollar von
weniger als 50 Milliarden Dollar im Jahre 1970.

Aufgrund ihrer Schwierigkeiten, den Kapitaldienst für ihre Auslandsschulden zu leisten, sehen sich diese Entwicklungsländer mittleren Einkommens nun gezwungen, ihre Warenimporte aus den Industrieländern drastisch zu reduzieren. Aus der Tatsache, daß Ende der
siebziger Jahre ihr Anteil an den Warenexporten der Vereinigten
Staaten 24 Prozent, der der Europäischen Gemeinschaft 14 Prozent
betrug, kann man die erhebliche Bedeutung ablesen, die das wirtschaftliche Wohlergehen dieser Entwicklungsländer für die Industrieländer besitzt, besonders zu einer Zeit, in welcher die Industrieländer unter einer beträchtlichen Nichtausnutzung ihrer industriellen Kapazität und folglich unter massiver Arbeitslosigkeit leiden.

Die Arbeitslosigkeit in den »westlichen« Industrieländern hat nun
schon über einen längeren Zeitraum 25 bis 30 Millionen Menschen
betroffen. Aus Erfahrung wissen wir heute, daß selbst bei einer
realen Anstiegsrate des BSP von etwa 3 Prozent in vielen Industrieländern wegen gleichzeitig ansteigender Arbeitsproduktivität die
Anzahl der Arbeitsplätze kaum zunimmt. Niemand hat bisher eine

Lösung für dieses strukturelle Arbeitslosenproblem gefunden. (An den Lösungsversuch, durch Herabsetzung der realen Arbeitsentgelte Arbeitsplätze zu schaffen, hat sich bisher – aus einleuchtenden Gründen – noch niemand gewagt.) Daher würde unter den heutigen gesellschaftlichen Bedingungen, die ohne soziale Umwälzungen nur in Jahrzehnten einen Wandel erfahren dürften, wirtschaftliches Nullwachstum die Beschäftigungslage nur noch verschlimmern. Ob ähnliche Probleme in den sozialistischen Ländern des Ostblocks existieren, kann ich nicht ausreichend beurteilen. Als Generalsekretär Gorbatschow den Präsidenten des Club of Rome, Dr. Alexander King, am Ende eines längeren Gesprächs im Oktober 1986 drängte, der Club möge sich einmal um ein tieferes Verständnis und um mögliche »Heilungsmaßnahmen« für dieses so gravierende Arbeitslosenproblem bemühen, blieb offen, ob er dabei auch an die Sowjetunion dachte oder, mehr allgemein, an Nicht- und Unterbeschäftigung als einem äußerst ernsten Weltproblem.

Die Nicht- und Unterbeschäftigungssituation ist nämlich in den Entwicklungsländern noch weitaus schlimmer als in den Industrieländern. Gegenwärtig sind die Schätzungen für die Anzahl der Menschen, die in der Dritten Welt von dieser universalen Malaise betroffen sind, sehr ungewiß; sie reichen bis zu 600 Millionen. Wir wissen jedoch mit einiger Sicherheit, daß bis zum Jahr 2000 das Potential an Arbeitskräften dort um mindestens 600 Millionen zunehmen wird. Deren größte Hoffnung besteht in einem erheblich beschleunigten Wirtschaftswachstum, das jedoch ohne massive Hilfe von seiten der Industrieländer sicherlich kaum realisiert werden könnte. Allerdings sind hierzu wohl noch viele Fragen offen. Schon ein langsames Wirtschaftswachstum, mit nur einigen wenigen Prozentpunkten über dem Anwachsen der Zahl der Arbeitskräfte, würde den Graben zwischen dem wirtschaftlichen Wohlstand des »Nordens« und der Armut des »Südens« breiter und tiefer werden lassen. Dies hätte außerdem zur Folge, daß auch die Kluft zwischen den wenigen Reichen und den völlig verarmten Massen in den Entwicklungsländern weiter aufbrechen würde, was zu einer wachsenden sozialen und politischen Destabilisierung führen müßte. Denn hier findet die Rivalität zwischen »Ost« und

»West« ihre dauernde Nahrung, und so könnte dies in den kommenden Jahrzehnten eine weitere Verschärfung der feindlichen Konfrontation zwischen den beiden Machtblöcken bewirken.

Wie schwierig die Bewältigung des Beschäftigungsproblems ist, mag man auch an folgendem ermessen: Selbst die Volksrepublik China, die ein durchschnittliches jährliches Wirtschaftswachstum von 7 bis 8 Prozent aufweist, hat große Probleme bei der Bekämpfung der Arbeitslosigkeit, obwohl sie gleichzeitig an einer viel zu geringen Zunahme der Arbeitsproduktivität leidet. Es läßt sich daher kaum ausschließen, daß bei den gegenwärtigen Wirtschaftswachstumsraten die Zahl der Arbeitslosen und Unterbeschäftigten in den Entwicklungsländern im Jahr 2000 die Milliarden-Marke passieren wird. Andererseits ist es wiederum ermutigend, in China, Indien und anderen Entwicklungsländern eine gewaltige Zunahme privater Initiativen festzustellen – in Städten und auf dem Lande gleichermaßen – von seiten der Bauern, Handwerker und kleinen Händler, die sich alle bemühen, ihre Produktion und damit ihr Einkommen zu erhöhen und sich mit ihren eigenen Kräften aus dem Elend herauszuarbeiten.

Wer möchte angesichts der soeben geschilderten Tatbestände noch den Standpunkt vertreten, »globales Gleichgewicht« mittels Pro-Kopf-Nullwachstum könnte ein erstrebenswertes Ziel sein? Und die »Beweiskraft« des in Abbildung 3 wiedergegebenen Modellaufs zur Begründung der Forderung, die Welt auf ein globales Gleichgewicht hin zu lenken, wird ja zusätzlich dadurch geschwächt, daß auch auf diese Weise der Zusammenbruch des Weltsystems nur um einige Jahrzehnte hinausgeschoben, aber nicht vermieden werden kann.

Die Kehrseite der Medaille

Sollten uns die soeben angestellten Betrachtungen den Glauben einreden, daß das, was die Welt – heute und in Zukunft – am meisten braucht, eine Rückkehr zu den Wachstumsraten der sechziger und frühen siebziger Jahre sei, die natürlich von einer erheblichen Verlangsamung des Bevölkerungswachstums in der Dritten Welt begleitet sein müßten? In dieser Denkrichtung bewegen sich, wie ich glaube, wohl die meisten Wirtschaftswissenschaftler sowie die meisten Entscheidungsträger in Politik, Wirtschaft und Industrie überall in der Welt. Bevor man in eine Auseinandersetzung über diese Frage eintritt, sollte man sich jedoch erst einmal darüber verständigen, von welcher Art Wachstum die Rede sein soll. Zur Diskussion steht ja nicht das Wachstum an sich, sondern seine Qualität. Meinen wir zum Beispiel mit Wachstum »immer mehr von Demselben«, wie beim Wachsen von Kristallen oder einfachen Zellkörpern, oder – im anderen Extrem – denken wir dabei an einen Reifungsprozeß, wie etwa bei der psychischen und moralischen Entwicklung einzelner Menschen. Der erstgenannte Wachstumstyp soll im folgenden als undifferenziertes Wachstum bezeichnet werden.

Wenn der Wachstumsbegriff auf das undifferenzierte quantitative Wachstum der Wirtschaft eingeengt würde, deren Erfolg dann lediglich mit dem prozentualen Jahreszuwachs des Bruttosozialprodukts (BSP) zu bewerten wäre, dann kann kein Zweifel darüber bestehen, daß der Wachstumsprozeß – wie alle quantitativen Wachstumsprozesse – schließlich ein Ende finden muß. Zu dieser Feststellung zu gelangen, braucht man keine komplizierte Analyse, mit oder ohne Computermodelle. Nähme das BSP zum Beispiel Jahr für Jahr um 5 Prozent zu, dann würde es gegen Ende des nächsten Jahrhunderts zweihundertfünfzigmal größer sein als heute, das heißt einen Gesamtzuwachs von 25 000 Prozent erfahren haben. Selbst wenn der Einsatz von Material im Vergleich zur volkswirtschaftlichen Leistung steil abnähme, wären die Probleme seines Erwerbs, seiner Verarbeitung und der Abfallbeseitigung überwältigend. Außerdem vollzöge sich dann das materielle Wachstum so schnell, daß weder Zeit noch Raum für komplizierte Prozesse der Differenzierung bei organischer Entwicklung vorhanden wären. Die Menschen könnten sich auch nicht schnell genug den rapide sich verändernden Verhältnissen anpassen und gewaltlos die psychologischen, kulturellen, ökologischen, sozialen, wirtschaftlichen und politischen Probleme meistern, die mit solchem raschen undifferenzierten Wachstum einhergehen würden.

Diese Argumente stellen uns – in der folgenden extremen Formulierung – vor ein scheinbar unlösbares Dilemma (9) in unserer zukünftigen Entwicklung, nämlich:

entweder

> fortgesetztes Wachstum – mit fortgesetzter Verschlechterung und schließlich Zerstörung unserer Umwelt und Rohstoffbasis –

oder

> »Nullwachstum« – mit der oben beschriebenen bedrückenden Folge dauernder innerer und äußerer Konflikte über die Verteilung des »Reichtums der Nationen«, schließlich im Chaos endend.

Wie sinnvoll war die Diskussion über die »Grenzen des Wachstums«?

Angesichts dieses Dilemmas, zu dem wir durch die Argumentation für fortgesetztes Wachstum einerseits sowie für »Nullwachstum« andererseits geführt wurden, stellt sich die Frage, ob diese Argumente überhaupt Relevanz für die wirklichen Probleme wirtschaftlicher Entwicklung besitzen. Hat diese Art grundsätzlicher Auseinandersetzung über die »Grenzen des Wachstums«, die im Grunde nichts anderes ist als der Streit um die Frage »Wieviel ist zu viel?«, überhaupt einen Sinn? (10) Sind die Fragen »Wie viele Menschen, wieviel Energieverbrauch, wieviel Industrialisierung, wieviel Umweltverschmutzung, wieviel von diesem und jenem ist zu viel?« Sind dies überhaupt Fragen, auf die Antworten gefunden werden können, die für Entscheidungsträger wie für die einfachen Bürger relevant wären, oder bilden sie lediglich den Tummelplatz für ideologische Kampfhähne?

Keiner besitzt wohl die Kühnheit zu behaupten, das Fehlen von BSP-Wachstum während der Mitte der siebziger und Anfang der achtziger Jahre sei in einer Reihe von Industrieländern absichtlich herbeigeführt worden. Im Gegenteil, die betroffenen Regierungen unternahmen – wie jeder weiß – die größten Anstrengungen, die Wachstumsrate zu erhöhen. Auch im Konsumverhalten der Menschen hatte es keinen Wertwandel gegeben. Nein, es bestand nicht die geringste Absicht, die Art von Gleichgewichtspolitik einzuleiten, welche in den »Grenzen des Wachstums« gefordert worden war. Die Verlangsamung des Wirtschaftswachstums in jenen Jahren war auch keine Folge der Erschöpfung wichtiger Rohstoffe und Energieressourcen. Die vergangenen Jahre haben vielmehr gezeigt: Selbst bei einem Überflußangebot solcher Ressourcen und folglich bei niedrigen Preisen waren die Industrieländer des »Westens« nicht in der Lage, die Wachstumsraten des BSP so hoch zu schrauben, daß dadurch ihr Arbeitslosenproblem gelöst werden könnte.

Die wirtschaftlichen Wachstumsraten seit Ende des Zweiten Weltkriegs bis etwa 1970 besaßen Ausnahmecharakter, wenn man bedenkt, daß die Durchschnittsraten des Wirtschaftswachstums während der gesamten Ära der industriellen Revolution nie größer als 2 bis 3 Prozent waren. Derartige Prozentsätze werden heute aber als zu niedrig erachtet, um durch Wachstum unsere sozialen und wirtschaftlichen Probleme lösen zu können.

Für die gewaltigen Wachstumsraten während der zwei Jahrzehnte vor 1970 waren eine Reihe von Gründen verantwortlich. Einer von ihnen war sicherlich der Überhang an Nachfrage, die aufgrund des Krieges unbefriedigt geblieben war. Der Hauptgrund ist jedoch in der Tatsache zu sehen, daß die »westliche« Welt nach dem Kriege über ein großes Potential von Fachleuten (Naturwissenschaftlern, Ingenieuren und Facharbeitern) hoher Qualität und über ausgezeichnete Einrichtungen für Forschung und Entwicklung verfügte. In Gestalt einer auf wissenschaftliche Leistungen sich abstützenden Technologie mit direktem Zugriff auf einen riesigen Vorrat wissenschaftlicher Erkenntnisse, die sich unmittelbar für technische Innovationen verwenden ließen, stand quasi ein neuer Produktionsfaktor zur Verfügung. Die Folge war, daß in jener »intensiven« Phase des Wirtschaftswachstums ständig zunehmende Erträge erwirtschaftet werden konnten wie zu keiner Zeit zuvor. Dieser Vorrat wissenschaftlicher Erkenntnisse war 1970 fast ausgeschöpft. Für den zu dieser Zeit auftretenden strukturellen »Bruch« mag es als symptomatisch angesehen werden, daß seither zum Beispiel keine

größeren Flugzeuge als die Ende der sechziger Jahre in Dienst gestellten Jumbo-Jets gebaut wurden, auch wenn seit langem größere
Flugzeuge auf dem Reißbrett »fertig« sein mögen. Ähnlich symptomatisch ist auch die Tatsache, daß in Großkraftwerken seit 1970
keine größeren Turbogeneratoren als solche von 1300 Megawatt
installiert wurden. Zu dieser Zeit fand das enorme Größenwachs-
tum, das in den fünfziger Jahren mit 50 Megawatt begonnen hatte,
ein plötzliches Ende. Vielleicht hat man damals erkannt, daß die mit
immer größeren industriellen Strukturen und Anlagen einhergehenden organisatorischen Probleme, die Kostenvorteile auslöschen,
welche sich aus der größeren Effizienz großer Anlagensysteme ergeben. Ein anderes – vielleicht sogar das wichtigste – Anzeichen für
das herannahende Ende jener Wachstumsphase mit ihrer ständig
zunehmenden Nutzung und Verschwendung nicht-erneuerbarer
Ressourcen liefert die folgende Tatsache: Zu Beginn der siebziger
Jahre, als – vielleicht mitbedingt durch die in Vietnam sichtbar
gewordenen Schwächen der USA als Ordnungsmacht – sich die
ölfördernden Entwicklungsländer ihrer mächtigen Monopolstel-
lung bewußt wurden, fand ein plötzlicher Preisanstieg für Energie-
und andere Ressourcen statt, der in den meisten Industrieländern
hohe Inflation, wirtschaftliche Rezession und schnell wachsende
Arbeitslosigkeit zur Folge hatte.
Nach dem Zweiten Weltkrieg hörten Wissenschaft und Forschung
natürlich nicht auf, den »Samen« für völlig neue technische Entwicklungen bereitzustellen. Diese Entwicklungen in den Industrieländern hätten nie stattgefunden ohne die Forschung, die zunächst
im wesentlichen außerhalb der Laboratorien der Großindustrie
durchgeführt wurde. Man braucht nur an die nukleare Technologie
mit all ihren Anwendungen zu erinnern: für Energiegewinnung, für
medizinische Diagnostik und Therapie, für Materialprüfung und
leider auch für nukleare Waffen. Oder denken wir an die Mikroelektronik und mit ihr an die gewaltigen Fortschritte der Informationstechnik, der digitalen Nachrichtentechnik und der elektronischen Rechenanlagen, an die computergesteuerten Roboter und die
Automatisierung schlechthin. Schließlich sei auch die Biotechnologie in ihrer revolutionierenden Entwicklung erwähnt, nachdem

Crick und Watson Anfang der fünfziger Jahre den genetischen Code »geknackt« und damit Wege zu neuen wissenschaftlichen und technischen Disziplinen eröffnet hatten, wie der Molekularbiologie und der Gentechnologie. Hier stehen wir allerdings erst am Anfang, während die Kerntechnik trotz großer technischer Fortschritte nunmehr wegen der damit verbundenen – in der Sicht vieler Menschen untragbaren – Risiken heiß umstritten ist. Nur auf dem breiten Gebiet der Informationstechnik finden aufgrund der rasanten Entwicklung der Mikroelektronik mit hoher Geschwindigkeit Innovationen statt, die ständig größere Werte mit geringeren Kosten erschaffen. Die damit mögliche weitreichende Durchdringung fast aller technischen Gebiete wird einen enormen Wandel in den Produktions- und Dienstleistungssektoren herbeiführen und somit sicherlich auch – heute noch – unvorhersehbare gesellschaftliche Konsequenzen nach sich ziehen.

Wenn man sich darüber einig ist, daß in den führenden Industrieländern der technische Fortschritt die Haupttriebkraft für langfristige wirtschaftliche Entwicklungen war und auch bleiben wird – vorausgesetzt, das gesellschaftliche und politische Umfeld erfährt keinen dafür abträglichen Wandel –, dann besteht das wesentliche ökonomische Problem nicht so sehr in der Förderung des quantitativen BSP-Wachstums als vielmehr in der Konzeption einer Entwicklungspolitik, in der das Potential für neuen technischen Fortschritt gedeihen kann, sowie – und dies ist vielleicht noch wichtiger – in der Schaffung hierfür günstiger kultureller, sozialer und politischer Bedingungen. Eine solche Entwicklungspolitik kann nicht gestaltet werden, wenn man sich nicht darüber im klaren ist, daß Reichtum, Wohlstand und Wohlergehen mit menschlichen Sehnsüchten besetzt sind, die nicht nur durch Güter und Waren befriedigt werden können, welche auf dem »Markt« mit einem monetären Preisschild versehen sind, auch wenn diese Sehnsüchte rein materiell orientiert sein sollten (10). Nicht-monetäre Güter, wie reine Luft und sauberes Wasser, sind für menschliches Wohlergehen noch viel wichtiger. Die Umweltverschmutzung von heute ist in den meisten Fällen das Ergebnis von Schadstoffakkumulationen in der Vergangenheit. Und so kann man wohl behaupten, daß die Zukunft jeweils die Gegenwart subventioniert, wenn wir – durch Nachlässigkeit, Unkenntnis und/oder kurzsichtiges Profitstreben – kommende Generationen zwingen, die Folgen der Umweltverschmutzung zu erleiden, die wir ihnen hinterlassen, oder aber die Kosten für ihre Beseitigung aufzubringen.

Im Rückblick glaube ich die nützliche Wirkung der Debatte über »Die Grenzen des Wachstums« darin sehen zu können, daß sie immer wieder weltweit das Interesse von vielen Menschen am Denken an die Zukunft stimulierte und in Millionen von Menschen das Bewußtsein dafür schärfte, daß wir bei Fortsetzung unserer gegenwärtigen Verschwendung, unseres Raubbaus an unwiederbringlichen Ressourcen, unserer Umweltzerstörung und nicht zuletzt durch unerträglich wachsenden Bevölkerungsdruck die »Lage der Menschheit« immer weiter verschlechtern würden.

Als Folge der Debatte über »Die Grenzen des Wachstums« entstanden nach der Veröffentlichung dieses Buches eine ganze Reihe weiterer Weltmodelle für die »Erforschung« der Zukunft. Allein am Internationalen Institut für Angewandte Systemanalyse (IIASA) in Wien fanden neun Konferenzen über »global modelling« statt.

Das für die weitere Zukunft wohl wichtigste Ergebnis der Debatte bestand aber meines Erachtens darin, daß mehr und mehr Menschen sich die dringende Notwendigkeit langfristigen antizipatorischen Denkens und Lernens (6) (11) zu eigen machten, mit der Erkenntnis, daß in diesen Zeiten sich überstürzenden Wandels rein adaptives Verhalten als Reaktion auf neue Entwicklungen und Ereignisse nicht mehr ausreicht.

Andererseits war die hitzige Debatte, soweit sich dabei Ökonomen und Sozialwissenschaftler auf Argumente für oder gegen undifferenziertes BSP-Wachstum konzentrierten, wenig fruchtbar. Diese Streitigkeiten hatten auch den negativen Nebeneffekt, daß sie die Aufmerksamkeit von der Suche nach Lösungen für die wirklichen Probleme der Industrieländer und für die davon sehr unterschiedlichen Probleme der Entwicklungsländer ablenkten, wie sie zu Beginn dieses Kapitels kurz erörtert wurden. Nun, dies überrascht nicht, mußte doch die Debatte von vornherein höchst abstrakt und akademisch bleiben, da das Weltmodell, auf das sich die von den Autoren der »Grenzen des Wachstums« gezogenen Schlußfolgerungen stützten, nicht dazu entworfen war, konkrete Probleme anzusprechen.

Bedarf für eine andere Art von Wachstum und Entwicklung

Die Probleme, denen heute die »wirkliche« Welt gegenübersteht, haben ihre Wurzeln hauptsächlich in der Tatsache, daß wir uns überall in der Welt in einer Periode sich rasch vollziehenden Übergangs (12) befinden: An dem einen Ende des Spektrums sehen wir viele Entwicklungsländer im Übergang von einer vorwiegend landwirtschaftlichen Gesellschaft in die Frühphase einer Industriegesellschaft, während sich am anderen Ende des Spektrums die führenden Industriegesellschaften auf dem Wege in die »nach-industrielle« Gesellschaft befinden.

Als zu Beginn dieses Jahrhunderts die heute führenden Industrieländer soeben das Ende der Übergangsphase in die Industriegesellschaft in dem Sinne erreicht hatten, daß der Geldwert der Industrieproduktion den der Landwirtschaft übertraf, waren die Organisations- und Produktionsprobleme für die Befriedigung ihrer Grundbedürfnisse (Nahrung, Kleidung, Behausung) praktisch alle gelöst. Wenn hierin ein Kriterium für den Vollzug des Eintritts in die Industriegesellschaft (13) gesehen wird, kann man getrost behaupten, daß heute für die meisten Entwicklungsländer das Ende dieser Übergangsperiode noch weit entfernt ist, besonders für diejenigen, welche ihr Bevölkerungswachstum noch nicht in den Griff bekommen haben; denn es ist die rapide Bevölkerungszunahme, nicht das Bevölkerungswachstum als solches, wodurch die Befriedigung der Grundbedürfnisse so schwierig wird, weil dann die notwendige Kapitalbildung für die Entwicklung einer leistungsfähigen Landwirtschaft und einer modernen industriellen Produktion einfach unmöglich ist.

Auch der Übergang der gegenwärtig führenden Industrieländer in die »nach-industrielle« Gesellschaft ist ein Vorgang, von dem man nicht weiß, wohin er letztlich führen wird. »Nach-industriell« bedeutet mit Sicherheit nicht »nicht-industriell«, wie ja auch das Entstehen der Industriegesellschaft nicht zum Verlöschen der Landwirtschaft geführt hat. Im Gegenteil, es führte zu einer intensiven Landwirtschaft mit ständig größerer Erzeugung bei immer geringerem Einsatz von Arbeit und Ackerbauland; und so erzeugt die moderne Industriegesellschaft heute einen weitaus höheren Überfluß an landwirtschaftlichen Produkten als die Agrargesellschaft vergangener Tage. Die Industrieproduktion wird also auch in der »nachindustriellen« Gesellschaft ihre Bedeutung für die Befriedigung der Bedürfnisse nach industriellen Gütern behalten. Auch jene Menschen, die heute noch zu den unterprivilegierten Schichten der Industriegesellschaft gehören, werden ständig größere Mengen an industriellen Gütern erhöhter Qualität und größerer Vielfalt beanspruchen. Darüber hinaus ist es kaum möglich vorauszusagen, welche Gestaltung die »nach-industrielle« Gesellschaft erfahren wird. Auch kann niemand die Frage beantworten, ob dann, wenn sie schließlich in vollem Umfang entstanden ist, in Analogie zum früheren Übergang von der Agrar- in die Industriegesellschaft auch sämtliche Probleme für die Erfüllung der materiellen Ansprüche aller sozialen Schichten überwunden sein werden.

In diesem Zusammenhang hat man sich jedoch darüber im klaren zu sein, daß die Lösungswege für die Befriedigung der materiellen Ansprüche auch mit den neu entstehenden Bedürfnissen der »nachindustriellen« Gesellschaft in Einklang sein müssen, in vorderster Linie mit den Forderungen nach besserem Umweltschutz, nach ökologischer Stabilität, nach größerer sozialer Gerechtigkeit und Beachtung der Menschenrechte überall in der Welt, nach Bewahrung der unverzichtbaren nicht-erneuerbaren Ressourcen, nach einem »neuen« Verhältnis zwischen Arbeit, Einkommen und Freizeit angesichts ständig wachsender Arbeitsproduktivität, nach einer Nichtverbreitung »gefährlicher« Technologien, nach neuen, flexiblen Beziehungen der Menschen untereinander, auch am Arbeitsplatz, nach Möglichkeiten lebenslangen Lernens und nicht endender Weiterbildung für alle (14). Vorrangig in diesen »neuen« Bereichen werden die heute in den industriell fortgeschrittenen Ländern lebenden Menschen jene Vorbildfunktion wahrzunehmen haben, von der im Prolog die Rede war. Das gleiche gilt für alle, welche in den gegenwärtig von Milliarden armer Menschen bewohnten Regionen die Regierungsverantwortung tragen.

Die Industriegesellschaften stehen vor einer wahrhaft herausfordernden Übergangsperiode unbestimmter Dauer in dem Prozeß, der sie aus ihrer gegenwärtigen Phase »intensiven« industriellen Wachstums in den noch undeutlich sich abzeichnenden Zustand einer »nach-industriellen« Gesellschaft hinüberleitet. Dieser Übergang gestaltet sich durch zwei Sachverhalte noch schwieriger: Zum einen wird während des nächsten halben Jahrhunderts die heutige industrielle Peripherie (China, Indien, Brasilien usw.) mit ihren gegenwärtig etwa zwei Milliarden Menschen alle Anstrengungen unternehmen, Teil des industriellen Zentrums des Nordens zu werden; zum anderen werden zur gleichen Zeit Milliarden von Menschen versuchen, in das Frühstadium industrieller Entwicklung einzutreten, während sie noch um die Befriedigung ihrer Grundbedürfnisse ringen müssen.

Hierbei ist auch noch zu bedenken – und dies erschwert die Situation ganz erheblich –, daß alle diese derart unterschiedlichen Teile des Weltsystems Subsysteme sind, die in ihren so verschiedenartigen Übergangsprozessen mit- und vielleicht auch gegeneinander agieren. Die Welt ist ein wahrhaft komplexes System: Es besteht nicht nur aus miteinander in Beziehung stehenden Objekten, sondern ist vielmehr ein Beziehungsgeflecht aus Subsystemen, die selbst zielsuchende Systeme mit eigener Autonomie und dem Anspruch auf ihre eigene Existenz sind.

In der Welt spielt sich daher das Geschehen auf zwei unterschiedlichen Ebenen ab: auf der Ebene der Subsysteme und auf der globalen Ebene. Letztere existiert nur aufgrund der auf der Ebene der Subsysteme stattfindenden Interaktionsprozesse und nicht – wie das in den »Grenzen des Wachstums« benutzte Weltmodell implizieren möchte – aus eigener Existenz. Wenn man die »Zwei-Ebenen«-Natur des Weltsystems ignoriert, können wesentliche Aspekte des Systemverhaltens unserer Welt, wie Konflikt oder Harmonie, nicht begriffen werden. Denn nur durch das Interagieren der Subsysteme tritt die wahre Natur des globalen Systems zutage.

Diese Einsicht in die wahre Natur des globalen Systems veranlaßten Mesarović und mich schon ein Jahr vor der Veröffentlichung der »Grenzen des Wachstums«, ein aus zehn Subsystemen (Regionen) bestehendes Weltmodell zu entwerfen und im zweiten Bericht an den Club of Rome, »Menschheit am Wendepunkt«, den Begriff des organischen Wachstums als ein neues Paradigma für die zukünftige Entwicklung der Welt zu konzipieren (6).

Ein neues Paradigma: organisches Wachstum und organische Entwicklung

Wachstum und Entwicklung in der Natur: eine Analogie

Um die vielfältigen Aspekte des Begriffs Wachstum richtig würdigen zu können, sollten wir uns an dem Wachstum in der Natur orientieren. Man muß hier grundsätzlich zwischen zwei Arten von Wachstum unterscheiden: dem undifferenzierten und dem organischen Wachstum. Undifferenziertes Wachstum manifestiert sich zum Beispiel in fortgesetzter Zellvermehrung: Eine Zelle teilt sich in zwei, zwei Zellen in vier und so weiter, bis in sehr kurzer Zeit Millionen, ja Milliarden von Zellen entstanden sind. Beträgt zum Beispiel die Verdopplungszeit nur eine Stunde, dann können innerhalb von 24 Stunden aus einer Zelle mehr als 17 Millionen Zellen entstehen, innerhalb von zwei Tagen mehr als 280 Billionen (280 000 000 000 000) Zellen. Bei diesem Wachstum – oder besser bei dieser Vermehrung – sind alle Zellen einander gleich. Es handelt sich also um eine rein exponentielle Zunahme der Zellenzahl.

Beim organischen Wachstum dagegen spielt der Differenzierungsprozeß eine ausschlaggebende Rolle: Es bilden sich artverschiedene Zellgruppen, die organspezifische Eigenschaften entsprechend dem Entwicklungsprozeß des Organismus besitzen. Das bedeutet, daß sich Leberzellen von Gehirnzellen und diese wiederum von Knochenzellen unterscheiden. Während und auch nach solcher Differenzierung kann natürlich auch die Zahl der Zellen weiter zunehmen und das Organ wachsen, oder es wachsen nur einige Organe, während andere abnehmen. Wachstum oder Abnahme werden durch die im gesamten System, also im gesamten Organismus existierende Interdependenz kontrolliert. Das Gleichgewicht bei organischem Wachstum ist nicht statisch, sondern dynamisch. Es bedeutet also nicht Stagnation; denn in einem wachsenden, lebenden Organismus findet ständig eine Erneuerung der beteiligten Zellen statt, wie beispielsweise im menschlichen Körper, in dem sich etwa alle sieben Jahre sämtliche Zellen (ausgenommen die Gehirnzellen) erneuern.

Der Vergleich des »organischen« Wachstums eines Weltsystems mit dem eines Organismus darf jedoch nur als eine Analogie verstanden werden. Diese bezieht sich im wesentlichen auf die Differenzierung und Spezialisierung der verschiedenen Teile des Systems, auf die funktionale Interdependenz zwischen seinen Teilen (Subsystemen) in dem Sinne, daß keines von ihnen völlig selbständig ist, sondern jedes Subsystem eine Rolle wahrzunehmen hat, die ihm durch die historische Evolution zugewiesen ist.

Nach diesen allgemeinen Erörterungen mögen die wesentlichen Merkmale des organischen Entwicklungskonzepts wie folgt formuliert werden (15):

— systemar-interdependente Entwicklung, in deren Verlauf kein Teil (Subsystem) zum Schaden der anderen sich entfaltet; wirklicher Fortschritt eines Teils des Ganzen findet nur statt, wenn es vom Fortschritt der anderen begleitet und unterstützt wird;

— pluralistische Entwicklung, die auf die Befriedigung der gegebenen Bedürfnisse zielt und daher notwendigerweise in den verschiedenen Teilen der Welt auch unterschiedlich verläuft und deren Ziele sich in dem Maße, in welchem Bedürfnisse befriedigt werden und neue entstehen, mit der Zeit ändern;

— harmonische Koordinierung der Entwicklungsziele zur Sicherung ihrer weltweiten Verträglichkeit;

— Widerstandsfähigkeit: die Fähigkeit der einzelnen Bestandteile (Subsysteme), im Laufe der Entwicklung Störungen zu absorbieren, das heißt, angesichts — auch — unerwarteter kräftiger Störungsschocks ihren eigenen Weg fortsetzen zu können, wobei die für das Ganze erforderlichen Funktionen intakt bleiben;

– Betonung der Entwicklungsqualität als Ausdruck dafür, daß der Entwicklungsprozeß im wesentlichen dem Wohlergehen der Menschen zu dienen hat, die nicht »von Brot allein leben«;

– den Zeithorizont für Antizipation und Zielerfüllung so zu setzen, daß er jeweils der Intensität und Komplexität der Probleme angepaßt ist, denen die verschiedenen Teile der Menschheit gegenüberstehen;

– dauernde Überprüfung und Erneuerung der Ziele, während man sich »alten« nähert oder diese in »neuer« Weise wahrnimmt.

Strukturelle Notwendigkeiten für organisches Wachstum und organische Entwicklung

In der Natur folgen organisches Wachstum und organische Entwicklung einer Strategie, die durch die Struktur des genetischen Codes definiert ist. Die Diversifizierung der Zellen wird von den Anforderungen an die verschiedenen Organe bestimmt, das heißt von ihrer Größe, Gestalt und Funktionen, die wiederum von den Bedürfnissen des gesamten Organismus abhängen. Die in den Genen codierte Entwicklungsstrategie bringt das Wachstum und die Begrenzung der räumlichen Ausstattung des Organismus miteinander in Einklang. Eine solche Struktur und eine derartige Strategie scheinen gegenwärtig im Wachstums- und Entwicklungsprogramm des Weltsystems zu fehlen.

Eine natürliche Disposition für organisches Wachstum und organische Entwicklung der Menschheit ist daher im gegenwärtigen Trend der Weltentwicklung nicht zu erkennen. Es ist kein Anhaltspunkt dafür zu sehen, daß der Übergang vom undifferenzierten zum organischen Wachstum sich »automatisch« aus den gegenwärtigen chaotischen Verhältnissen dieser Welt ergeben wird. Vor dreizehn Jahren stellten Mesarović und ich in unserem zweiten Bericht an den Club of Rome, »Menschheit am Wendepunkt« (6), die Frage:

»Werden wir die Weisheit besitzen und den Willen aufbringen, dies zu begreifen und dann auch durchzuführen? Im Hinblick auf die historische Vergangenheit kann man dies wohl zu Recht bezweifeln – der Zwang der grimmigen Tatsachen wird den Einsichtswilligen und Tatkräftigen den Rücken stärken müssen. Und hier können die gegenwärtigen und zukünftigen Weltkrisen den Menschen nicht nur die Augen öffnen, sie können auch die Anstöße zu tiefergreifenden Veränderungen geben und sich so schließlich als segensreich erweisen.«

Im Zuge der Weltentwicklung würde der Wandel von undifferenziertem zu organischem Wachstum und organischer Entwicklung eine Angelegenheit freier Wahl und des guten Willens sein und müßte nicht aus Notwendigkeit erfolgen, hätte sich die Welt nicht in einer Weise entwickelt, daß nunmehr Nationen und Regionen sich überall in der Welt nicht nur gegenseitig beeinflussen, sondern darüber hinaus das Wohlergehen der einen Nation und Region von dem der anderen abhängt. Zusätzlich zu historischen, politischen, ideologischen und wirtschaftlichen Bindungen haben auch neue, unsere Zeit kennzeichnende Weltprobleme zu dieser Entwicklung beigetragen: weltweite Abhängigkeit von einer gemeinsamen Rohstoffbasis, Probleme in der Energie- und Nahrungsmittelversorgung, Teilhabe an einer gemeinsamen, nationale Grenzen überschreitenden Umwelt, und so weiter. Die Welt-Gemeinschaft hat sich zu einem »komplexen System« entwickelt, in dem zahlreiche interdependente Subsysteme miteinander vereint sind. Interdependenz ist eine Tatsache, nicht etwas, das wir wollen könnten oder auch nicht.

Wegen der langfristigen Dynamik des komplexen Weltsystems und im Hinblick auf das Ausmaß des gegenwärtig und in Zukunft sich vollziehenden Wandels müssen die Schritte zum organischen Wachstum und zu organischer Entwicklung antizipatorisch sein und nicht nur adaptiv, damit hinreichende Korrekturen Wirkung zeigen können, bevor sich die Krisen in ihrem ganzen Ausmaß entfaltet haben (6) (11).

Wege zu organischer Entwicklung

Offenbar ist organische Entwicklung ein systemarer Prozeß; darüber hinaus haben die Betrachtungen am Ende des vorangegangenen Kapitels deutlich gemacht, daß dieser Prozeß auf zwei Ebenen stattfindet, da die Welt ein komplexes System ist, welches auf der ersten Ebene aus zielsuchenden Subsystemen (Nationen und Regionen) besteht und auf der zweiten aus einem allumfassenden globalen System, das seine Existenz den Beziehungen zwischen den Subsystemen und der eigenen Interaktion mit deren Verhalten verdankt.

Ein fundamentales Problem im Funktionieren des komplexen Weltsystems ist die Dichotomie, daß die Subsysteme auf der ersten Ebene von handelnden Personen betrieben werden, während auf der zweiten, der globalen Ebene – mangels einer Weltregierung – keine äquivalenten real handelnden Personen existieren. Wir haben zwar die UNO, haben riesige transnationale religiöse und ideologische Organisationen ebenso wie weltweit tätige Wirtschaftsunternehmen; aber sie alle werden von Personen und mächtigen Interessengruppen gelenkt, die auf den Subsystemen der ersten Ebene angesiedelt sind.

Wie kann dann unter diesen Umständen eine gesunde organische Entwicklung auf der globalen Ebene stattfinden, die ja die Entwicklung jedes einzelnen Subsystems tiefgreifend beeinflußt, während die handelnden Personen auf der Ebene der Subsysteme eine Vielzahl egoistischer, zumeist auch konfliktträchtiger Ziele verfolgen und auf der globalen Ebene keine handelnden Organe existieren, welche mächtig genug sind, die Verträglichkeit der zielsuchenden Handlungen auf der Ebene der nationalen und regionalen Subsysteme zu erzwingen? Andererseits stellt sich die Frage, ob es überhaupt wünschenswert sein kann, eine Weltregierung zu haben, die vermutlich erst nach einem gigantischen, alles zerstörenden Machtkampf zustande kommen würde: eine über einen riesigen Friedhof herrschende Tyrannis. Bevor man noch weiter Gedanken und Anstrengungen auf die Verfolgung der Idee einer Weltregierung »verschwendet«, wäre es doch viel ratsamer, in den Köpfen der im nationalen und regionalen Bereich agierenden Personen einen Konsens darüber herbeizuführen, daß

- bei Vorhandensein von thermo-nuklearen Waffen und ihren Trägersystemen es ohne globale Sicherheit auch keine nationale und/oder regionale Sicherheit geben kann,
- globale Sicherheit nur durch rigorose nukleare und »konventionelle« Abrüstung erreicht und stabilisiert werden kann, und zwar überall, besonders aber von seiten der großen Machtblöcke in Ost und West; denn sonst wird eine Ausdehnung des Wettrüstens auf die industrielle Peripherie und die übrige Welt unvermeidlich, und damit würde die Chance für den Aufbau einer auf Gewalt verzichtenden Weltgesellschaft vertan,
- die Bedrohung globaler Sicherheit nicht nur aus militärischer Sicht gesehen werden muß: Fortgesetzte Gewalt gegen die Natur fügt der globalen wie der lokalen Umwelt und der ökologischen Stabilität irreparable Schäden zu und gefährdet die eigentliche Grundlage menschlicher Existenz und menschlichen Wohlergehens überall,
- beharrlich zunehmende extreme Armut von Milliarden von Menschen, die im heutigen Zeitalter sofortiger Kommunikation wissen, wie arm sie im Vergleich zu den in den wohlhabenden Industrieländern lebenden Menschen sind, und daher nicht mehr die tatenlose Geduld ihrer Vorfahren besitzen. Das Elend dieser verarmten Massen wird dann noch weit mehr als bisher die Ursache von Kriegen, Aufständen und militärischen Staatsstreichen (mehr als 150 seit Ende des Zweiten Weltkriegs) sowie die Brutstelle des Terrorismus und anderer universaler »Krankheiten« sein und damit eine sich ständig steigernde Gefahr für die globale Sicherheit bedeuten.

Nur wenn ein universaler Konsens – in erster Linie unter den Reichen und Mächtigen – darüber erzielt werden kann, daß die Lösung dieser Problemfelder die wirkliche Voraussetzung für Frieden und Sicherheit ist, lassen sich auch nützliche Strategien für die organische Entwicklung aller Partner auf der Ebene der Subsysteme entwerfen. Nur dann kann die Regierungsfähigkeit des Weltsystems wiederhergestellt und gesichert werden.

Wie es in der Natur keine gesunde Entwicklung ohne eine evolutionäre Strategie gibt, die dann zu höchst differenzierten Strukturen führt, so wird auch keine durchhaltbare Entwicklung der Menschheit stattfinden ohne eine Vision der Zukunft, die aus Zielen besteht, denen entgegenzuwachsen der Mensch bestrebt ist. Aber die in den verschiedenen Teilen der Welt lebenden Menschen müssen sich der Notwendigkeit bewußt sein, daß die von ihnen ersehnten Ziele auch ihren wirklichen Bedürfnissen entsprechen – eine wahrhaft schwierige Aufgabe angesichts der Unsicherheiten, welche die Zukunft verhüllen. In vielen Nationen, besonders in der Dritten Welt, wird es sehr schwierig sein, einen nationalen Konsens über solche Ziele zu finden. Denn hier herrscht ein politisches Klima extremer Polarisierung zwischen der reichen, oft diktatorisch regierenden Führungsschicht und den verarmten Massen, die von ebenso machtlüsternen Revolutionären geführt werden, ein angespanntes Klima also, das in den meisten Fällen in unerträglicher Weise verschärft wird durch die ideologische und militärische Einmischung der Führungsmächte in Ost und West. Wenn gewisse wohlhabende Nationen glauben, in jenen Ländern ihre Interessen wahren zu müssen, dann würden sie diesen am besten dadurch dienen, daß sie durch ausreichende Hilfsmaßnahmen den armen Massen in ihrem Kampf gegen Hunger, Armut und Hoffnungslosigkeit unter die Arme greifen. Nur wenn diese den Glauben an eine Zukunft für ihre Kinder nicht verlieren, können sie auch die Kraft finden, konstruktiv an der Zielsetzung für die nationale Entwicklung und an der Erlangung einer auf soziale Gerechtigkeit gestützten politischen Stabilität mitzuarbeiten.

Die Ziele für nationale und regionale Entwicklung sind auch im Hinblick auf die vorhandenen menschlichen und materiellen Ressourcen und auf die begrenzenden Umweltbedingungen so zu definieren, daß sie nicht nur erreichbar sind, sondern dann auch in einen politischen und wirtschaftlichen Zustand münden, der auf Dauer Bestand haben kann. Da die Voraussetzungen hierfür in den verschiedenen Teilen der Welt sehr unterschiedlich sind, ist es nur natürlich, daß organisches Wachstum und organische Entwicklung in ganz unterschiedlicher Weise über die Welt verteilt stattfinden werden. Darüber hinaus wird in dem Maße, wie sich Bedürfnisse und Wunschvorstellungen ebenso wie die verfügbaren Ressourcen ändern, auch der Entwicklungsprozeß sich ständig wandeln. Somit werden die jeweiligen Ziele im Laufe der Zeit immer wieder überprüft und gegebenenfalls neu definiert werden müssen. Deshalb sind die meisten Ziele nur für eine begrenzte Zeit gültig. Jede neue Generation steht daher vor der immer wiederkehrenden Aufgabe, die Ziele für die Gestaltung der nachfolgenden Generationen neu zu formulieren. Wenn eine Generation der Älteren hierbei versagt, wird die Jugend rebellieren: eine historisch begründete Wahrheit, die nur zu oft in Vergessenheit gerät.

Nur wenn wir unsere Entwicklungsstrategien und die daraus folgenden politischen Handlungen auf Ziele lenken, die in zehn, zwanzig, dreißig Jahren, das heißt in einem begrenzten – weder zu langen noch zu kurzen – Zeitraum, erreicht werden sollen, können wir die dazu notwendigen Schritte tun, die auch die Erfahrung aus der Vergangenheit zu nutzen haben. Hierbei werden wir allerdings feststellen, daß viele Maßnahmen, die kurzfristig optimal erscheinen, zu verwerfen sind, während andere, die sich auf den ersten Blick nur als zweite oder gar dritte Wahl präsentieren, langfristig sich als die einzig nutzbringenden erweisen werden. Hierbei steht nicht nur der politische Entscheidungsträger, zum Beispiel in einer parlamentarischen Demokratie, vor einem sehr schwierigen Problem, sondern auch der einzelne Bürger. In immer mehr Menschen muß an die Stelle der Gier nach augenblicklicher Befriedigung ihrer Wünsche die geduldige, ausdauernde Beharrlichkeit treten, die in denen lebendig war, welche zum Beispiel die großen mittelalterlichen Kathedralen – häufig über Jahrhunderte hinweg – gebaut oder welche die großen barocken Gartenanlagen entworfen haben. Sie wußten schon, als sie ihr Werk begannen, daß sie selbst dessen Vollendung nicht mehr erleben würden, und dennoch ließen sie nicht davon ab.

Darüber hinaus ist es notwendig – und dies kann nicht oft genug wiederholt werden –, daß wir, um organische Entwicklung planen und durchführen zu können, uns neuen Regeln der Zusammenarbeit bei der Koordinierung der verschiedenen Ziele und der politischen Maßnahmen für deren Erlangung zu unterwerfen haben. Diese Regeln sind nicht nur innerhalb der einzelnen Nationen zu respektieren, sondern auch in der Behandlung internationaler Angelegenheiten, sei es bei der Bewahrung des Friedens oder zum Schutze der Umwelt.

Organische Entwicklung und die Entscheidungsträger

Quantifizierbares Wachstum im Vollzug einer organischen Entwicklung, sei es der einer Pflanze, eines Menschen, eines Industrieunternehmens oder einer ganzen nationalen Volkswirtschaft, folgt im allgemeinen einer logistischen Kurve (s. Abb. 4): zunächst ein mehr oder weniger exponentiell beschleunigtes quantitatives Wachstum, das seine höchste Geschwindigkeit am Wendepunkt er-

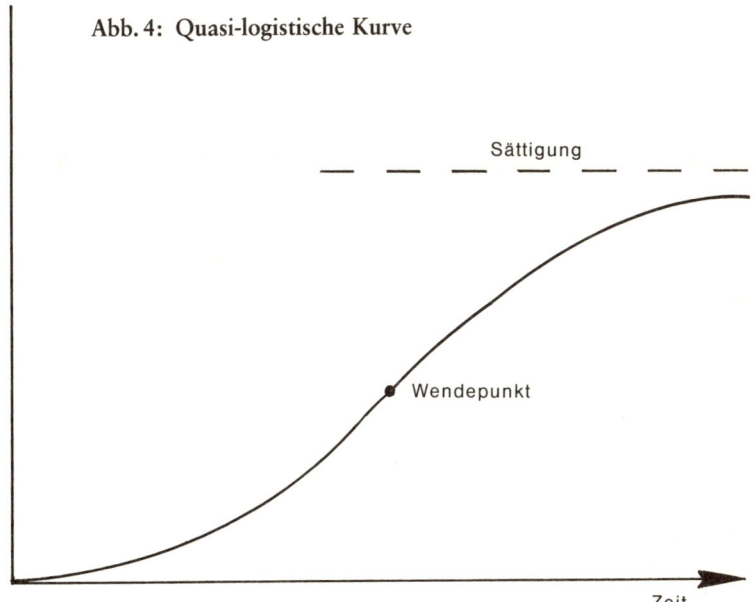

Abb. 4: Quasi-logistische Kurve

Sättigung

Wendepunkt

Zeit

reicht, sich danach allmählich verlangsamt und schließlich beim Erreichen der »Sättigung« asymptotisch abflacht. Mit diesem Wachstumsvorgang gehen ein mit der Zeit ständig zunehmender Differenzierungsprozeß und ein Qualitätswandel einher. Organische Entwicklung ist ein zielsuchender Prozeß, der natürlich auch vielen Zufallsschwankungen unterliegt und zuweilen auch gänzlich aus der Bahn geworfen werden kann – so zum Beispiel im Falle unerwarteter starker Schocks von »außen« oder auch infolge plötzlicher Einsicht aus dem »Innern«, wie zum Beispiel infolge der innerhalb weniger Jahre sich durchsetzenden Erkenntnis von der vitalen Bedeutung einer gesunden Umwelt für unser aller Leben. Solche »Störungen« müssen nicht notwendigerweise zu einer Neuformulierung der Ziele führen, aber sie können die Notwendigkeit erzwingen, die Mittel und Wege zu ihrem Erreichen neu zu überdenken. Für die Entscheidungsträger in Politik und Wirtschaft ist es deshalb unabweisbar, nicht nur die langfristigen Ziele im Auge zu behalten, sondern auch »der Forderung des Tages« zu genügen, das heißt, mit den Problemen der Gegenwart und nahen Zukunft wirksam umzugehen, um das Auftreten plötzlicher Krisen wenn nicht zu vermeiden, so doch zu mildern. Solche Krisen könnten sonst auch den langfristig angelegten Entwicklungsprozeß erheblich komplizieren und sogar zum Erliegen bringen. Dabei hat der Entscheidungsträger auch zu beachten, daß die Lösungen, welche er für die Bewältigung der unmittelbaren Probleme anstrebt, nicht den langfristigen Zielen im Wege stehen dürfen.

Es ist eine der wesentlichen Aufgaben von Entscheidungsträgern in Regierung, Industrie und Wirtschaft, auf Arbeitnehmer- wie auf Arbeitgeberseite, in politischen Parteien und in den Kirchen und schließlich auch in den Medien, ihre Ziele nicht nur auf den Zeithorizont der Wahrnehmung oder Übertragung ihres jeweiligen Amtes zu begrenzen. Sie haben darüber hinaus auch die Wege zu erkunden, auf denen sich diese Ziele erreichen lassen, und sie müssen – um überhaupt Erfolg haben zu können – für ihre Ziele und die dabei zu beschreitenden Wege auch die mehrheitliche Unterstützung der Betroffenen gewinnen. Solche Voraus- und Weitsicht, verbunden mit Mut, Tatkraft und Geschicklichkeit, sind Qualitäten, die heute so dünn gesät sind, wie sie es in der Vergangenheit waren.

Dies überrascht im Grunde genommen nicht, da jene Fähigkeiten eines Politikers, die zur Erringung des von ihm angestrebten Führungsamtes vonnöten sind, ihn in den meisten Fällen für eine segensreiche Wahrnehmung dieses Amtes nicht qualifizieren. Denn hierfür reicht es nicht aus, ja kann es sogar gefährlich sein, wenn er sich taktisch geschickt bloß von den Meinungen der Parteibasis steuern läßt. Vielmehr müssen Politiker fähig sein, von eigener Überzeugung und kluger Einsicht getragene politische Führungsarbeit – häufig auch gegen den jeweiligen Meinungstrend – zu leisten. Das setzt charakterliche Qualitäten und intellektuelle Fähigkeiten voraus, welche, verglichen mit telegenem Charisma und dem Spürsinn in bezug auf Wünsche und Erwartungen der Wähler, in der Regel weit weniger über Wahlsieg oder -niederlage entscheiden.

Da Entscheidungsträger nicht selten »Gefangene« jener Institutionen sind, deren Leitung ihnen anvertraut ist, sind sie häufig jedem Wandel abhold, ja, sie agieren gar als Verteidiger des Status quo. Derartiges Verhalten ist wahrscheinlich auf eine Wesensart aller bürokratischen Organisationen zurückzuführen, in denen dazu noch eifersüchtig darüber gewacht wird, daß kein Außenstehender sich in ihre offiziell verbriefte Kompetenz einmischt. Entscheidungsträger wünschen sich deshalb nicht nur, daß in Politik und Gesamtstruktur alles beim alten bleibt, sondern neigen auch dazu, einer Zusammenarbeit zwischen den einzelnen Amtsbereichen Steine in den Weg zu legen.

Wenn aber in einer Zeit schnellen kulturellen, sozialen, politischen, ökonomischen und/oder technischen Wandels plötzlich bisher unbekannte oder ignorierte Probleme auftauchen oder als in naher Zukunft bedrohliche Krisen erkannt werden, dann verlieren viele Bürger nicht selten ihre Geduld mit der Trägheit der Gesetzgeber, der Entscheidungsträger und der von ihnen »gelenkten« Bürokratie. Denn das »einfache Volk« ist häufig weniger blind gegenüber neuen komplexen, interdisziplinären Problemen, als es die vielen Spezialisten sind, welche in der Regel die unter engem Blickwinkel sauber abgeschotteten Expertokratien innerhalb der gouvernementalen und nicht-gouvernementalen Bürokratien bilden. Schließlich vereinigen sich diese Bürger in Basisgruppen und Bürgerinitiativen, die sich amtlicher Politik entgegenstemmen. Und wenn die offiziellen Entscheidungsträger und die traditionellen politischen Parteien sich nicht prompt genug ihrer Anliegen annehmen, dann kommt es auch zur Bildung neuer politischer Parteien, wie der »grünen« Parteien in einer Reihe westeuropäischer Staaten.

Entscheidungsträger, die ihre Bürger auf den Weg zu organischer Entwicklung bringen wollen, müssen zunächst und ohne Verzug für eine nüchterne, realistische und umfassende Bestandsaufnahme der politischen, sozialen und wirtschaftlichen Situation im nationalen wie internationalen Bereich sorgen. Hier finden sich ja die Rahmenbedingungen, welche die möglichen Wege zur organischen Entwicklung eingrenzen. Werden die Rahmenbedingungen ignoriert – eine typische Schwäche ungeduldiger Führer und Anhänger von Bürgerinitiativen –, dann kann dies ein frühes Scheitern zur Folge haben. Die meisten Menschen wünschen sich nichts sehnlicher, als daß eine Welt geschaffen wird, in der Unterentwicklung schließlich überwunden ist und die deshalb auch frei werden kann von Gewaltausübung gegen Menschen und Natur gleichermaßen. Deshalb sollten die politischen Eliten jede Anstrengung unternehmen, Einsichten zu erlangen in die tieferen Ursachen jener weltweiten, vehementen Zunahme von Terrorismus, Verbrechen, Gewalt gegen Frauen und Kinder, von sexueller Freizügigkeit, Abtreibung, Alkoholmißbrauch, Drogensucht und so weiter. Denn ohne die Eindämmung dieser Grundübel läßt sich weder die Unterentwicklung besiegen noch dauerhafter Friede gewinnen. Die führenden Politiker müssen zudem Intuition und auch ausreichende Fantasie besitzen, um mutige und lohnende Ziele zu setzen, denen sie in den kommenden zwei, drei Jahrzehnten zustreben wollen, Ziele, welche die Mehrheit der Bürger, vor allem die jungen, so faszinieren, daß sie auf dem Wege in diese Zukunft notfalls auch bereit sind, große Opfer auf sich zu nehmen. In unserer Zeit ist für Mittelmäßigkeit im Denken kein Platz: »Wo keine Vision ist, werden die Menschen verkommen« (Salomos Sprüche 29,18).

Überleitung

Wer in der Zukunft lesen will, muß in der Vergangenheit blättern: so André Malraux, Schriftsteller und ehemals französischer Kultur-politiker. In der Tat, die Zukunft beginnt nicht auf einer grünen Wiese. Wir sind in der Gestaltung der Zukunft nicht so frei, daß sich alle Wünsche und Träume erfüllen ließen, sofern wir Menschen uns nur intensiv dafür einsetzen würden.

Andererseits ist die Zukunft auch nicht durch die Zwänge der Ver-gangenheit unausweichlich vorbestimmt, als sei sie etwas Vorgefer-tigtes, das wir bei unserer Lebenswanderung jeweils »hinter der nächsten Gebirgskette« vorfinden. Wir haben allenfalls Optionen für Zukunftsalternativen, in denen sich das Zusammen- und Gegen-einanderwirken unterschiedlicher Wunschvorstellungen und realer Gegebenheiten vollzieht. Wege in die Zukunft kann man nicht ent-werfen, ohne Ziele im Auge zu haben, zu denen sie führen sollen. Aber man kann sie auch nicht planen, ohne die Ausgangspunkte zu kennen, bei denen die Reise in die Zukunft beginnt, und ohne das Terrain zu erkunden, durch das die Wege führen müssen.

Es waren Gedanken dieser Art, die schließlich zur Formulierung des Paradigmas vom organischen Wachstum und von der organischen Entwicklung geführt haben. Wie bereits erwähnt, geht es hierbei darum, ein möglichst zutreffendes Bild unseres gegenwärtigen Zu-stands zu haben, aber auch zu begreifen, wie es zu dieser Gegenwart gekommen ist, das heißt, durch welche lang-, mittel- und kurzfristig wirkenden geistigen, gesellschaftlichen, politischen und wirtschaft-lichen Kräfte der Wandel der Zeiten herbeigeführt worden ist, und zugleich aufkeimende neue Kräfte zu erspüren, die auf unserem Weg in die Zukunft zu wesentlichen Kurskorrekturen führen könnten. Ohne solche *Einsicht*, ohne tieferes Verständnis der Triebkräfte,

welche – häufig im verborgenen wirkend – die Welt bewegen, wird
man in der Komplexität der »Weltproblematik« lediglich ein äußerst verwirrendes Bild sehen und keine Ansatzpunkte finden können, ihrer Herr zu werden. Vonnöten ist darüber hinaus *Antizipation*, das heißt die geistige Vorwegnahme möglicher zukünftiger
Entwicklungen, weil komplexe Systeme globaler Dimension von so
enormer Trägheit sind, daß sie oft erst in Jahrzehnten in einen
neuen Verhaltenszustand überführt werden können.

Beim Versuch, Einsicht in ein uns bedrängendes Problemfeld oder
in irgendein komplexes dynamisches System oder Beziehungsfeld zu
gewinnen, benutzen wir stets Modelle oder Modellvorstellungen,
ob wir uns dessen bewußt sind oder nicht. Es mag dabei lediglich
ein Modell sein, das gewisse Gedanken und Vorstellungen auf logische Weise oder mittels anderer nicht formalisierter Regeln zueinander in Beziehung setzt. Oder es kann in manchen Fällen auch ein
quantitatives Modell sein, in dem mit Hilfe mathematischer Glei-
chungen und Formeln numerisch definierte, zeitlich veränderliche
Größen miteinander »agieren« und so mit der Zeit laufend andere
Zahlenwerte annehmen, die dann in Grafiken (wie zum Beispiel in
den Abbildungen dieses Buches) oder in Zahlentabellen ihren Niederschlag finden. Ein derartiges quantitatives Modell lag dem Projekt zugrunde, dessen Ergebnisse in den »Grenzen des Wachstums«
verarbeitet wurden.

Wer Modelle, welcher Art auch immer, für die Analyse der Zukunft
benutzt, die stets – wie könnte es anders sein – in hohem Maße mit
Ungewißheiten befrachtet ist, muß sich zunächst darüber im klaren
sein, welchem Zweck das Modell dienen soll: etwa der »genauen«
Vorhersage (sozusagen der Prophetie) oder der Vorausschau auf
verschiedene mögliche Zukunftsentwicklungen oder »nur« der Gewinnung von *Einsicht*, die uns ein tieferes Verständnis der die Zukunft gestaltenden Kräfte zu vermitteln vermag. Wegen der in der
Zukunft lauernden Ungewißheiten sind wir allerdings nicht frei in
der Wahl dessen, was wir von unseren Modellen erwarten möchten.
Es sind, ganz simpel betrachtet, zwei Typen von Phänomenen oder
Elementen, nämlich vorbestimmte auf der einen, ungewisse auf der
anderen Seite, deren Vorhandensein in unseren Modellen darüber

entscheidet, welches der drei genannten Ziele der Zukunftsanalyse überhaupt erreichbar ist.

Vorbestimmte Elemente sind bekannte »Ereignisse«. Sie haben bereits stattgefunden, ragen aber noch in bestimmter Weise in die Zukunft hinein.

Alle übrigen sind *ungewisse* Elemente. Die aus ihnen resultierende Unsicherheit ist allerdings nicht nur im Mangel an Wissen, an Fakten und Daten zu suchen. Dies ist zwar auch der Fall, wenn man sich zum Beispiel mit der zukünftigen Entwicklung der »Weltproblematik« beschäftigt (eine Aufgabe, der sich der Club of Rome seit seiner Gründung widmet). Noch wesentlicher ist hier jedoch folgende Tatsache: In allen Systemen, in denen der Mensch mit seinem Denken und Handeln entscheidend mitwirkt, besteht die fundamentale und durch nichts zu beseitigende Ungewißheit darin, daß die Zukunft von Entscheidungen abhängt, die noch gar nicht getroffen sind.

Fast immer sind beide Elemente, vorbestimmte wie ungewisse, in den Modellen vorhanden, mit denen man die Zukunft zu ergründen sucht. Die Ziele, die man mit der Zukunftsanalyse bestenfalls erreichen kann, hängen dann in entscheidendem Maße von der relativen Bedeutung ab, welche diese beiden Elemente in dem zu untersuchenden Beziehungsgeflecht haben.

Bei der *Vorhersage* bemüht man sich, zukünftige Ereignisse mit prophetischer Gewißheit vorherzusagen. Dies ist offenbar nur möglich, wenn das dazu benutzte Modell lediglich vorbestimmte Elemente enthält.

Im Falle der *Vorausschau* besteht das Ziel darin, ungewisse Umstände, welche – zusammen mit vorherbestimmten Elementen – den zukünftigen Lauf der Dinge beeinflussen dürften, mit ins Kalkül zu ziehen. Diesem Ziel versucht man dadurch gerecht zu werden, daß man im Modell eine Reihe alternativer Annahmen macht und dann deren Folgen auf die Zukunftsentwicklung abschätzt oder im Falle quantitativer Modelle berechnet. Hierbei verwenden wir Verfahren vom Typ »Wenn ... dann« oder vom Typ »Was ... wenn«. Man stellt also Fragen, was geschehen würde, wenn gewisse Umstände eintreten oder gewisse Entscheidungen getroffen würden. Solche

Vorausschau war zweifellos das Ziel des Buchs »Die Grenzen des Wachstums«, wenn auch seine Kritiker diesen Bericht an den Club of Rome zumeist als Vorhersage mißinterpretierten.

Wie schon angedeutet, dient das Streben nach *Einsicht* bei der Zukunftsanalyse dem Ziel, jene Triebkräfte mitsamt ihrem Umfeld aufzudecken, zu verstehen und zu bewerten, die in der zukünftigen Entwicklung eines Problemfelds ihre Wirkung entfalten, ja für diese entscheidend sind. Hierbei muß man sich auf eine große Mannigfaltigkeit von Modellen stützen können, die ganz unterschiedliche Rollen für die Untersuchung der Zukunft spielen können. Sie dienen weit weniger dem Ziel, in die Zukunft vorauszuschauen, als dem Anliegen, auf solche Weise – wenn immer notwendig und möglich – Ausgangspunkte, Ansätze und Leitlinien für einen der Zukunftsanalyse angemessenen Denkprozeß zu gewinnen. Man sucht also in den Modellen Unterstützung für einen geistigen Prozeß realitätsbezogenen kreativen Nachdenkens über die Zukunft. Dabei besteht die Realität nicht nur aus belegbaren historischen, politischen, ökonomischen und ökologischen Fakten und Umständen; Wirklichkeit ist hier auch in dem umfassenden Sinn zu verstehen, daß in ihr auch religiöse Glaubensvorstellungen, ideologische Überzeugungen und Vorurteile, ethische Werte und moralische Normen, lebendige Traditionen und vieles mehr Platz haben.

Es waren wohl derartige, auf die Erlangung von Einsicht zielende Überlegungen und Gedanken, gepaart mit genialer Intuition, die Alexis de Tocqueville, einen jungen Franzosen, nach einer Studienreise durch die Vereinigten Staaten am Schluß des 1835 erschienenen ersten Bandes seines Werkes »Über die Demokratie in Amerika« die später immer wieder zitierte Prognose niederschreiben ließen: »Es wird eine Zeit kommen, wo man in Nordamerika 150 Millionen unter sich gleiche Menschen antreffen wird... Das gibt dann auf der Erde zwei große Völker... die Russen und die Amerikaner... Beide gehen aus von verschiedenen Punkten, und ihre Bahnen sind verschieden; nichtsdestoweniger scheinen beide, nach einer uns noch geheimen Absicht der Vorsehung, bestimmt zu sein, jeder in seiner Obhut eine halbe Erde zu halten.« Wahrscheinlich hat Tocqueville dabei sogar ein quantitatives Bevölkerungsmodell mit-

benutzt, was ja auch schon Malthus – allerdings eines von sehr viel
einfacherer Struktur als heute üblich – bei seiner pessimistischen
Vorhersage einer hungernden Welt getan hatte.

Will man zur Analyse der Zukunft die notwendige Einsicht gewinnen, so bedient man sich also bei diesem Prozeß in erster Linie der
mächtigen Instrumente des Geistes, nämlich des logischen Denkens
auf der einen und des intuitiven Begreifens auf der anderen Seite,
und – natürlich auch – aller einsichtswirksamen erreichbaren Fakten und Daten. Man versucht also nicht, dieses geistige Rüstzeug
durch die Nutzung mechanistischer Computermodelle zu ersetzen
in der Erwartung, daß diese uns dann automatisch sagen könnten,
was die Zukunft bringen wird und was zu tun ist, um auf die
Zukunft Einfluß zu nehmen.

Entscheidungsträger (oder auch »nur« Futurologen) benötigen für
diesen geistigen Prozeß mentale Werkzeuge von großer Mannigfaltigkeit. Ein monolithisches Modell, das im Falle der Untersuchung
der »Weltproblematik« sehr schnell in ein Monstrum entarten
müßte, dürfte ihnen dabei kaum von Nutzen sein. In der wirklich-
keitsnahen Praxis muß der Entscheidungsträger vielmehr einen
»Korb« von Modellen und Vorgehensweisen zur Verfügung haben,
auf die er wahlweise je nach Notwendigkeit zurückgreifen kann.

Dieser Korb kann verbale und konzeptionelle Vorgehensweisen enthalten, die für den Entscheidungsträger mindestens so wichtig sind
wie quantitative und logische Modelle. Während für die Bearbei-
tung quantitativer Modelle der Einsatz von Computern sich unmittelbar anbietet, geht die heutige Entwicklung dahin, auch für ver-
bale/konzeptionelle Modelle Rechner zu verwenden. Nur mit Hilfe
einer solchen eklektischen Methode kann die verwirrende Vielfalt
der Wirklichkeit und ihrer durch intellektuelles Vermögen, Erfahrung und Intuition getönten – nicht selten auch verzerrten – Wahrnehmung erfaßt werden.

Unter der Vielzahl konkreter Problemfelder globaler Dimension
habe ich für die Behandlung in Teil II die mir am dringlichsten
erscheinenden ausgewählt und nach Prioritäten geordnet. Bei der
Auswahl der Problemfelder stand neben ihrer Bedeutung für das
künftige Wohlergehen der Welt auch die Frage im Vordergrund, in

welchem Maße die Wahrnehmung der Vorbildrolle durch die wohlhabenden Industriegesellschaften für Erfolg oder Scheitern bei der Bewältigung der Probleme mitentscheidend sein wird. Obwohl die vier ausgewählten Problemfelder nicht unabhängig voneinander sind, hat ihre getrennte Behandlung mit Hilfe der oben geschilderten Vorgehensweise zu Ergebnissen geführt, die mir für den Zweck dieses Buches ausreichend zu sein scheinen.

Für jedes der vier ausgewählten Problemfelder verfügen wir über eine breite – jedoch zumeist nicht in formalen Modellen konzentrierte – Wissensbasis. Wir verfügen hier allerdings auch über quantitative Modelle, die sich für bestimmte Aspekte der breit angelegten Fragenkomplexe formulieren und anwenden lassen, wie zum Beispiel Bevölkerungsvermehrung oder -abnahme, wirtschaftliche Entwicklung, Ausbeutung von Rohstoffen und Energieressourcen, Nahrungsmittelerzeugung und -versorgung, Klimavorgänge.

Bei unserem heutigen Wissensstand halte ich jedoch den Versuch, eine umfassende logische und/oder quantitative computergerechte Modellstruktur für irgendeines der in Teil II erörterten Problemfelder zu entwerfen, für unmöglich, zumindest aber für wenig sinnvoll. Deshalb habe ich für ihre Behandlung eine verbale Darstellung gewählt, die von möglichst strengen Gedankenmodellen ausgeht, sich aber auch – wo immer möglich – auf Ergebnisse quantitativer Modelluntersuchungen stützt. Auf solche Weise wurde versucht, die in diesen Problemfeldern wirksamen Triebkräfte zu entdecken, auf die Notwendigkeit entsprechenden Handelns hinzuweisen und folglich auch Unterstützung für diejenigen bereitzustellen, die in unserer Welt bei der Bewältigung dieser Probleme eine Vorbildrolle wahrnehmen sollten. Kurz, es wurde versucht, »Wege in die Zukunft« zu entwerfen und vorzubereiten.

Daß die hier zu treffenden Entscheidungen keinerlei Aufschub dulden, daran besteht für mich nicht der geringste Zweifel. Denn die Ergebnisse von heute gefällten Entscheidungen, die der Wahrnehmung der Vorbildfunktion entspringen, werden überwiegend erst zu Beginn des kommenden Jahrhunderts in Erscheinung treten. Für Politiker, die sich nur vom Tagesgeschäft, mit Blick auf die nächsten Wahlen, treiben lassen, sollte in dieser Welt kein Platz mehr sein.

II
Wege in die Zukunft

Einleitung

Die Worte »organisches Wachstum« und »organische Entwicklung« sind zunächst nur beschreibende Begriffe für zielsuchendes Wachstum und differenzierte Entwicklung, die im Gegensatz zu dem Begriff des undifferenzierten Wachstums stehen, der den »Grenzen des Wachstums« zugrunde lag. Das Paradigma organisches Wachstum und organische Entwicklung gewinnt erst dann einen politisch operationalen Sinn, wenn ihm ein Entwicklungsmuster zugeordnet wird, dessen Struktur durch die Formulierung von politischen, gesellschaftlichen, wirtschaftlichen, ökologischen und anderen Zielen, Aufgaben und Wegen gestaltet wird, von denen einige global oder zumindest universal, andere von Gesellschaft zu Gesellschaft verschieden sein mögen.

Mit dem Setzen von Zielen und durch den Entwurf von Wegen und Mitteln zu deren Verwirklichung bestimmen die Reichen und Mächtigen die Qualität der Wahrnehmung ihrer Vorbildfunktion für die Entwicklungsländer wie auch für die Unterprivilegierten in ihren eigenen Ländern. Obwohl die Tage gezählt sind, in denen die Machtinhaber willkürlich den Schwachen und Armen sagen konnten, was sie zu tun und zu lassen hätten, so können sie doch durch ihr Beispiel, nämlich durch ihr politisches Verhalten und durch den von ihnen vorgelebten Lebensstil, auch heute noch entscheidenden Einfluß ausüben.

Teil II des vorliegenden Berichts ist daher Themen gewidmet, die für die Wahrnehmung dieser Vorbildrolle der Menschen in den führenden Industrieländern in den kommenden Jahrzehnten von kritischer Bedeutung sind, das heißt, je nachdem wie sie ihre Vorbildfunktion auf diesen Gebieten wahrnehmen, wird organischem Wachstum der Weg bereitet oder werden die Chancen dazu vertan.

Unter diesen Themen nimmt die Bewahrung des Friedens die erste Stelle ein. Eng verbunden hiermit folgt dann auf der Tagesordnung lebenswichtiger globaler Ziele die Forderung nach Eindämmung der Ausübung von Gewalt durch die Menschen gegenüber der Natur, insbesondere der Umweltschädigung und des Raubbaus an den natürlichen Ressourcen. Dies ist unausweichlich, wenn der Lebensstil der Reichen und Mächtigen und die gegenwärtig von ihnen eingesetzten technischen Mittel in den kommenden Jahrzehnten unbesehen von den Ländern der industriellen Peripherie übernommen werden.

Hier sind wir dann auch bei dem im Prolog formulierten zweiten Fragenkomplex angelangt: Welchen Wandel müssen die heute im industriellen Zentrum lebenden Menschen in ihrem politischen, sozialen, ökonomischen, ökologischen, moralischen und ethischen Denken vollziehen, damit sie als Wohlhabende und Mächtige die ihnen zufallende Vorbildfunktion adäquat wahrnehmen können und so ihre Verantwortung für eine durchhaltbare Entwicklung der ganzen Welt auf sich nehmen? In den einzelnen Kapiteln von Teil II dieses Buches wird daher der Versuch unternommen, auf diesen Fragenkomplex einige – sicherlich noch sehr unvollständige – Antworten zu geben, um damit auch die Einsicht des Lesers – sei er Entscheidungsträger oder einfacher Bürger – in die Probleme zu vertiefen, für welche im Zuge eines organischen Entwicklungsprozesses Lösungen in den kommenden Jahrzehnten gefunden werden müssen.

Von der nuklearen Abschreckung zu einem Frieden ohne Furcht

Einige Bemerkungen zur nuklearen Abschreckung

»An einem kalten Tage im Januar 1977«, so beginnt eine kurze Geschichte, die ich vor einigen Jahren las, »hörte und schaute ein kleiner Junge am Fernsehen zu, wie Präsident Carter in seiner Inaugurationsrede versprach, alle seine Kräfte für die Beseitigung der Kernwaffen einzusetzen. ›Daddy‹, fragte der Junge seinen Vater, ›glaubst du, daß er das wirklich will?‹ Der Vater bejahte dies. Dann, nach kurzem Nachdenken, fragte der Junge weiter: ›Daddy, meinst du nicht, wir sollten mindestens eine irgendwo verstecken?‹«

»Der Junge traf den Nagel auf den Kopf«, so der Kommentar (16), der dieser kurzen Anekdote folgte: »Solange Mißtrauen vorherrscht, solange wird die Versuchung groß sein, nicht alle Karten aus der Hand zu geben. Kernwaffen lassen sich leicht verstecken oder können schnell ›wiedererfunden‹ werden. Bei großen Stückzahlen spielen versteckte Sprengköpfe keine Rolle. Aber wenn die Zahlen klein sind und politisches Mißtrauen weiterexistiert, dann können Gerüchte über versteckte Atombomben oder geschürte Ängste vor ihrer ›Wiedererfindung‹ durch beliebig viele andere Mächte die schlimmste Art des Wettrüstens auslösen: ein Sofortprogramm der nuklearen Wiederaufrüstung, in dem nur noch wenige der Sicherheitsmaßnahmen getroffen werden, die in die heutigen Waffensysteme eingebaut sind. Wenn man also über die Konsequenzen und Risiken vollständiger nuklearer Abrüstung in der ganzen Welt nachdenkt, dann möchte man meinen, daß damit Frieden und Sicherheit nicht garantiert sein würden, bevor nicht die dafür notwendigen politischen Voraussetzungen gegeben sind.« Hier endet der Kommentar zu des Jungen nachdenklicher Bemerkung.

Solange die politischen Voraussetzungen gegenseitigen Vertrauens und des Konsenses in lebenswichtigen Fragen fehlen, wird vollständige Abrüstung eher einen inhärent labilen politischen Zustand herbeiführen. In einer abgerüsteten Welt würde jene Nation, die sich als erste wieder in den Besitz von Kernwaffen setzt, in der Lage sein, ihren Einfluß in weit höherem Maße geltend zu machen als in einer Welt voll von Waffen.

Ich erinnere mich noch lebhaft daran, wie ich vor mehr als zehn Jahren in dem idyllischen Badeort Suchumi am Schwarzen Meer mit diesen Bemerkungen die von Optimismus erfüllte Atmosphäre ernüchterte, als es bei einer Diskussion zwischen Mitgliedern der sowjetischen Akademie der Wissenschaften und »westlichen« Wissenschaftlern um die Anwendbarkeit des Systemansatzes auf das Problem »vollständige Abrüstung« ging. Ich verwies auf das »Dritte Reich« als Beispiel, als in einer Welt, in welcher der damalige »Westen« (insbesondere die Vereinigten Staaten und England) abgerüstet hatte, Hitler imstande war, Deutschland innerhalb weniger Jahre zu einer militärischen Großmacht zu machen, die ihm einen Aggressionsakt nach dem andern erlaubte, bis schließlich England und Frankreich trotz ungenügender Vorbereitung zu der Überzeugung gelangten, Hitler nur stoppen zu können, indem sie den Verteidigungspakt mit Polen, das von Hitler angegriffen worden war, einhielten. Hätte Hitler Mitte der dreißiger Jahre der vollgerüsteten Allianz von England, Frankreich und den Vereinigten Staaten gegenübergestanden, er hätte vielleicht von seinem aggressiven Expansionsdrang – ohne Krieg – abgeschreckt werden können.

Nicht viel anders scheint auch die gegenwärtige politische Situation noch nicht reif zu sein für eine dauerhafte Abschaffung der nuklearen Abschreckung durch vollständige nukleare Abrüstung, obwohl Reagan wie auch Gorbatschow es mit ihren gegenwärtigen Bemühungen ernst meinen mögen, das über den Häuptern der Menschen in Ost und West schwebende Damoklesschwert zu beseitigen. Ich bin davon überzeugt, daß sie ehrlich und redlich dieses Ziel verfolgen, weil jeder Staatsmann es als höchst belastend empfinden muß, sich auf die Entscheidungen eines potentiellen Gegners verlassen zu müssen. Der amerikanische Militärtheoretiker Bernard Brodie (16) hat wohl recht mit der Aussage: »Es ist ein eigenartiges Paradoxon unserer Zeit, daß einer der wichtigsten Faktoren, die dazu beitragen, daß die Abschreckung wirklich funktioniert, ja sogar gut funktioniert, die geheime Furcht in den Köpfen der Entscheidungsträger ist, daß sie bei einer massiven Konfrontationskrise versagen könnte.« Im Gegensatz zu ihren Vorgängern, die in der vor-nuklearen Ära ihre Völker in den Krieg führten, können die heutigen Machthaber bei Ausbruch eines unbegrenzten Atomkriegs ihr eigenes Ende voraussehen, seien sie später Sieger oder Besiegte. Diese Einsicht ist sicherlich eine große Stütze für ihre Entschlossenheit, einen solchen Krieg zu vermeiden. In dieser und natürlich auch anderer Hinsicht verleitet das Gleichgewicht des Schreckens der gegenwärtigen politischen Situation eine größere Stabilität als das »Gleichgewicht der Macht« während des Jahrhunderts vor dem Ersten Weltkrieg. Aber das Versagen der nuklearen Abschreckung würde so unendlich viel größere Vernichtung, Tod und Elend zur Folge haben, daß der Schaffung politischer Bedingungen, unter denen auf nukleare Abschreckung zur Wahrung des Friedens verzichtet werden kann, die allerhöchste Priorität auf der Tagesordnung der Machtblöcke in Ost und West eingeräumt werden muß.

Zum Konflikt in der Ausübung gesellschaftlicher Grundfunktionen

Aber was kann, was muß wirklich getan werden, um die politischen Voraussetzungen dafür zu schaffen, daß die Welt sich von der nuklearen Abschreckungsstrategie befreien kann?
Bevor ich versuche, auf diese höchst lebenswichtige Frage eine Antwort zu geben, mögen einige grundlegende Betrachtungen angestellt werden.
Seit der Mensch sich bemüht, von dieser Erde Besitz zu ergreifen, hat er stets folgende Grundfunktionen ausgeübt (17) (18):

a) Erwerb von Nahrung und Ausbeutung natürlicher Ressourcen;
b) Fortpflanzung seiner Gattung;

c) Sicherung des Schutzes gegen Gefahren, die von der Natur ausgingen, und gegen feindliche Menschen;

d) Erwerb von Wissen und Fähigkeiten (produktive, intellektuelle, geistige, künstlerische, organisatorische, soziale usw.) und deren Weitergeben an ihre Nachkommen.

Das Verhalten der Menschen bei der Ausübung dieser Grundfunktionen hat vielerlei Wandel in des Menschen kultureller Evolution erfahren, die ihren vorläufigen Höhepunkt in der gewaltigen Transformation während des wissenschaftlich-technischen Zeitalters der vergangenen zweihundert Jahre erreichte.

Wenn man in diesen menschlichen Grundfunktionen die wesentlichen Komponenten der kulturellen Evolution des Menschen sieht, kann man schwerlich ignorieren, daß einige von ihnen im gegenwärtigen Stadium unserer Entwicklung mehr und mehr aus dem Tritt geraten. Zwar kann man gegen diese Feststellung folgendes einwenden: Wir hätten angesichts der Bevölkerungsexplosion in der Dritten Welt erkannt, wie notwendig es für ein Überleben der Menschheit ist, der weiteren schnellen Bevölkerungsvermehrung durch Geburtenkontrolle, Familienpolitik, Erhöhung des Lebensstandards usw. entgegenzutreten; wir seien uns ferner heute darüber im klaren, daß bei der Nahrungsmittelerzeugung und der Nutzung aller natürlichen Ressourcen die »Tragfähigkeit« unserer begrenzten Erde sorgfältig zu beachten ist; wir hätten auch eingesehen, daß wir unsere wissenschaftlich-technischen Anstrengungen anders als früher auszurichten haben und auf manchen Gebieten nicht alles tun dürfen, was machbar erscheint.

Aber in unseren Sicherheitsbemühungen hat solcher Verhaltenswandel bisher nicht stattgefunden. Trotz des Wissens um das ungeheure, alles Leben auf unserer Erde zerstörende Vernichtungspotential der Kernwaffen gab es in den vergangenen vierzig Jahren ein nukleares – und auch ein »konventionelles« – Wettrüsten, das in der Menschheitsgeschichte ohne Beispiel ist.

Dieses völlig unvernünftige Verhalten existiert beharrlich weiter, obwohl jeder weiß oder wissen könnte, daß Krieg, als ein Relikt aus dem agrarischen Zeitalter des Menschen, heute ein gänzlich ungeeignetes Mittel ist, die Existenz des einzelnen wie die von Nationen zu sichern oder gar auf ein höheres Niveau zu heben, auch wenn sie sich auf der »siegreichen« Seite befinden sollten. Im Gegenteil, die Menschheit wird nicht überleben, wenn es uns nicht gelingt, angesichts der technischen Entwicklung einen grundlegenden Wandel in unserem Verhalten zur Befriedigung unseres Sicherheitsbedürfnisses herbeizuführen. Dies erfordert vor allem einen drastischen Wandel in den Beziehungen zwischen den Vereinigten Staaten von Amerika und der Sowjetunion als den beiden Weltmächten, auf deren Schultern die größte Verantwortung für die Sicherheit und das Überleben der Menschen auf unserem Planeten ruht. Aber ihre gegenseitigen Beziehungen werden sich nicht grundlegend ändern, solange ihre Führer an jener Weltsicht festhalten, die bisher die Geschichte beherrscht hat und die leider auch bei den meisten Regierungen in den anderen Teilen der Welt heute noch vorherrscht.

Im Mittelpunkt dieser Weltsicht steht die Idee des Nationalstaates. Diese ist verbunden mit der Vorstellung, daß seine Sicherheit, Überlebensfähigkeit und sein Wohlstand im wesentlichen auf seiner Macht beruhen, auf militärischer Macht, auf Macht über menschliche und natürliche Ressourcen und auf Beherrschung von Wissenschaft und Technik. Folglich ist der Nationalstaat bestrebt, seine Macht- und Einflußsphäre auszudehnen, und dies – in der Regel – auf Kosten anderer Staaten. Der Nationalstaat wird damit zu einer Quelle ständiger Konflikte.

Bei dieser Weltsicht kann man die Entartung von Konflikten in Krieg nur verhüten, wenn durch ein »Gleichgewicht der Macht« – allein oder in Allianzen mit anderen Nationalstaaten – oder im Atomzeitalter durch nukleare Abschreckung potentielle Gegner daran gehindert werden, militärische Überlegenheit für militärische Handlungen oder politische Erpressung zu erlangen. Die hier zum Ausdruck kommende Weltsicht impliziert, daß die Institution des Krieges immer noch als das finale Instrument der Politik betrachtet wird: Frieden ohne Furcht ist dann eine Utopie.

Aus dieser Weltsicht entspringt auch die Behauptung, nur »starke« Regierungen seien in der Lage, eine adäquate Sicherheitspolitik zu praktizieren, die sich gegen eine Bedrohung und Aggression von seiten anderer Mächte effektiv durchsetzen könne. In der Ausübung ihrer Macht im nationalen und internationalen Rahmen geraten derartige »starke« Regierungen dauernd in Konflikte: an der »Heimatfront« mit demokratischen Prinzipien, den Menschenrechten und sozialer Gerechtigkeit, auf internationalem Gebiet mit dem Völkerrecht und internationalen Konventionen, zum Beispiel durch militärische Einmischung in die Angelegenheiten anderer, schwächerer Staaten. Natürlich gibt es da größere Unterschiede zwischen Ost und West in der Handhabung der Lösung solcher Konflikte. Aber unvermeidbar lebt solche Machtpolitik überall von der gegenseitigen Furcht und vom gegenseitigen Mißtrauen.

Furcht und Mißtrauen, welche die Bürger in potentiellen Feindländern bedrücken, müssen also lebendig erhalten werden, damit die Menschen – schon in »Friedenszeiten« – bereit sind, große Opfer für militärische Aufwendungen zu bringen. Doch sind diese Ausgaben in der Regel so extrem hoch, daß der größere Teil dieser Last auf die Schultern zukünftiger Generationen abgewälzt wird. Die sich dabei in allen größeren Staaten ansammelnden nationalen Schulden aufgrund permanenter Haushaltsdefizite, die ihre Hauptursache in der horrenden Verschwendung von Mitteln für unproduktiven militärischen Expansionsdrang haben, sprechen hierfür eine deutliche Sprache.

Leider sind mächtige Interessengruppen und Lobbies ständig am Werk, Furcht und Mißtrauen dadurch zu stimulieren, daß sie dem ins Auge gefaßten Gegner das Stigma des »Bösen« anheften und dabei nicht davor zurückschrecken, latente feindselige Gefühle zu Haß aufzuputschen. Gegen solche Interessengruppen für die Aufrechterhaltung der Kriegsmaschinerie kann man nicht wachsam genug sein, wie Präsident Eisenhower – selbst ein höchst erfolgreicher General – in seiner Abschiedsrede zur Macht und zu der Gefahr des industrie-militärischen Komplexes bemerkte. Kenneth E. Boulding, der hervorragende amerikanische Wirtschaftswissenschaftler englischer Herkunft, betrachtete in einer bemerkenswerten Vorlesung am IIASA (Internationales Institut für angewandte System-Analyse) über »The Concept Of National Defense in an Evolutionary Perspective« (19) den industrie-militärischen Komplex (NDO = National Defense Organisation) ironisch als ökologische Spezies: »Die NDOs sind miteinander ökologisch kooperativ, aber kompetitiv mit ihren eigenen Zivilbevölkerungen. Je größer die russische NDO, desto größer die amerikanische; je größer die amerikanische, desto größer die russische. Jede von ihnen stellt natürlich eine gewaltige finanzielle Belastung und eine ernste Gefahr für die eigene Zivilbevölkerung dar. Es ist eine der Ironien dieses Systems, daß – soweit ich informiert bin – die russische NDO bisher keinem Amerikaner Schaden zugefügt und die amerikanische NDO keinem Russen Böses angetan hat. Jedoch hat die amerikanische NDO den Amerikanern erhebliche wirtschaftliche Schäden zugefügt; denn wir sind heute um mindestens 10 Prozent bis 20 Prozent ärmer, als wir es gewesen wären, hätten nicht 7 Prozent unseres BSP ihren Weg in die Taschen der NDO gefunden; und die Wirkung der russischen NDO auf die Russen ist wohl noch gravierender... Es ist dieses eigenartige ökologisch kooperative Verhältnis zwischen den NDOs, das ihnen gestattet zu wachsen. Gleichzeitig ist jedoch diese Expansion mit der Menschheit selbst im Wettstreit und trägt dazu bei, die letzte ökologische Nische der menschlichen Gattung zu reduzieren... Die vorhandene Dynamik des Systems wird mit an Sicherheit grenzender Wahrscheinlichkeit zur Auslöschung der Menschengattung in verhältnismäßig naher Zukunft führen, eine Aussicht, die Systemanalytikern ein kräftiger Anreiz sein sollte, den NDOs in ihren globalen Weltsystemen einen wichtigen Platz einzuräumen, auch wenn dies äußerst kompliziert wäre.«

So überrascht es auch nicht, daß Vorschläge für wirkliche Abrüstung – mit der Verschrottung ganzer Waffensysteme – bei den mächtigen Interessengruppen der NDOs auf erbitterten Widerstand stoßen. Erst vor kurzem mußten wir die Erfahrung machen, daß eine gewisse Kategorie von Kernwaffen, deren vollständige Beseitigung der Westen nur wenige Jahre zuvor gefordert hatte, nun plötzlich von vielen, die vorher für eine Null-Lösung eingetreten waren, zu wesentlichen Instrumenten für die Erhaltung des Friedens erklärt wurde, nämlich als Gorbatschow eine politische Vereinbarung, sie abzubauen, auf den Verhandlungstisch legte.

Natürlich lassen sich immer Argumente dafür finden, daß ein anderer Abrüstungsansatz besser gewesen wäre als der nun in Aussicht genommene. Aber wir wissen aus leidvoller, dreißigjähriger Erfahrung auch, daß jeder Gegenvorschlag in der Regel einen weiteren Gegenvorschlag gebiert. Und wir wissen aufgrund dieser Erfahrung auch, daß solche Bemühungen von Abrüstungsgesprächs-Spezialisten im »Erfolgsfalle« in Vereinbarungen über ein technisches Rahmenwerk enden, in welchem dann die nächste Runde des Wettrüstens stattfindet.

Auf solche Weise werden Furcht und Mißtrauen als quasi-institutionalisierte Komponenten in den internationalen Beziehungen zwischen potentiellen Gegnern lebendig erhalten; denn ohne sie gäbe es kein Fortbestehen der vorherrschenden Weltsicht, in deren extremer Version die Sicherheit der Menschen vollständig der strategischen Logik und dem militärischen Expansionswillen zum Schaden anderer überantwortet wird, wo man mit solcher Machtpolitik jede Meinungsverschiedenheit als kriminelle Unterwanderung abqualifiziert.

Organische Entwicklung als Gegensatz zum geopolitischen Expansionsdrang

Das Paradigma der organischen Entwicklung in seiner Formulierung auf Seite 65 ff. ist diametral jener Weltsicht entgegengesetzt, die wir soeben erörtert haben. Deren Bezeichnung als geopolitische Weltsicht stammt von dem schwedischen Historiker Rudolf Kjellén. Später wurde dieser Begriff von dem deutschen Historiker Karl Haushofer (20) weiterentwickelt. (Als Haushofer 1946 beschuldigt wurde, seine Ideen hätten einen verhängnisvollen Einfluß auf die nationalsozialistische Führung ausgeübt, beging er Selbstmord. Ein Jahr zuvor, am 23. 4. 1945, war sein Sohn Albrecht Haushofer als Mitglied des deutschen Widerstandes von den Nazis hingerichtet worden.)

Es könnte an diesem Punkt unserer Erörterungen nützlich sein, sich zwei Hauptmerkmale des Konzepts der organischen Entwicklung ins Gedächtnis zu rufen:

— systemar-interdependente Entwicklung, in der kein Teil
(Subsystem) sich zum Schaden der anderen Teile entfaltet;
wirklicher Fortschritt eines Teils findet nur statt, wenn er
auch vom Fortschritt der anderen Teile begleitet und unterstützt wird;
— pluralistische Entwicklung, die auf die Befriedigung der
gegebenen Bedürfnisse zielt und somit notwendigerweise
in den verschiedenen Teilen der Welt auch unterschiedlich
verläuft und deren Ziele sich in dem Maße, in welchem Bedürfnisse befriedigt sind und neue entstehen, mit der Zeit
wandeln.

Offenbar ist das Weltbild, aus dem sich der Begriff der organischen
Entwicklung herleitet, eng verwandt mit Kants Rationalismus (21)
(22). Hier wird die Lösung von Konflikten auf der internationalen
Ebene mit friedlichen Mitteln, nämlich durch Kooperation unter-
einander, gesucht. In einem solchen politischen Klima können
Furcht und Mißtrauen zwischen Nationalstaaten nicht gedeihen.
Zuverlässige Rüstungskontrolle und weitreichende Abrüstung sind
dann realistische Möglichkeiten.

Bei solchem politischen Klima braucht man auch keine »starken«
Regierungen mehr, um mit einer Politik, die von der Furcht und
dem Mißtrauen der »eigenen« Leute lebt, das ewige Dilemma im
Ausgleich zwischen militärisch-strategischer Logik und der Verwirklichung demokratischer Prinzipien zu bewältigen. Damit ist
also keine Politik mehr vonnöten, die in totalitären Staaten üblich,
aber nicht nur auf diese beschränkt ist; die McCarthy-Ära in den
Vereinigten Staaten ist ein trauriges Beispiel für diese allgegenwär-
tige Gefahr, wenn geopolitische Weltsicht die politische Szene beherrscht.

Im Innern von Nationalstaaten und in ihren zwischenstaatlichen
Beziehungen hat daher die Suche nach Verträglichkeit zwischen
Menschenrechten, territorialer Integrität und politischer Stabilität
den Vorrang, wenn man bestrebt ist, antiquiertes geopolitisches
Denken zu überwinden. Es ist zweifellos ein höchst schwieriges
Unterfangen, ein politisches Klima zu schaffen, in welchem Furcht
und Mißtrauen auf ein so niedriges Niveau gesenkt worden sind,

wie es auch noch unter Freunden anzutreffen ist. Aber es ist nichtsdestoweniger unabdingbar für das Überleben der Menschheit im Atomzeitalter. Tiefes Mißtrauen läßt sich sinnvoll nicht durch pompöse Erklärungen und durch plötzliche Vereinbarungen überwinden – die dann doch nur, wie seinerzeit der überraschende Hitler-Stalin-Pakt, früher oder später gebrochen werden –, solange in den Köpfen der politischen Führung in Ost und West die geopolitische Weltsicht dominiert. Keiner kann uns auf solche Art eine Abkürzung des langen Weges zum Frieden ohne Abschreckung weisen.

Es ist auch ein grundlegender Irrtum zu glauben, man könne mit Hilfe rein technischer Mittel, wie zum Beispiel den im Rahmen der SDI (Strategic Defense Initiative) zu entwickelnden, die nukleare Abschreckung überwinden und damit die vollständige Beseitigung von Kernwaffen erzwingen, ohne zuvor den Weg zu stabiler Rüstungskontrolle durch eine schwierige politische Daueranstrengung zu ebnen, die ohne fundamentalen Wertwandel wohl nicht durchzuhalten wäre. Im Gegenteil! Wenn Präsident Reagan meint, die SDI würde auch als amerikanische »Versicherungspolice« gegen mögliche Verletzungen nuklearer Abrüstungsvereinbarungen von seiten der Sowjetunion benötigt, dann bringt er damit klar zum Ausdruck, daß es wohl weiser wäre, der Sowjetunion auch in den kommenden Jahrzehnten zu mißtrauen, als mit ihr in eine vertrauensvolle Zusammenarbeit einzutreten. Auf der andern Seite wird natürlich auch das Mißtrauen der Sowjetunion gegenüber den Vereinigten Staaten weiter vertieft, weil sie nun befürchtet, die Vereinigten Staaten würden bei einer erfolgreichen Durchführung des SDI-Projekts in den Besitz einer unwiderstehlichen gegen sie gerichteten Erstschlagskapazität gelangen.

Ich bin daher überzeugt davon, daß bei der Suche nach Abrüstung und Frieden jedes alleinige Zurückgreifen auf technische Mittel nur kontraproduktiv sein wird. Technik kann keine Politik ersetzen, die auf allmählichen Abbau des Mißtrauens zielt. Furcht und Mißtrauen können nur Schritt für Schritt abgetragen werden, während die antiquierte geopolitische Weltsicht einem neuen Geist und damit einem neuen Denken weicht, das sich auf das Paradigma der organischen Entwicklung stützt.

Nur Taten zählen, aber dies müssen Taten sein, die eindrucksvoll demonstrieren, daß Mut und Vertrauen dabei sind, Furcht und Mißtrauen zu überwinden. Ist die kürzlich von Gorbatschow unternommene Initiative ein erstes Zeichen dafür, daß sich in der Weltsicht führender Politiker ein solch profunder Wertewandel anbahnt? Dieser Schritt Gorbatschows wird allerdings nur ein kurzlebiges Strohfeuer entfachen, wenn man ihm im Westen mit mißtrauischem Gezänk begegnet, statt ihn in einem selbstbewußten Aufeinanderzugehen offenen Sinnes zu erwidern.

Leider kann man an einen solchen Sinneswandel kaum glauben, wenn man sich daran erinnert, daß auch Gorbatschows Vorschlag im Juli 1987, mit den Vereinigten Staaten hinsichtlich einer Beendigung des bereits seit 1980 währenden Krieges zwischen Iran und Irak eng zusammenzuarbeiten, postwendend mit dem formalistischen Hinweis zurückgewiesen wurde, hierfür seien die Vereinten Nationen das richtige Forum. Dabei weiß man ja auch im Weißen Haus, wie ineffektiv die Institution der Vereinten Nationen bei der Bewältigung solcher Aufgaben ist. Hier wurde wiederum eine Chance vertan, durch unmittelbare Zusammenarbeit auf einem militärisch wie politisch sensitiven Gebiet einige Schritte zum Abbau des gegenseitigen Mißtrauens zwischen den USA und der Sowjetunion zu versuchen.

Verzicht auf offensive Überlegenheit

Jetzt ist die Zeit gekommen, dem Wettrüsten ein Ende zu bereiten. Dies wird jedoch nicht über Nacht von Erfolg begleitet sein; Geduld, zähe Ausdauer und gegenseitiger Vertrauensvorschuß sind notwendig: Es dauert lange, bis neues Denken in den Köpfen der Entscheidungsträger feste Wurzeln schlägt. Darüber hinaus kann nicht erwartet werden, daß dies in Ost und West gleichzeitig geschieht. Wenn aber eine Seite erst einmal die Initiative ergriffen hat – und dies höchstwahrscheinlich gegen die mächtige Opposition der eigenen NDO –, dann sollte die andere Seite die Gelegenheit ergreifen, den nun möglich gewordenen Wertewandel in der Weltsicht zu verstärken, um damit den Weg für einen großen Schritt in der Abrüstungsfrage zu eröffnen. Ein solcher Schritt könnte zum Beispiel darin bestehen, daß eine Seite freiwillig darauf verzichtet, durch Nachrüstung die offensive militärische Überlegenheit wiederzugewinnen, die man an seinen potentiellen Gegner verloren zu haben glaubt. Dies wäre gleichbedeutend mit einseitigem Aufgeben offensiver Überlegenheit als einer Leitlinie für zukünftige Abrüstungspolitik (23). Und dies ist möglich ohne jene Art formaler, zumeist ergebnisloser Verhandlungen, wie wir sie in den vergangenen vierzig Jahren dauernd erlebt haben. Solange die Führungsmächte in Ost und West – von den vielen Nationen in der Dritten Welt gar nicht zu reden – bei ihrer Machtpolitik an der geopolitischen Weltsicht festhalten, die den bewaffneten Konflikt als Instrument der Politik nicht ausschließt, erfordert das Prinzip des einseitigen Aufgebens offensiver Überlegenheit als Korollarium die Notwendigkeit einer starken Verteidigung zur Abschreckung eines potentiellen Angreifers. Mit lediglich einer zur Verteidigung geeigneten Rüstung, die auch die andere Seite als angriffsuntüchtig erkennen kann, würde deren Furcht vor einem Angriff schließlich schwinden und zugleich die Einsicht in die Nutzlosigkeit ihrer eigenen Offensivwaffen gefördert. Auf diese Weise könnte das Prinzip des einseitigen Aufgebens offensiver Überlegenheit – auch ohne formale Verhandlungen – zu schrittweiser Abrüstung führen, sobald eine Seite die Beseitigung ihrer Offensivwaffen ankündigt und der anderen erlaubt, sich durch Augenschein dessen zu vergewissern. Indem auf diesem Wege auch die Furcht vor Betrug beseitigt würde, könnte das gegenseitige Mißtrauen zwischen den Weltmächten allmählich abgebaut und damit ein Prozeß der Zusammenarbeit selbst in sensitiven militärischen Angelegenheiten eingeleitet werden.

Mit dem einseitigen Verzicht auf militärische offensive Überlegenheit, in dem auch ein profunder Wertwandel zu erkennen wäre, welcher entschieden von der gegenwärtig überall dominierenden Weltsicht abweicht, würde ein weithin leuchtendes Beispiel gesetzt, eine unübersehbare Herausforderung für andere, diesem Vorbild zu folgen.

Unterbindung des Waffenhandels
mit der Dritten Welt

Aber ist für Nationen, die fortgesetzt Waffen an die Dritte Welt
liefern, ein solcher Wandel in ihrer Weltsicht überhaupt in Reich-
weite? Hier stehen wir vor dem schamlosesten und beschämendsten
Auswuchs rücksichtsloser Machtpolitik. Während beide Machtblöcke in Ost und West ihr Wettrüsten mit dem Hinweis begründen, es sei ihnen jeweils von der anderen Seite aufgezwungen, und
gleichzeitig beteuern, dieses ungeheure Waffenarsenal sei lediglich
Abschreckungsinstrument, wissen die Regierungen in den Staaten
dieser Machtblöcke sehr wohl, daß die von ihnen an die Dritte Welt
gelieferten Waffen im blutigen Kampf Verwendung finden werden.
Und in der Tat sind sie auch so benutzt worden, an jedem Tag
irgendwo in der Dritten Welt seit dem Ende des Zweiten Weltkriegs, in rund 150 Kriegen, Aufständen und militärischen Coups.
Etwa zehn Millionen Menschen sollen dabei ihr Leben gelassen
haben, weit mehr sind schwer verletzt und verstümmelt worden,
darunter Millionen von Frauen und Kindern; unsagbares Elend hat
in diesen vom Krieg zerrütteten Ländern die Hoffnung der Menschen zerstört, die sie nach ihrer Befreiung vom kolonialen Joch für
eine bessere Zukunft gehegt hatten.
Man kann sich nicht vorstellen, daß Nationalstaaten, die sich an
diesem unmoralischen Geschäft beteiligen, in der Suche nach Frieden eine glaubhafte Rolle zu spielen vermögen, solange ihre führenden Politiker sich nicht von ihrem rein machtpolitisch gelenkten
Denken befreien können, wobei sie sich der furchtbaren Leiden der
Menschen in diesen vom Krieg verwüsteten Ländern durchaus bewußt sind. Die immer wieder gehörte Ausrede, daß ja nur der Nachfrage nach Waffen von den Führern der Länder in der Dritten Welt
selber Folge geleistet würde, sollte man hier nicht gelten lassen.
Denn ohne diese Waffen und ohne die Unterweisung in ihrem Einsatz durch die heutigen Industrieländer in Ost und West (mit Ausnahme Japans, wo nach dem Ende des Zweiten Weltkriegs das
Verbot des Waffenexports in der Verfassung verankert wurde) hätten die meisten kriegerischen Auseinandersetzungen nicht stattge-

funden. Ist es nun noch überraschend, daß dann auch einige
Schwellenländer in der gegenwärtigen industriellen Peripherie (z. B.
China und Brasilien) dem bösen Vorbild der wohlhabenden Indu-
strieländer gefolgt sind?

Leider ist auf diesem Gebiet die Durchsetzung moralischer Einsichten, wie zwingend sie auch scheinen mag, so schwierig, weil die
meisten der militärischen Auseinandersetzungen, die in der Dritten
Welt stattfinden, innig in den Ost-West-Konflikt eingebunden sind.

Ein kurzer Exkurs zur Außenpolitik der Weltmächte

Eine kurze Übersicht über die grundlegenden Bestandteile der Außenpolitik der Sowjetunion und der Vereinigten Staaten dürfte einer
sinnvollen Diskussion ihrer Interventionspolitik in der Dritten Welt
dienlich sein.

Nachdem die Sowjetunion nach Ausgang des Zweiten Weltkriegs
den Status einer Weltmacht neben den Vereinigten Staaten erlangt
hatte, ließ sie sich in ihrer Außenpolitik im wesentlichen von den
drei folgenden fundamentalen Prinzipien leiten (24):

1. Soweit es die »kapitalistischen« Staaten des Westens be-
traf, diente der Begriff der »friedlichen Koexistenz« als wesentliche Leitlinie. Vor 25 Jahren definierte der damalige
sowjetische Außenminister und heutige sowjetische Staats-
präsident Andrei Gromyko diesen Begriff als »internationalen Klassenkampf ohne Rückgriff auf Waffen«. Damit
meinte er, daß unter Vermeidung einer bewaffneten Auseinandersetzung alle übrigen Konfrontationsmittel, wie zum
Beispiel Propaganda, Unterwanderung, materielle und
ideelle Unterstützung der kommunistischen Parteien im Westen, eingesetzt würden, um den Kapitalismus zu schwächen
und schließlich von innen her zu überwinden.

2. In den Staaten, in denen nach dem Zweiten Weltkrieg
kommunistische Regierungen an die Macht gekommen waren, wird jeder Versuch, diese Entwicklung rückgängig zu
machen, sei es durch Intervention von außen, sei es durch

innere Rebellion, durch jedes geeignete Mittel im Keime erstickt werden.

3. Die Sowjetunion unterstützt alle »Befreiungsbewegungen« in Ländern der Dritten Welt, und zwar durch Lieferung von Waffen, Bereitstellung militärischen und technischen Personals, durch Eingreifen kommunistischer »Brudervölker«, kurz: in jeder als notwendig erachteten Weise.

In diesem Sinne war die Außenpolitik der Sowjetunion in den Jahrzehnten nach dem Zweiten Weltkrieg durchaus voraussehbar; ja man kann sagen, daß sie – mit ganz wenigen Ausnahmen – in der Befolgung der oben zusammengefaßten Prinzipien äußerst zuverlässig war.

Nicht so stetig war die Strategie, von der sich die Außenpolitik der Vereinigten Staaten leiten ließ. Sie hat sich wahrlich schwergetan in ihrem Schwanken zwischen der Verfolgung einer Politik, die auf die Eindämmung des sowjetischen Expansionsdrangs zielte, wie er im Westen gesehen wurde, und einer Politik, die sich mit der Sowjetunion zu arrangieren bemühte. Amerikanische Außenpolitik gegenüber der Sowjetunion war daher häufig mit heißer Nadel gestrickt und wurde stets schnell an die große Glocke gehängt. Und da sie zumeist nur auf Schritte der Sowjetunion reagierte, erweckte sie den Eindruck von Inkonsistenz und mangelnder Konsequenz. Ein Beispiel: Während Eisenhowers »Strategie der massiven Vergeltung« noch offizielle Politik war, hatte man bereits Verhandlungen eingeleitet, sich mit der Sowjetunion besser zu arrangieren, nicht nur weil dort 1953 die erste Wasserstoffbombe erfolgreich gezündet worden war, sondern auch weil die Sowjetunion nach Stalins Tod im gleichen Jahr eine dem Westen konzilianter erscheinende Politik eingeleitet hatte, so zum Beispiel durch die Unterzeichnung des Friedensvertrags mit Österreich und den Rückzug sowjetischer Truppen aus diesem Lande, durch Verbesserung ihrer Beziehungen zu der Bundesrepublik Deutschland, Finnland, Japan, Jugoslawien usw.

Dies war der Beginn des oben angedeuteten Zickzackkurses der amerikanischen Außenpolitik gegenüber der Sowjetunion, der immer wieder seinen Niederschlag in den Regierungserklärungen amerikanischer Präsidenten findet, wenn sie alle vier Jahre verkünden, nunmehr die Politik ihres Vorgängers drastisch zu verändern. Nur wenn man die Voraussehbarkeit amerikanischer Außenpolitik an der Elle der vitalen NATO-Interessen mißt, nämlich an der unbedingten Vermeidung kriegerischer Auseinandersetzungen in Europa, wird man finden, daß die Außenpolitik der Vereinigten Staaten gegenüber der Sowjetunion einigermaßen voraussehbar und zuverlässig war.

Wird das auch in Zukunft so bleiben? Das weiß niemand! Die politischen Verhältnisse könnten sich durchaus verschlechtern, indem das dünne Netz »nukleare Abschreckung«, welches die Welt in einem prekären Schwebezustand hält, schließlich bis zum Zerreißen gespannt wird. Sehr wahrscheinlich werden die politischen Verhältnisse in Zukunft noch komplexer sein, besonders wenn im Laufe des ersten Viertels des 21. Jahrhunderts weitere Großmächte sich den Vereinigten Staaten und der Sowjetunion als gleichgewichtige nukleare Partner oder Gegner hinzugesellen sollten.

Andererseits könnten sich durchaus die politischen Verhältnisse wesentlich verbessern, wenn nämlich das bisher so unüberwindliche Mißtrauen zwischen Ost und West einem in außenpolitischen Beziehungen zwischen konkurrierenden Großmächten normalen politischen Klima wiche. Mißtrauen kann nur allmählich abgebaut werden, und dies würde am wirkungsvollsten dadurch geschehen, daß sich beide Großmächte – je eher, desto besser – auf den gemeinsamen Lernprozeß einlassen, ein äußerst bedeutsames Weltproblem durch längerfristige Zusammenarbeit Schritt für Schritt zu lösen. Solche beharrliche Anstrengung könnte jedoch, sagen wir die nächsten zehn Jahre, nur dann überdauern, wenn erstens das Ziel in dieser Kooperation die Sicherheit – oder besser das, was beide gegenwärtig als ihre Sicherheit ansehen – keiner der beiden Großmächte gefährdet und zweitens die dabei gewonnene Erfahrung dazu dient, die Vorurteile zu überwinden, welche dem heutigen gegenseitigen Mißtrauen zugrunde liegen.

Ich erachte diese Betrachtungen als unmittelbar relevant für eines der zentralen Themen dieses Berichts an den Club of Rome. Denn eine organische Entwicklung der Menschheit in der hier definierten Weise kann nicht stattfinden, wenn angespannte, ja feindliche Beziehungen zwischen den Machtblöcken in Ost und West beharrlich weiterexistieren. Die Beseitigung des gegenwärtigen profunden Mißtrauens ist gleichermaßen eine Vorbedingung für den dauerhaften Frieden wie für weiteres Wachstum.

Der Club of Rome ist häufig nach den Elementen gefragt worden, ohne die organische Entwicklung in praxi nicht eingeleitet werden kann. Der in diesem Kapitel beschriebene Prozeß ist eines dieser Elemente.

Aufgrund dieser Vorstellungen haben Alexander King als Präsident des Club of Rome und ich als Mitglied des Exekutivkomitees im Herbst 1985 − vor dem Genfer »Gipfel« − Präsident Reagan und Generalsekretär Gorbatschow einen Vorschlag unterbreitet, der den Titel trägt: »Initiative des Club of Rome, die Waffenlieferungen der Industrieländer, insbesondere der Vereinigten Staaten und der Sowjetunion, an Nationen der Dritten Welt zu unterbinden«. Einige Passagen dieses Vorschlags sollen im folgenden zitiert werden:

> »Ein wirklicher Durchbruch ist vonnöten, um einen neuen Ausgangspunkt für konstruktive friedensichernde Zusammenarbeit zu finden. Es ist verständlich, daß weder die Vereinigten Staaten noch die Sowjetunion dazu bereit sind, einen großen Schritt zu unternehmen, der in ihren Augen ihre eigene Sicherheit gefährden könnte. Es existiert allerdings ein bedeutsames Feld, auf dem beide Nationen zusammenwirken können und wo beide ihre Freunde und Alliierten veranlassen könnten mitzumachen, ohne ihre nationale Sicherheit zu gefährden − nämlich auf dem Gebiete der Waffenlieferungen an Länder der Dritten Welt.

> ...

> Es ist daher für die beiden Großmächte höchste Zeit, eine Führungsrolle in der Unterbindung dieses unmoralischen, politisch unklugen und destruktiven Waffenhandels mit der Dritten Welt zu übernehmen. Wegen der Macht, über die sie verfügen, dürften sie auch in der Lage sein, den vollständigen Verzicht auf Waffenverkäufe von dritter Seite notfalls zu erzwingen.«

Und nun noch einige Passagen, die für das Thema dieses Kapitels von unmittelbarem Interesse sind:

»In welcher Weise würde eine solche Kooperation einen Beitrag zu der Herstellung gegenseitigen Vertrauens zwischen den Großmächten leisten?

Im Westen meint man in den Waffenlieferungen der Sowjetunion an die Entwicklungsländer ein Mittel zu sehen, dort auf gewaltsamem Wege eine kommunistische Herrschaft zu errichten und Militärbasen gegen die Vereinigten Staaten und ihre Alliierten zu gewinnen. Indem die Sowjetunion die Versorgung mit militärischem Gerät usw. einstellte, würde sie ein deutliches Zeichen dafür setzen, daß sie nicht mehr die Absicht verfolgt, die Weltrevolution auf militärischem Wege vorzubereiten. Damit würde die Sowjetunion eine der Hauptursachen für Amerikas Befürchtungen ihr gegenüber abbauen.

Auf der anderen Seite glaubt die Sowjetunion, daß die Vereinigten Staaten ständig versuchen, sie einzukreisen und ihre eigene Vormachtstellung in allen Teilen der Welt zu erhalten, indem sie der Sowjetunion jegliche neuen Stützpunkte vorzuenthalten trachten, welche diese über die Beseitigung von korrupten Regierungen und Militärdiktaturen durch ›Volksbewegungen‹ erringen könnte.

Es würden also Mißtrauen und Argwohn in hohem Maße abgebaut werden, wenn beide Mächte gemeinsam diesem höchst unmoralischen Waffenhandel ein Ende bereiteten, der ohnehin langfristig für beide sich als kontraproduktiv erweisen dürfte, ja schon erwiesen hat.«

Soviel zu dieser Initiative des Club of Rome, die von beiden Adressaten beantwortet wurde, jedoch einigermaßen ermutigend nur von seiten Gorbatschows. Er antwortete mit einem längeren persönlichen Schreiben und setzte die Diskussion mit uns in der Folgezeit über die Pariser Botschaft der Sowjetunion fort, um praktische Schritte zu erörtern, welche hier ergriffen werden könnten. Demgegenüber bestand die erste Antwort von seiten der Reagan-Administration in einem sehr kurzen Schreiben von McFarlane, der damals noch Reagans Sicherheitsberater war. Anscheinend hat Präsident Reagan unser Memorandum überhaupt nicht zu Gesicht bekommen. Nachdem wir unter Hinweis auf Gorbatschows Schreiben auf inhaltsreichere Antwort gedrängt hatten, erreichte uns schließlich ein Brief des Unterstaatssekretärs für Sicherheit, Beistand, Wissenschaft und Technologie, der uns lediglich auf Präsident Reagans Rede vor der Generalversammlung der Vereinten Nationen am 24. Oktober 1985 verwies. Beide amerikanischen Briefe waren allerdings nicht an uns persönlich adressiert wie das Schreiben von Gorbatschow, sondern an einen meiner Freunde in der National Academy of Engineering in Washington, den ich für die Übermittlung des Schreibens an Präsident Reagan in Anspruch genommen hatte. Übrigens hatte ich für die Übergabe des Schreibens an Gorbatschow auch einen sowjetischen Freund in der Sowjetischen Akademie der Wissenschaften gebeten.

Wir werden unsere Bemühungen um dieses Problem nicht aufgeben. Denn nach unserer Überzeugung würde eine Zusammenarbeit der Sowjetunion und der Vereinigten Staaten, die darin bestünde, sich selbst und den Ländern ihres Einflußbereichs den Verkauf von Waffen sowie den Regierungen in der Dritten Welt die Versorgung mit fremden Waffen zu verbieten, unter anderem die folgenden drei Konsequenzen haben:

1. Dies würde zu einer enormen Verbesserung der Lebensbedingungen in den armen Ländern führen, die gegenwärtig einen großen Teil ihrer geringen Ressourcen auf den Kauf von Waffen verschwenden, welche ihnen nur Elend, Not und Tod bringen, auch und besonders ihren Frauen und Kindern.

2. In den waffenliefernden Ländern würden Ressourcen für produktivere Entwicklungshilfe freigesetzt.

3. (und dies ist wahrscheinlich noch wichtiger:) Der Geist gemeinsamer Verantwortung der Weltmächte würde gestärkt. Die Erfahrung, eine bedeutsame Aufgabe zum Wohle der Menschheit gemeinsam bewältigt zu haben – und dies über einen Zeitraum von, sagen wir, zehn Jahren hinweg –, hätte dann dazu beigetragen, an die Stelle des alten, einge-

fleischten Mißtrauens gegenseitiges Vertrauen zu setzen, zumindest eine für das Durchhalten einer aktiven Zusammenarbeit ausreichende Vertrauensbasis als Vorbedingung für
die Schaffung eines Friedens ohne die Krücken der nuklearen Abschreckung.

Abrüstung in einem vertrauensvollen politischen Klima

Erst in einem Klima gegenseitigen Vertrauens werden Verhandlungen mit dem Ziel umfassender nuklearer und konventioneller Abrüstung wirklich sinnvoll und von dauerhaftem Erfolg begleitet sein.
Doch ist auch zu bedenken, daß ohne einen Stopp des Waffenhan-
dels mit den Ländern der Dritten Welt die Abrüstung im »Norden«
einer radikalen Krebsoperation zu vergleichen wäre, die im »Süden« den übrigen Körper voll von Metastasen zurückließe.
Unter den gegebenen Umständen stellt sich auch die Frage, ob die
Verbündeten der beiden Weltmächte überhaupt darauf warten sollten, daß diese im Verzicht auf den beschämenden Waffenhandel mit
der Dritten Welt vorangehen. Genausogut könnten sie als erste die
Vorbildrolle übernehmen und dadurch den beiden Weltmächten ein
nachahmenswertes Beispiel setzen. So wäre es zum Exempel nicht
nur ein großartiger Akt politischer Moral, sondern ein bedeutsamer, nicht zu übersehender Präzedenzfall für eine Kooperation über
den »Eisernen Vorhang« und die Berliner Mauer hinweg, wenn
beide deutschen Staaten vereinbarten, den Verkauf von Waffen
ebenso wie deren Schenkung an Staaten außerhalb ihrer Bündnis-
länder zu verbieten. Ein Vorbild für die Friedensförderung kann nur
sein, wer bereit ist, selbst voranzugehen, und nicht darauf wartet,
daß andere den ersten Schritt tun.
Es sind auch Argumente vorgebracht worden, Abrüstung in Europa
sollte bei den konventionellen Waffen ihren Anfang nehmen; denn
zum Einsatz nuklearer Waffen würde es im Kriegsfalle ja nur kommen, wenn der Aggressor mit hochüberlegenen konventionellen
Streitkräften angriffe, in der Hoffnung, die verteidigende Seite

werde ihre nuklearen Waffen auf eigenem Territorium nicht einsetzen. Außerdem würde bei – auf beiden Seiten – stark reduzierten konventionellen Streitkräften die Wahrscheinlichkeit eines Kriegsausbruchs ohnehin sehr gering sein. Somit entfiele auch die Notwendigkeit nuklearer Abschreckung, wodurch es dann mehr oder weniger zwangsläufig zu nuklearer Abrüstung käme.

Vom Standpunkt militärischer Logik erscheinen solche Argumente einigermaßen überzeugend. Dennoch ist es verständlich, daß die Entscheidungsträger in Ost und West von ihren Bürgern gedrängt werden, zunächst einmal die nukleare Bedrohung zu beseitigen, insbesondere die Mittel- und Kurzstreckenwaffen, die vielleicht die politische Führung in den Vereinigten Staaten und in der Sowjetunion zu der Annahme verleiten könnten, ein begrenzter Atomkrieg in Europa ließe sich ausfechten, ohne ihre eigenen nationalen Territorien heimzusuchen. Es war daher wohl natürlich, daß die Verhandlungen zur Rüstungsbegrenzung bisher vorrangig nukleare Sprengköpfe und deren Trägersysteme betrafen.

Wenn aber erst einmal die Bereitschaft zu wirksamer Abrüstung ein für das politische Klima in Ost und West entscheidender Faktor geworden ist, dann werden auch beide Weltmächte leicht zu der Einsicht gelangen, daß ihre Militärausgaben (in der Sowjetunion rund 15 Prozent, in den Vereinigten Staaten zwischen 5 und 10 Prozent ihres jeweiligen BSP) über Jahrzehnte hinweg ihre wirtschaftliche Entwicklung verlangsamt haben, insbesondere in der Sowjetunion, wie ein Vergleich mit den im Zweiten Weltkrieg unterlegenen Nationen beweist, die in den vergangenen dreißig Jahren weit weniger für ihre Militärausgaben aufgewendet haben (Japan etwa 1 Prozent, die Bundesrepublik Deutschland rund 3 Prozent ihres jeweiligen BSP). Diese Einsicht wird dann auch ein großer Ansporn für weitere Abrüstung sein, und zwar ganz besonders der konventionellen Streitkräfte. Denn mehr als 80 Prozent der Militärausgaben werden für konventionelle See-, Luft- und Land-Streitkräfte aufgewendet.

Sobald die gegenwärtigen Machtblöcke die Abwärtsspirale in der Abrüstung betreten haben, werden sie daher in diesen Bemühungen fortfahren, allerdings nur, wenn dieser Trend auch durch den entsprechenden politischen Wertewandel begleitet und verstärkt wird, über den wir weiter oben gesprochen haben. Diese Bedingung ist wesentlich; denn in Ost und West gleichermaßen werden die Vertreter des auf beiden Seiten mächtigen industrie-militärischen Komplexes nicht ohne Kampf für fortgesetzte Dominanz ihrer geopolitischen Weltsicht die Segel streichen. Dabei werden sie Furcht und Mißtrauen als starke Verbündete auf ihrer Seite haben. Sie werden auch versuchen, ihre Bürger mit der Warnung zu beeinflussen, vollständige nukleare Abrüstung würde die Tür für einen konventionellen Krieg wieder weit aufstoßen. Doch hier kann und muß man einwenden, daß selbst dann die Gefahr eines »nur« mit konventionellen Waffen ausgetragenen Krieges nicht bestünde, weil ja die *latente* nukleare Abschreckung auch nach Vernichtung aller Atomwaffen weiter vorhanden ist. Denn beide Machtblöcke verfügen über das technische Know-how und alle Ressourcen, um im Kriegsfalle ohne Verzug erneut Kernwaffen herzustellen. Und keiner von beiden würde dann zögern, sie als Drohung oder gar als Mittel der Kriegsführung einzusetzen, um eine Niederlage abzuwenden (23).

Angesichts der beklagenswerten heutigen Situation ist es nicht verwunderlich, daß viele Menschen in allen Teilen der Welt, insbesondere junge Menschen, ihren Glauben an die Möglichkeit eines stabilen Friedens verloren haben. Dennoch: »Frieden ist möglich« (Franz Alt). In der bereits erwähnten Vorlesung wies Kenneth Boulding (19) vor einigen Jahren darauf hin, daß man auch hier auf die These: »Alles, was existiert, ist auch möglich«, setzen dürfe. Danach wäre stabiler Friede kein utopischer Traum. Denn es gibt ihn: in Skandinavien seit 1815, dann seit etwa 1870 in Nordamerika, schließlich seit 1945 in Westeuropa, und zwar überall mit dem Ergebnis, daß jeweils nach den Kriegen das Problem nationaler Grenzen von der politischen Tagesordnung verschwand. Man könnte daraus sogar schließen, ein wesentliches Kriterium für das Vorhandensein einer stabilen Friedensordnung sei darin zu erblicken, daß politische Entscheidungsträger nationale Grenzen nicht mehr in dem Sinne ernst nehmen, daß sie versuchen möchten, diese zu ändern.

Leider, so muß hinzugefügt werden, kehrte in den obengenannten Regionen stabiler Friede erst nach langen Kriegen ein. Heute jedoch würde Krieg nicht mehr zu einer stabilen Friedensordnung führen können, da die zerstörerischen Kräfte moderner Waffensysteme Krieg als Instrument internationaler Politik ausschließen. Sie würden vielmehr Ost und West in einen riesigen Friedhof verwandeln. Gegenseitige nukleare Abschreckung erfüllt gegenwärtig zwar den Zweck, die Geduld bei der Wahrung des Friedens zu stärken; aber es kann kein permanenter Zustand sein, daß die Beziehungen zwischen Ost und West nur aus Angst vor einem nuklearen Holocaust nicht in Krieg entarten.

Aurelio Peccei über den »Weg zum Frieden«

Im Dezember 1983 machte Aurelio Peccei in seiner letzten öffentlichen Ansprache auf dem Forum (22) des Club of Rome in Bogotá (Kolumbien) Ausführungen, aus denen deutlich hervorging, daß auch er die soeben erörterten Hindernisse auf dem Wege zu einem dauerhaften Frieden für äußerst schwerwiegend erachtete:

> »Selbst in Gesellschaften, in denen Zurückhaltung in der Ausübung von Gewalt geübt wird, ist die politische und soziale Atmosphäre in der Regel zu verbittert und angespannt, um schnellen Wandel zuzulassen; und in der internationalen politischen Arena sind die Beziehungen so belastet und konfliktträchtig, daß man sich keine großen Hoffnungen darauf machen kann, Befriedungsbemühungen würden in wenigen Jahren von erkennbarem Erfolg gekrönt werden. Die etablierten industriellen, militärischen und ideologischen Interessengruppen – und nicht zuletzt auch einige aus den Naturwissenschaften und aus der Technik –, die vom gegenwärtigen Klima der Gewalt profitieren und deren Daseinsberechtigung in der Produktion, im Handel und im Einsatz von Instrumenten der Gewalt besteht, würden sich mit Sicherheit solchen Bemühungen widersetzen, und zwar mit allen ihnen zu Gebote stehenden erlaubten

und unerlaubten Mitteln, die in der Tat sich immer wieder als wahrhaft formidabel erwiesen haben.

...

Diese Interessengruppen frontal anzugreifen wäre wahrscheinlich zu elendem Scheitern verurteilt, wie die Vergangenheit gezeigt hat.«

Trotz dieser pessimistischen Aussichten, die Peccei vielleicht – hätte er lange genug gelebt – angesichts Gorbatschows Initiative weniger düster formuliert hätte, sah er Anlaß, seine Hoffnungen auf einen anderen Weg zum Frieden zu setzen, nämlich Frieden zunächst mit der Natur zu suchen:

»Die Erkenntnis, daß weltweiter Friede mit der Natur von ebenso wesentlicher Bedeutung ist wie der Friede unter den Menschen, wird ein entscheidender Wendepunkt sein, um so mehr, wenn sich mit dieser Erkenntnis auch die verbindet, daß Frieden mit der Natur selbst dann noch unverzichtbar bleiben würde, wenn die Kriegsgefahr und alle anderen Bedrohlichkeiten und Probleme wie durch ein Wunder geschwunden wären.«

Hier sah Aurelio Peccei eine realistische Chance, über alle Grenzen hinweg sich einig zu werden:

»Für die Verteidigung der Natur läßt sich eine breite, erfolgversprechende Koalitionsfront aufbauen. Verbesserung unseres Verhältnisses zur natürlichen Umwelt ist in der Tat ein Ziel, für das sich bei den Bürgern wie auch in der Wissenschaft Unterstützung organisieren läßt, an dessen Erreichung sich aktiv Tausende, wenn nicht gar Millionen spontaner Bürgerinitiativen beteiligen werden, die ja überall wie Pilze aus der Erde schießen, wenn es darum geht, einen See oder eine Flußmündung zu schützen, eine gefährdete Tierart zu retten oder ganz allgemein die Lebensqualität in Stadt und Land zu erhöhen. Und man sollte hier auch nicht die zu erwähnen vergessen, die sich der Hilfe für die Hungrigen und Armen in dieser Welt verschrieben haben. Der alle einigende Punkt, auf den es loszumarschieren gilt, liegt in der gleichen Richtung, in der sich all diese Gruppierungen ohnehin bewegen; nur ist er auf höherem Niveau anzusiedeln, nämlich als Brennpunkt, in dem sich jenes Beziehungsbündel der Problemvielfalt sammelt, das sich in dem Spannungsfeld zwischen der immer stärker anschwellenden Menschheit und der begrenzten, wahrscheinlich sogar abnehmenden lebenstützenden Tragfähigkeit der Natur aufgebaut hat. Eine ausreichend kritische Masse motivierter und hingabebereiter Menschen kann sicherlich unter diesem Banner über alle Grenzen hinweg gebildet werden, viele von ihnen ganz normale Bürger, die sonst inaktiv abseitsstehen würden, die aber jetzt motiviert werden können und begeistert mitmachen würden, wenn sie die Möglichkeit sähen, an einem wohldurchdachten globalen Unternehmen zur Rettung der Erde teilzuhaben.«

Zum Schluß eine symptomatische Kleinigkeit

In diesen Tagen, in denen Staatsbesuche von Königen, Präsidenten und anderen hohen Herrschaften fast täglich irgendwo in der Welt stattfinden (kein Wunder bei mehr als 170 »souveränen« Staaten!), können die Bürger in all diesen Ländern Jahr für Jahr das Schauspiel von Besucherempfang und -verabschiedung mit militärischen Ehren – wenn auch nur am Fernsehschirm – dutzendweise miterleben. Mir fällt es schwer, in diesem langweiligen Ritual irgendeinen Sinn zu erblicken. Es kann doch nicht des Gastgebers Wunsch sein, die Staatsgäste durch Vorzeigen militärischer Macht von der Souveränität seines Staates zu überzeugen; und es kann auch nicht den Zweck verfolgen, den Besuchern den beruhigenden Eindruck zu vermitteln, sie seien während ihres Besuches wohlbehütet. Dieser Schutz wird ja nicht vom Militär, sondern von der Polizei wahrgenommen, die, auf Straßen und Dächern postiert, mit oder ohne Uniform, in großer Zahl über jeden Schritt der Staatsgäste wacht.

Was also ist der Sinn dieses überholten militärischen Rituals? Erfreuen wir uns immer noch so sehr an der militärischen Tradition,

daß wir weder uns selbst noch unseren Staatsgästen dieses so inspi-
rierende Schauspiel vorenthalten möchten? Oder wird es immer
noch für wichtig gehalten, daß die Staatsgäste als ersten Eindruck
den der militärischen Macht des Gastlandes empfangen, auch wenn
diese lediglich in der enormen Körpergröße des Offiziers der Ehren-
garde zum Ausdruck kommt?

Sei es, wie es will: Ich meine, die Würde von Gastgeber und Staatsgästen bedarf nicht ihrer »Erhöhung« durch veraltete militärische
Beilagen.

Zur Leistungsfähigkeit
von Gesellschaften

Wenn die Bürger im wohlhabenden Norden die Gefahren eines
nuklearen Krieges ins Auge fassen und nach Wegen suchen, diesen
zu vermeiden, sind sie nur zu leicht versucht, allein in dem irratio-
nalen Ringen zwischen Ost und West um globale Hegemonie die
tiefere Ursache für das Wettrüsten und damit für die Gefahr eines
nuklearen Holocausts zu erblicken. Sie scheinen dabei gegenüber
der Tatsache blind zu sein, daß die Gefahr für den Frieden in Wirklichkeit noch fundamentaler in Gründen zu suchen ist, die ihren
Ursprung in den Völkern selbst haben: in sozialer Ungerechtigkeit,
in der Armut der Massen, in ihrer Ausbeutung und Unterdrückung
durch korrupte Diktaturen und Militärjunten, durch religiöse und
ideologische Fundamentalisten, mächtige rassische Mehrheiten
oder – zuweilen – Minderheiten und so weiter. Gegenwärtig werden all diese für das Elend von Menschen verantwortlichen Ursachen oft noch verstärkt durch die zunehmende Interdependenz zwischen den Nationalstaaten.
Um zur Wahrung des Friedens durch Förderung des Wohlstands in
allen Teilen der Welt beizutragen, ist deshalb Solidarität unter allen
Völkern vonnöten, indem die Starken den Armen und Schwachen
ihre helfende Hand reichen. Aber ob die Völker im Ringen mit ihren
ernsten internen Problemen schließlich dauerhaften Erfolg haben
oder scheitern werden, hängt in der Hauptsache von Faktoren ab,
die an der »Heimatfront« selbst angesiedelt sind, Faktoren, die entscheidend sind für die Leistungsfähigkeit von Gesellschaften, für
ihre Fähigkeit, ihre eigenen Probleme wirksam zu meistern.
Wenden wir unsere Aufmerksamkeit daher zunächst auf die Qualität der Gesellschaftsordnung innerhalb der einzelnen Nationen, die
letztlich auch dafür entscheidend ist, ob organisches Wachstum und

organische Entwicklung stattfinden können oder nicht. In dem Prozeß organischer Entwicklung bildet das Setzen von Zielen nur den ersten Schritt; und auch das Vorhandensein guter Ideen, wie »von hier nach dort« zu gelangen ist, reicht nicht dafür aus, nun auch tatsächlich »dort« anzukommen. Einigen wird es gelingen, anderen voraussichtlich nicht. Aber warum sind die Chancen der letzteren so gering oder praktisch gleich Null? Welcher Art sind die gesellschaftlichen Determinanten, ihre Zusammensetzung und ihre Beziehungen zueinander, daß sie die Leistungsfähigkeit einer Gesellschaft in der Verfolgung ihrer Ziele bestimmen? Wie können die Menschen die Leistungsfähigkeit ihrer Gesellschaft bewerten und überprüfen, um Wege zu ihrer Steigerung zu finden?

Die folgenden Erörterungen stützen sich im wesentlichen auf die Ideen, die in B. Hawrylyshyns Bericht an den Club of Rome, »Wegweiser in die Zukunft« (25), dargelegt sind. Seinen Modell-Vorstellungen seien jedoch zunächst einige grundlegende Gedanken über die wesentlichen Fähigkeiten des Menschen und ihrer institutionellen Entsprechungen vorausgeschickt, da letztlich diese auch in Zukunft die Triebkräfte für die weitere kulturelle und zivilisatorische Evolution der Menschheit sein werden (18) (26) (27):

1. Der Mensch besitzt nicht nur die Fähigkeit, aufgrund von Erfahrungen zu lernen und somit Fertigkeiten und Wissen zu erwerben, sondern auch die, Einsichten und Errungenschaften mit anderen auszutauschen und an zukünftige Generationen weiterzureichen. Des Menschen Fähigkeit, die Zukunft zu gestalten, läßt sich in hohem Maße darauf zurückführen, daß er einen Wissens- und Erfahrungsvorrat besitzt und ständig zu erweitern vermag, der ihm als stetig wachsende Grundlage für weiteren Fortschritt dient. Darüber hinaus ist vielen Menschen, den genialen vor allem, die Gabe der Intuition zu eigen: die Fähigkeit spontanen Lernens und Erfindens, das heißt des unmittelbaren Wissens von Dingen, ohne bewußt vorher über sie nachgedacht zu haben.

2. Der Mensch besitzt auch die Fähigkeit, sein eigenes Leben wie auch das persönliche und gesellschaftliche Leben ande-

rer in all seinen verschiedenen Aspekten (politischen, wirtschaftlichen, sozialen, legalen, religiösen, kulturellen) zu organisieren. Aufgrund dieser Fähigkeit kann der Mensch Organisationen, Institutionen und Systeme erdenken, entwikkeln und aufbauen, deren gegenwärtige Evolution sich in ständig wachsender Größe und Komplexität manifestiert.

3. Der Mensch besitzt einen Sinn für Werte, in denen auch seine Erwartungen, Wünsche und Bestrebungen ihre Wurzeln haben. Wenn diese keine Erfüllung finden, ist das Wohlbefinden im gesellschaftlichen Zusammenleben gefährdet: Unzufriedenheit, Enttäuschung, Frustration und schließlich gar Rebellion sind die Folge. Deshalb erfordern soziales Wohlbefinden und politische Stabilität zumindest eine gewisse Übereinstimmung von Erwartungen und Wirklichkeit.

Diesen Fähigkeiten und Qualitäten entspricht ein institutioneller Rahmen, in welchem sich die Gesellschaften organisieren. Er bestimmt weitgehend die Gesellschaftsordnung, deren Evolution und Effektivität, kurz, die Leistungsfähigkeit einer Gesellschaft, ihre Probleme zu bewältigen:

1. Aus den in einer Gesellschaft vorherrschenden Wertvorstellungen erwächst ein System von Verhaltensnormen, die das Verhältnis des Einzelnen zur Gesellschaft, seinen Arbeitswillen, seine Pflichten und Rechte, seinen Sinn für Verantwortung und Besitzstandswahrung bestimmen, kurz, die dem Einzelnen seine gesellschaftliche Rolle zuweisen, welche die Mehrzahl der Menschen in einer Gesellschaft als legitim erachten und die zu akzeptieren sie bereit sind.

Normen finden ihre Formulierung in Ideologien, religiösen Dogmen und auch in Gesetzen und Moralprinzipien. Der Konfuzianismus gehört zum Beispiel zur letztgenannten Kategorie.

2. Die organisatorischen Fähigkeiten des Menschen, geleitet von seinen Werten und Normen, finden ihren Niederschlag in der politischen Gouvernanz, d. h., in der Regierung und Verwaltung der Gesellschaft. Diese Schlüsselkomponente

beinhaltet die Totalität der politischen Institutionen, ihrer Arbeitsweisen und Aktivitäten. Ein Typ der Gouvernanz ist beispielsweise die parlamentarische Demokratie mit allem, was dazugehört: Parlamente, politische Parteien, freie Wahlen, unabhängige Gewerkschaften, Trennung der legislativen, exekutiven und richterlichen Gewalt zum Schutz der persönlichen Freiheit, Pressefreiheit und so weiter.

3. Dem Organisationsvermögen des Menschen entstammt auch das Wirtschaftssystem als die dritte Schlüsselkomponente der Gesellschaftsordnung. So stellt zum Beispiel der »Kapitalismus« einen Typ des Wirtschaftssystems dar, in welchem die freie Unternehmerschaft dominiert, gekennzeichnet durch Privatbesitz, Gewinnmaximierung und vorwiegend gegensätzliche Beziehungen zwischen der Arbeitnehmerschaft und dem Unternehmertum, zuweilen auch der Regierung.

4. Die Lern- und erfinderischen Fähigkeiten des Menschen haben in den vergangenen zweihundert Jahren ein neues, für die Gestaltung des gesellschaftlichen Lebens höchst bedeutsames Schlüsselelement hervorgebracht: die moderne Technik. Ebenso wie die gouvernementalen Institutionen die nur schwer veränderbare politische Infrastruktur eines Nationalstaats bilden, hat die Technik zum Aufbau einer technischen Infrastruktur geführt, die zu ersetzen und neu zu errichten die Arbeit von Generationen erfordern würde. Darüber hinaus ist die Technik zu einem fast alle Gebiete der modernen Gesellschaft durchdringenden und gestaltenden Instrument geworden – zur Lösung wie zur Verursachung vieler unserer Probleme. Die Leistungsfähigkeit moderner Gesellschaften bemißt sich in hohem Maße nach dem Stand ihrer Technik (der landwirtschaftlichen, industriellen, Verkehrs-, medizinischen, militärischen usw.).

Die institutionellen Schlüsselkomponenten der Gesellschaftsordnung: Normen, Gouvernanz und Wirtschaftssystem, sind nicht unabhängig voneinander; sie wirken in einem Geflecht gegenseitiger Beziehungen zusammen, können ihre Wirksamkeit im Miteinander verstärken und im Gegeneinander auch behindern und schwächen. Sie sind – zusammen mit der Technik – die wesentlichen Triebfedern, die in der Veränderung und damit in der Gestaltung des aktuellen Zustands unserer »Welt« ihre Wirkung entfalten (26). Der hier benutzte Begriff »Welt« umfaßt neben der natürlichen Umwelt auch die politische (innen-, außen- und geopolitische), wirtschaftliche, soziale und technische Umwelt. Die Vorstellung, die wir uns vom Zustand der »Welt« machen und die gewöhnlich mehr oder weniger von deren wirklichem Zustand abweicht, wird nicht nur in großem Umfange von den in der Gesellschaft dominierenden Werten und Normen bestimmt, sondern kann auch deren Wandel und damit auch Änderungen in den übrigen Schlüsselkomponenten der Gesellschaft herbeiführen.

Alle Schlüsselkomponenten der Gesellschaftsordnung wandeln sich mit der Zeit. Jedoch bestehen in ihren Änderungsgeschwindigkeiten große Unterschiede. Wert- und Normenwandel brauchen viel Zeit, und auch die politischen Institutionen haben in der Regel ein großes Beharrungsvermögen, da ihr Wandel im allgemeinen auch einen Verlust an Besitzständen und Privilegien von Institutionen und deren Führungspersonal mit sich bringt. In der Vergangenheit waren verlorene Kriege und nachfolgende Revolutionen oder auch äußerst schwerwiegende wirtschaftliche Depressionen notwendig, um drastische Änderungen in der politischen Gouvernanz herbeizuführen. Im Gegensatz dazu hat die Technik innerhalb kurzer Zeit gewaltige Fortschritte gemacht und damit einen atemraubenden Wandel unseres Lebensstils während der vergangenen zweihundert Jahre bewirkt. Niemand, der in den Tagen des jungen Goethe lebte, könnte dieses Tempo des Wandels erahnt haben; denn in den zweihundert Jahren vor der Erfindung der Dampfmaschine durch James Watt hatte es kaum irgendwelchen technischen Fortschritt gegeben.

Man darf wohl in aller Allgemeinheit feststellen, daß immer dann Krisen entstanden, wenn nach ruhigen Zeitläuften sich ein Wandel in einer der Schlüsselkomponenten der Gesellschaftsordnung anbahnte, während die anderen sich solcher Veränderung beharrlich widersetzten und dabei häufig ihre Legitimität einbüßten. Solche Krisen dauerten gewöhnlich eine lange Zeit, bevor die dominierenden Werte und Normen sich in einer Gesellschaft zu wandeln begannen, und führten schließlich zu lang anhaltenden Konflikten mit der vorherrschenden Gouvernanz. Nachdem dann das politische System endlich die »neuen« Werte und Überzeugungen akzeptiert hatte und dementsprechende Reformen entweder friedlich oder auf dem Wege über Revolutionen durchgeführt worden waren, folgten danach häufig eine Reihe von Kriegen und Eroberungszügen gegen Völker anderen »Glaubens«, nämlich dann, wenn sich die »neuen« Werte in einer aggressiven Religion oder Ideologie verfestigt hatten.

Unter den gesellschaftlichen Schlüsselkomponenten ist das Wirtschaftssystem jene, deren Wandel sich im allgemeinen am einfachsten herbeiführen läßt, zum Beispiel der Übergang von freier zu sozialer Marktwirtschaft, was ja nur eine Verschiebung auf mehr sozial orientierte Werte hin erfordert, deren Akzeptanz für die Mehrzahl der Menschen ohnehin keine Schwierigkeit bedeutet. Wenn jedoch, wie gegenwärtig in China und vielleicht auch in der Sowjetunion, eine Liberalisierung des Wirtschaftssystems in die Wege geleitet, hingegen die zentralistische kommunistische Gouvernanz beibehalten wird, dann kommt Sand ins Getriebe der Gesellschaftsordnung und mindert ihre Leistungsfähigkeit.

Dem Wandel des politischen Systems wird stets ein größerer Widerstand entgegengesetzt, weil dies einen Wandel im System der Werte und Normen voraussetzt. Bis die Machthabenden sich eingestehen, daß »nicht-offizielle«, latent in der Gesellschaft dominante Werte und Normen eine Änderung der Gouvernanz erforderlich machen, durch welche diese beiden Schlüsselkomponenten der Gesellschaftsordnung in Einklang gebracht werden können, braucht es zumeist lange Zeit, obwohl dies in der Regel der einzige auf Dauer gangbare Weg ist, die Qualität der Gesellschaftsordnung zu erhöhen.

Damit sind wir schließlich bei einer der Hauptthesen von Hawrylyshyn angelangt, daß es nämlich zu gegebener Zeit weniger die eigentliche Natur der gesellschaftlichen Schlüsselkomponenten selbst, also der Werte und Normen, der politischen Gouvernanz und des Wirtschaftssystems, und die diesen eigene Leistungsfähigkeit sind, welche auch die Leistungsfähigkeit der ganzen Gesellschaft bestimmen, sondern daß in höherem Maße die Verträglichkeit und Harmonie zwischen diesen drei gesellschaftlichen Schlüsselkomponenten hierfür entscheidend sind. Natürlich ist die Leistungsfähigkeit einer Gesellschaft durch viele Faktoren mitbedingt, wie das Stadium der wirtschaftlichen Entwicklung, den Arbeitswillen und den Ausbildungsstand der Bevölkerung, durch die technische Infrastruktur, historische Gegebenheiten, vorhandene natürliche Ressourcen, Klima usw. Da diese Faktoren in verschiedenen Gesellschaften unterschiedlich sind, kann auch keine Gesellschaftsordnung für alle zur gleichen Zeit Gültigkeit besitzen. Insbesondere unterliegen traditionelle Ideologien einem gefährlichen Irrtum, wenn sie annehmen, daß nur eine bestimmte, fest institutionalisierte Gesellschaftsordnung, das heißt ein ganz bestimmtes System von Werten und Normen, eine bestimmte politische Gouvernanz und ein bestimmter Typ von Wirtschaftssystem, für alle Länder alleinseligmachend sei, und dies für alle Zukunft.

Anstatt Hawrylyshyns Kategorien der Gesellschaftsordnungen aufzuzählen und in systematischer Form abzuhandeln, sollen drei Fallstudien: über die Vereinigten Staaten von Amerika, die Sowjetunion und Japan, dargestellt werden, um auf solche Weise beispielhaft Hawrylyshyns Ideen mitzuteilen und dann die entsprechenden Schlußfolgerungen zu ziehen.

Die Vereinigten Staaten von Amerika

Während der ersten 150 Jahre ihrer Existenz haben dort die *individualistisch-kompetitiven Werte* ihrer Bürger dominiert, was zwangsläufig zu einer »Ellbogengesellschaft« führte, deren nachteilige Aspekte allerdings durch die typisch amerikanische Sympathie für den »underdog« gemildert wurden wie auch durch die hilfreiche Hand, die in Amerika die Wohlhabenden auch heute noch den Armen und Schwachen hinstrecken. Die politische *Gouvernanz des »Gleichgewichts der Gewalten«* erwuchs aus diesen Werten und Normen mit logischer Konsequenz ebenso wie das durch *freies Un-*

ternehmertum gekennzeichnete Wirtschaftssystem der Vereinigten Staaten.

Aufgrund der diesen Schlüsselkomponenten der Gesellschaftsordnung innewohnenden Verträglichkeit und wegen der großen Absorptionskapazität der natürlichen Umwelt mit den unendlich scheinenden offenen Räumen dieses riesigen Landes und weiter aufgrund der immensen Vorräte an natürlichen Ressourcen war die hohe Leistungsfähigkeit der Vereinigten Staaten praktisch garantiert.

Heute jedoch – schon seit einigen Jahrzehnten – ist die Ära, in welcher Amerika als das »Land der unbegrenzten Möglichkeiten« angesehen wurde, vorbei. Dennoch dominieren die »alten« Werte weiter, ja sie haben unter der gegenwärtigen Administration eine neue Belebung erfahren. Es ist daher nicht überraschend, daß die Mehrheit der US-Bürger kein besonders starkes Verantwortungsgefühl für die Bewahrung der Umwelt und den sparsamen Einsatz nicht-erneuerbarer Ressourcen entwickelt hat. Freiwillige Disziplin und die den Konsens suchenden, kooperativen Tugenden lassen sich bei den meisten Amerikanern noch nicht als typische Charakterzüge entdecken. Wertwandel braucht Zeit, viel Zeit. Um daher unerträgliches Individualverhalten zu bändigen, nehmen Regierung und Kongreß in wachsendem Maße Zuflucht bei der Gesetzgebung. Als Folge davon wächst der für die Einhaltung der Gesetze erforderliche Verwaltungsapparat in gleichem Maße wie die Gesetzesflut. Eine ständig anschwellende Orgie von Gerichtsverfahren war seither die weitere logische Konsequenz, da amerikanische Bürger, Unternehmen und Organisationen stets bereit sind, den Kampf gegen die gesetzgeberische Einengung ihrer »Freiheiten« aufzunehmen, und dabei auch häufig mit Erfolg die Mängel von Gesetzen ausnutzen, von denen viele durch mehr oder weniger faule Kompromisse mit Washingtons mächtigen Lobbies belastet sind. Es überrascht deshalb nicht, daß die Rechtsanwaltsdichte in den Vereinigten Staaten zehnmal so hoch ist wie in Japan und ungefähr um das Dreifache die Zahl der in Westeuropa pro Tausend Bürger tätigen Rechtsanwälte übertrifft.

Die wachsende Inanspruchnahme der Gesetzgebung in den Verei-

nigten Staaten – wie übrigens auch in anderen westlichen Industriestaaten – ist ein deutliches Zeichen dafür, daß es dort an Verträglichkeit unter den Schlüsselkomponenten der Gesellschaftsordnung
fehlt. Anstatt ernst zu nehmende Anstrengungen für einen grundlegenden Wandel zu machen – was eine nationale Herausforderung
wäre, die weit über die politische Routine des Alltags hinausgehen
und ausdauerndes politisches Stehvermögen der politischen und
wirtschaftlichen Elite des Landes erfordern würde –, überläßt man
den gesetzgeberischen Körperschaften die flickschusterhafte Repa-
raturarbeit an der Gesellschaftsordnung. Und so leidet die »alte«
Leistungsfähigkeit der Vereinigten Staaten in wachsendem Maße
unter ständig zunehmenden Friktionen innerhalb ihrer Gesellschaftsordnung.

Wird sich dieser Trend fortsetzen, oder kann er »umgedreht« werden? Ein entscheidender, weite Schichten der Bevölkerung erfassen-
der Wandel zu partnerschaftlich-kooperativen Werten und Normen, die rücksichtslosen Individualismus nicht mehr zulassen, sondern dem Einzelnen ein Ansporn sind, sich als ein Glied in der
Gesellschaft in Partnerschaft mit anderen zu verhalten, müßte hierfür unter den Bürgern der Vereinigten Staaten Platz greifen, insbesondere in den politischen und wirtschaftlichen Eliten. Dies wäre
dann eine feste Grundlage, auf der sich die »alte« Leistungsfähigkeit Amerikas wiedererrichten ließe. Nur dann würden sich auch
Änderungen in der Gouvernanz und im Wirtschaftssystem einstel-
len, die nicht mehr in dem gleichen Maße wie gegenwärtig unter
den früher eingebauten gegensätzlichen Beziehungen zwischen Regierung und Opposition oder zwischen Arbeitnehmern und Arbeit-
gebern leiden. Auf solche Weise würde dann eine bessere Verträglichkeit zwischen den drei Schlüsselkomponenten der Gesellschaftsordnung und größere Harmonie zwischen Mensch und Natur erreicht werden.

Die Sowjetunion

Es war Lenins Idee, daß überall im riesigen sowjetischen Reich ein neuer Menschentyp, der Sowjetmensch, entstehen sollte, der von *egalitär-kollektivistischen Werten* erfüllt sei, aufgrund derer der Mensch den Sinn seines Lebens, seiner Selbstverwirklichung nicht mehr im Wettstreit mit anderen, sondern in gemeinschaftlicher Lebensform in einer konfliktfreien Gesellschaft finden würde: Ein allen gehörender Vorrat an Gütern sollte jedem das Seine entsprechend seinen Bedürfnissen geben können und von jedem entsprechend seinen Fähigkeiten immer wieder aufgefüllt werden. Dieser »Neue Sowjetmensch« hätte ohne Murren die politische Gouvernanz durch ein *ungeteiltes Machtzentrum* akzeptiert, dem keine institutionalisierte Opposition gegenübersteht. Ein Wirtschaftssystem, gekennzeichnet durch *zentralistische Planwirtschaft* (Staats- oder Kollektiveigentum, Outputmaximierung anstelle von Gewinnmaximierung, regulierter Markt, zentralistische Planung, bürokratische Zuweisung von Ressourcen, von Export- und Importquoten usw.), hätte sich daraus höchst natürlich ergeben. Die Sowjetunion hätte dann eine Gesellschaftsordnung besessen, in der die drei gesellschaftlichen Schlüsselkomponenten in vollständiger Harmonie einander zugeordnet gewesen wären, und eine hohe Leistungsfähigkeit der sowjetischen Gesellschaft würde die geradezu selbstverständliche Folge gewesen sein.

Nachdem ich weite Teile der Sowjetunion in den vergangenen 25 Jahren etwa zehnmal besucht habe, bin ich – wie wohl manch westlicher Besucher – zu der Schlußfolgerung gelangt, daß entgegen Lenins Erwartungen insbesondere die wirtschaftliche Leistungsfähigkeit der Sowjetunion gering ist. Dieses niedrige Niveau steht im krassen Gegensatz zu dem Reichtum der Sowjetunion an fast allen natürlichen Ressourcen, zu ihren riesigen Gebieten fruchtbaren Akkerlandes und ihrer großen, gut ausgebildeten Bevölkerung.

Was ist der tiefere Grund für diesen ins Auge fallenden Mangel an nationaler Leistungsfähigkeit? Zunächst einmal ist der »Neue Sowjetmensch« nur in sehr begrenztem Umfange entstanden. In den meisten Bürgern der Sowjetunion, besonders in den Bürgern nichtrussischer Herkunft, sind die zentrifugalen, individualistisch-kompetitiven Werte weiterhin lebendig. Daher fehlt es wohl auch an freiwilliger, zumindest an enthusiastischer Akzeptanz der Gouvernanz sowjetischer Prägung und ihrer gesellschaftlichen Prioritäten. Die Folge davon ist exzessive Bürokratisierung.

Das gleiche kann zum Wirtschaftssystem gesagt werden, das in die Zwangsjacke einer ineffektiven zentralen Planungsbehörde gepreßt ist, die jegliche unternehmerische Initiative zu ersticken vermag. Das Wirtschaftssystem ist daher permanent eingeengt von Bedingungen, die der einer Kriegswirtschaft entsprechen, und hat es deshalb schwer, differenzierte Wünsche qualitätsbewußter Verbraucher zu befriedigen.

Bei einer Gesellschaftsordnung, zwischen deren Schlüsselkomponenten keine Harmonie besteht, ist es kein Wunder, daß die nationale Leistungsfähigkeit der Sowjetunion ziemlich gering ist, trotz des großen Reichtums an natürlichen Ressourcen und eines eindrucksvollen menschlichen Potentials.

Nur die mächtige Militärmaschinerie scheint in der Sowjetunion gut zu funktionieren. Wenn man in dem militärischen Komplex einen innerhalb der Sowjetunion separaten Gesellschaftskörper sieht (nicht anders als in den meisten Nationen), stellt man fest, daß die militärische Gesellschaftsordnung aus Schlüsselkomponenten besteht, die miteinander in gutem Einklang stehen: Werte und Normen, die durch den militärischen Code strenger Disziplin geformt sind, eine militärische Gouvernanz ungeteilter Macht in Harmonie mit diesen Werten und ein Wirtschaftssystem, das offenbar straff zentralistisch mit klaren technologischen und organisatorischen Zielen gesteuert wird, allerdings ohne Rücksicht auf Kosten jeglicher Art.

Japan

Wäre ich vor vierzig Jahren nach sechsjähriger Ingenieurtätigkeit in Japan gefragt worden, ob sich dieses Land dreißig Jahre später zu einem Giganten moderner Elektronik entwickelt haben würde, gerade noch übertroffen von den Vereinigten Staaten, ich hätte nur den Kopf geschüttelt ob derart absurder Vorstellungen. Denn damals gab es auch nicht den geringsten Grund für solche fantastisch anmutenden Erwartungen auf dem Gebiete der Elektronik. Eine persönlich erlebte Anekdote möge zur Begründung dieser meiner damaligen Meinung dienen.

Im Frühjahr 1944 wurde ich zu meiner Überraschung ins Marineministerium nach Tokio gebeten, wo man mich fragte, ob ich innerhalb Monatsfrist Funkenfänger für zwei mit Dieselmotoren angetriebene Zerstörer bauen und installieren könne, um glühende Funken am Austritt aus den Schornsteinen dieser Kriegsschiffe zu hindern. Ich bejahte dies und erhielt den Auftrag, ohne einen Preis nennen zu müssen. Da dieser Auftrag mir einige Rätsel aufgab, fragte ich naiv nach dem Grund für diese Bestellung. Mit gleicher Naivität erklärten mir die Marineoffiziere, daß sie kürzlich eine Reihe diesel-angetriebener Kriegsschiffe durch amerikanischen Beschuß in stockfinsteren, mondlosen Nächten verloren hätten. Der Feind müsse daher die Schiffe an den aus ihren Schornsteinen fliegenden Funken erkannt und geortet haben.

Nachdem die gewünschten Funkenfänger termingerecht eingebaut und weitere drei Monate verstrichen waren, fragte ich nach, ob sie ihren Zweck erfüllt hätten. Eine offizielle Antwort blieb aus; aber durch meinen japanischen Verkäufer erfuhr ich, daß auch diese Schiffe bereits versenkt worden waren, wiederum bei mondloser Nacht, obwohl die Funkenfänger hundertprozentig funktioniert hätten.

Nun, die »Moral von der Geschichte« ist: Selbst noch im Jahre 1944 wußten die japanischen Marineingenieure nicht, daß die US-Marine schon seit mehr als zwei Jahren Radar zur Ortung feindlicher Schiffe und Flugzeuge eingesetzt hatte.

Nichtsdestoweniger war Japan dreißig Jahre später auf dem

Sprung, den Vereinigten Staaten auf den Gebieten der Mikroelektronik, der elektronischen Rechner und der Robotik den ersten Platz in der Welt streitig zu machen.

Natürlich startete Japan nach dem Ende des Zweiten Weltkriegs nicht vom Stande Null aus; jedoch war seine technische Infrastruktur (Industrie, technische Ausrüstung, Verkehrsanlagen, technische und wissenschaftliche Fachkräfte, usw.) noch durchaus rückständig, verglichen mit den führenden Industrieländern. Und nach dem Verlust von Mandschukuo, Korea und Taiwan blieben Japan nur die geringen natürlichen Ressourcen auf eigenem Territorium. Darüber hinaus waren alle größeren Städte – mit der bemerkenswerten Ausnahme der alten Hauptstadt Kyoto – den unaufhörlichen Bombenangriffen im letzten Kriegsjahr vollständig zum Opfer gefallen.

Aber der unbeugsame Arbeitswille war da und auf manchen Teilgebieten auch exzellentes technisches und organisatorisches Können. Doch das wichtigste Guthaben Japans bestand darin, daß seine Gesellschaftsordnung in dem Sinne richtig war, als ihre Schlüsselkomponenten miteinander im Einklang waren, und daß diese Gesellschaftsordnung kaum unter dem Schock der Niederlage gelitten hatte. In der Tat, Japans Wirtschaftswunder findet seine »einfache« Erklärung im guten Funktionieren seiner Gesellschaftsordnung während der Jahre des Wiederaufbaus. Und es besteht begründete Aussicht dafür, daß dies auch in Zeiten des Wohlstands so bleiben wird.

Japans Gesellschaftsordnung kann durchaus als Modell für andere Industrienationen dienen; denn in ihr sind die wesentlichen Voraussetzungen für hohen ökonomischen Wirkungsgrad gegeben: Der Arbeitswille erlahmt nicht, technisches, wissenschaftliches, organisatorisches Know-how wird ständig erneuert, verbreitet und in die Praxis umgesetzt, und es werden ausreichende Investitionen für Erstellung, Unterhaltung und Erneuerung der Produktions- und Dienstleistungsinfrastruktur vorgenommen.

Japans geschichtliche Entwicklung hat sich als äußerst günstig für die Evolution seiner Gesellschaftsordnung erwiesen. Während langer Perioden in Japans Geschichte haben partnerschaftlich-koope-

rative Werte und Normen dominiert, die ihre Hauptwurzel in der
heute noch vorherrschenden Gewohnheit der Konsensfindung in
der von Paternalismus geprägten Familie hat. Während die Menschen in Europa und Nordamerika mehr und mehr dahin tendieren,
den Paternalismus in der Familie abzulehnen, haben sie sich immer
mehr daran gewöhnt, die paternalistische Bevormundung durch
den Staat zu akzeptieren, mit der Folge, daß die freiwillige Übernahme eigener Verantwortung wie auch die Fähigkeit, ohne Druck
von oben zum Konsens zu gelangen, immer seltenere Qualitäten der
Bürger in diesen Nationen geworden sind. Den in Japan vorherrschenden *partnerschaftlich-kooperativen Werten und Normen* entspricht eine politische Gouvernanz, in welcher Vertreter verschiedener gesellschaftlicher Schichten und unterschiedlicher Ausrichtung
am Entscheidungsprozeß in konsens-suchender Haltung teilnehmen
und dann auch die Verantwortung für die Folgen solcher Entscheidungen mittragen. Nach dem Zweiten Weltkrieg gab sich Japan
unter dem Einfluß der amerikanischen Besatzungsmacht eine demo-
kratische Verfassung anglo-amerikanischer Provenienz. Seine politische Gouvernanz wird jedoch in Wirklichkeit nach wie vor im
Stile *geteilter konsens-orientierter Macht* ausgeübt, nicht in Nach-
ahmung der parteilich polarisierten Gewaltenteilung wie in den anderen westlichen Demokratien. In Harmonie mit diesen zwei
Schlüsselkomponenten, kann Japans Wirtschaftssystem als *konzer-
tierte Marktwirtschaft* gekennzeichnet werden, die unter der Führung des »ökonomischen Streichquartetts« operiert, bestehend aus
dem Ministry for International Trade and Industry (MITI), den
großen Handelshäusern, den Banken und den führenden Industrie-
unternehmen. Diese arbeiten zum Beispiel auch in der Setzung von
Prioritäten für neue technische Entwicklungen zusammen; dementsprechend wird dann die Forschungs- und Entwicklungsarbeit von
allen interessierten Firmen gemeinsam durchgeführt, wobei diese
Zusammenarbeit jedoch endet, sobald die Marktfähigkeit der
neuen Produkte feststeht. Danach setzt ein harter Konkurrenz-
kampf zwischen den beteiligten Firmen ein. Sie arbeiten übrigens
auch in der Untersuchung der Chancen für neue Exportmärkte sowie in der Planung der Strategie für deren Durchdringung und Er-

oberung zusammen. Dies alles geschieht aus eigenem Antrieb in konsens-suchender Weise, also nicht auf Wunsch gouvernementaler Autorität und deshalb auch ohne jene hemmende staatliche Einmischung und andere Hinderlichkeiten, die großen Bürokratien »angeboren« sind.

Bleibt die Frage, ob Japans Gesellschaftsordnung auch in Harmonie mit seiner natürlichen Umwelt funktioniert. Leider hat sich Japan lange Zeit daran gewöhnt, seine günstige Insellage für eine rücksichtslose Ausbeutung der Japan umgebenden Meere zu mißbrauchen, nicht nur durch häufiges Überschreiten international festgesetzter Fangquoten (z. B. der Wale), sondern auch durch den Mißbrauch der See als Müllkippe für alle Arten von Abfall, einschließlich sehr toxischer Abfälle. Bisher hat die Umwelt noch nicht ernstlich – soweit es das japanische Inselreich betrifft – zurückgeschlagen; aber die Japaner selbst wissen, daß die Ära leichtsinniger Umweltschädigung vor ihrem Ende steht. Die japanische Gesellschaft sieht sich nunmehr der Herausforderung gegenüber, ihre auf Konsens ausgerichteten Eigenschaften auch über ihr nationales Territorium hinaus anzuwenden, nicht nur durch Übung von Zurückhaltung in ihren oft zu aggressiven Handelspraktiken, sondern in noch höherem Maße in der Annahme der von Japan wie von den anderen großen Industrieländern erwarteten Vorbildrolle bei den weltweiten Anstrengungen für die Bewahrung der letzten großen »Allmenden« unserer Welt: der Ozeane, unseres größten Reservoirs von Ressourcen, und der Luft, deren immer weiterschreitende Verschmutzung die Natur wie auch das Leben der Menschen bedroht.

Ein Weg zu erhöhter nationaler Leistungsfähigkeit

Aufgrund der soeben vorgetragenen Fallstudien zögere ich nicht, festzustellen: Die Kombination von *partnerschaftlich-kooperativen* Werten und Normen, einer durch *geteilte, konsens-orientierte Macht* gekennzeichneten politischen Gouvernanz und schließlich einem Wirtschaftssystem *konzertierter Marktwirtschaft* verspricht die leistungsfähigste Gesellschaftsordnung, deren Dauerhaftigkeit allerdings vom Bestand der Wertebasis abhängt. Wachsender Wohlstand einer Gesellschaft kann leicht den Geist und die Bereitschaft, seine eigenen Wunschvorstellungen den »höheren« Zielen der Gesellschaft freiwillig unterzuordnen, korrumpieren und aushöhlen. Hier ist in der Tat die politische und wirtschaftliche Elite, der die politischen und wirtschaftlichen Institutionen der Nation anvertraut sind, herausgefordert, ein diesen Werten verpflichtetes, beispielhaftes Leben zu führen, damit sich der Stil einer politischen Gouvernanz durchhalten läßt, die auf ehrlichem, gemeinsam die Verantwortung tragendem, konsens-suchendem Verhalten beruht. Und da die Interdependenz der Nationalstaaten untereinander rasch zunimmt, müssen auch die auswärtigen Angelegenheiten der Nationen von partnerschaftlich-kooperativen Werten und Normen geleitet sein, welche nicht an den Staatsgrenzen haltmachen. Wie die gegenwärtigen Friktionen zwischen vielen Nationen zeigen – kleinen wie großen, sogar zwischen befreundeten Nationen wie Japan, Westeuropa und den Vereinigten Staaten von Amerika –, bleibt hier viel zu wünschen übrig.

Stets wird die Versuchung groß sein, den schwierigen, zeitraubenden Wandel der dominierenden Werte und der Gouvernanz zu vermeiden und an seine Stelle zunächst Änderungen am Wirtschaftssystem treten zu lassen, weil dies am einfachsten und der geeignetste Weg zu sein scheint, schnelle Erfolge bei der Erhöhung der nationalen Leistungsfähigkeit zu ernten und den materiellen Lebensstandard in kurzer Zeit zu heben. Wenn zum Beispiel, wie gegenwärtig in China, in einer zentralistischen Wirtschaft eine Liberalisierung des Wirtschaftssystems in dem Sinne stattfindet, daß man private Initiative ermutigt, daß man eine allmähliche Öffnung gegenüber Gesellschaften mit freier Marktwirtschaft betreibt, und so weiter, dann wird in der Tat sehr bald eine Verbesserung der wirtschaftlichen Leistungsfähigkeit spürbar, und der mehrheitliche Lebensstandard erfährt einen beträchtlichen Aufschwung, obwohl der Wandel im Wirtschaftssystem nicht von einem Wandel der politischen Gouvernanz begleitet war. Denn ein solcher politischer Wandel kann als zu gefährlich für die politische Stabilität des Landes wie auch für die Besitzstände und Privilegien der politischen Führungsschicht und

der Bürokratien erachtet werden. Größere Liberalisierung im wirtschaftlichen Bereich wird jedoch höchstwahrscheinlich auch einen
Wandel in den Wertvorstellungen hervorrufen, ein Abweichen von
den offiziell dekretierten Werten, und »schlafende« Wertvorstellungen zum Leben erwecken, bei denen es sich dann allerdings zumeist
nicht um Werte partnerschaftlich-kooperativer Art handelt, sondern vielmehr um egoistisch geprägte, individualistisch-kompetitive
Werte. Dies konnte ich bei häufigen Besuchen in China in der ersten
Hälfte der achtziger Jahre feststellen, als ich eingeladen war, die
chinesische Regierung bei der Modernisierung der Ingenieurausbil-
dung zu beraten. Individualistisch-kompetitive Werte stehen aber in
schroffem Gegensatz zu einer zentralistischen politischen Gouvernanz. Sie pflegt dann scharf gegenüber denen zu reagieren, die öf-
fentlich für solche Werte einzutreten wagen. Das führt natürlich zu
Verzögerungen in der Liberalisierung des Wirtschaftssystems und
zu einem Nachlassen des Schwungs in der Evolution der Gesellschaftsordnung.
Ich bin daher davon überzeugt, daß eine dauerhafte günstige Evolution der Gesellschaftsordnung nur stattfindet, wenn die in einer
Gesellschaft dominierenden Werte und Normen sich in der Richtung auf partnerschaftlich-kooperatives Verhalten ändern. Dies
braucht Zeit, ist aber nicht unmöglich und kann sogar in Gesellschaften vor sich gehen, in denen heute offiziell noch egalitär-kol-
lektivistische Werte und Normen als vorherrschend angesehen werden. Ganz besonders hier, aber auch in anderen Gesellschaften,
muß die politische Elite durch ihr Beispiel – begleitet auch durch
von größeren Freiheiten gekennzeichnete Gesetzesinitiativen – ihren
Beitrag zum »Erwecken« dieser neuen Werte im Volke leisten. Ich
benutze das Wort »erwecken«, weil partnerschaftlich-kooperative
Werte in praktisch allen Gesellschaften vorhanden sind, obwohl sie
häufig inaktiv oder unter der Last von Ideologien begraben sind
oder auch in einem Klima heftigen Wettbewerbs ignoriert werden.
Die meisten Weltreligionen besitzen sie in ihrer Schatzkammer von
Werten. Die Chance einer schließlich weltweiten Konvergenz einander ähnlicher Gesellschaftsordnungen der »Mitte« ist also nicht zu
leugnen. Sie würden natürlich in den verschiedenen Nationen je

nach deren Geschichte, Entwicklungsstadium sowie Umfang und Qualität ihrer menschlichen und materiellen Ressourcen ganz unterschiedliche institutionelle Ausprägungen erfahren.

Alle Nationen sollten mögliche alternative Wege erforschen und dann dementsprechend ihre nationalen Kräfte und Energien bündeln, um ihre Gesellschaftsordnung und die Qualität ihrer Institutionen zu verbessern und ihre Leistungsfähigkeit zu erhöhen. Es wäre ein folgenschwerer Irrtum, wenn die führenden Industrieländer in diesem Lernprozeß nicht vorangehen wollten. Dabei gibt es sicherlich auch viel von den großen alten Kulturen Asiens zu lernen. Während die Länder Asiens in den kommenden Jahrzehnten sich einer großen industriellen und wirtschaftlichen Transformation unterziehen, darf der Technologie-Transfer keine Einbahnstraße werden. Eine grundlegende Voraussetzung für den Erfolg dieser Anstrengungen ist die Bereitschaft einer jeden Nation, die wahre Natur ihrer gegenwärtigen Gesellschaftsordnung in all ihren Komponenten und Aspekten zu erkennen und auch zu erforschen, auf welchem Wege sie sich in der Vergangenheit zu ihrem heutigen Zustand entwickelt hat. Nur durch solche Einsichten wird man das Wandlungspotential bewerten und die einzuschlagende Richtung des Wandels der Gesellschaftsordnung mit einiger Sicherheit bestimmen können.

Dies ist auch eine notwendige Bedingung dafür, daß realistische Ziele für die organische Entwicklung von Gesellschaften gesetzt werden. Diese Ziele müssen schon eine Herausforderung bedeuten, dürfen aber nicht so extravagant sein, daß sie zwar auf dem Papier gut aussehen, aber zu utopisch sind, um eine Chance für ihre Verwirklichung zu haben. Politische Entscheidungsträger, die in der Formulierung solcher Ziele kein Maß halten, erzeugen am Ende nur Enttäuschung, Verlust des Vertrauens in die Gouvernanz und schließlich politische Instabilität. Daß in vielen Teilen der Welt die Gesellschaftsordnung in einem beklagenswerten Zustand ist, findet sichtbaren Ausdruck im Umsichgreifen von Terrorismus und blutigen Bürgerkriegen in zahlreichen Ländern der Dritten Welt. Es ist die Höhe von Verantwortungslosigkeit und Zynismus der führenden Mächte und ihrer Alliierten in Ost und West, ihren Machtkampf in diese von Elend gezeichneten Länder hineinzutragen, indem sie die sich dort bekämpfenden Parteien mit Waffen versorgen und militärisch ausbilden! Auf solche Weise werden die in diesen armen Ländern lebenden Menschen jeglicher Chance beraubt, ihr »Haus« auf friedlichem Wege in Ordnung zu bringen.

Zur Bildung regionaler Gemeinschaften

Wie gefährdet die Lage in vielen Ländern Lateinamerikas, Afrikas, Südostasiens und in Teilen der arabischen Welt ist, kann man an der großen Zahl von Revolutionen, militärischen Coups und Bürgerkriegen sehen, die sich als eine nicht enden wollende Plage für diese Länder erwiesen haben. Hier würde die weit überwiegende Mehrheit der Bevölkerung wohl kaum an einer Diskussion über Werte, Gouvernanz und Wirtschaftssystem interessiert sein. Was die Menschen dort brauchen und erhoffen, ist bezahlte Arbeit, um ihre Familien mit Nahrung und Behausung versorgen zu können; sind ferner ein Minimum an sozialer Gerechtigkeit und Sicherheit und ein Ende der Korruption, aber noch mehr eine Beendigung der Bürgerkriege, der blutigen Kämpfe und Terroranschläge, bei denen sie sich als machtlose Opfer zwischen den Fronten der kämpfenden Parteien finden. Sie brauchen weder Waffen noch wohlmeinenden Rat von seiten der reichen Länder. Der Westen sollte es eben akzeptieren, wenn diese Menschen sich nicht für seinen Stil demokratischer Gouvernanz entscheiden, und der Osten sollte aufhören, seine Art von Sozialismus exportieren zu wollen. Beide sollten lieber in den edlen Wettstreit eintreten, diesen Ländern bei der Überwindung von Armut und Not zu helfen. Dann werden diese Nationen schon selbst ihren Weg zu mehr sozialer Gerechtigkeit, zu befriedeten Verhältnissen ihrer Menschen untereinander, zur Wiederherstellung ihrer Wirtschaft und zur Fortentwicklung ihrer kulturellen Werte und Traditionen finden. Und so kann dann auch eine harmonische Gesellschaftsordnung wiedererstehen.
Für Länder, welchen es selbst bei andauernd hohem Niveau von Auslandshilfe nicht gelingt, den Punkt zu erreichen, von dem aus sie

dann mit eigener Kraft ihre Entwicklung weiter voranbringen könnten, kann es sich als nützlich erweisen, regionale Gemeinschaften zu bilden. Eine politische und wirtschaftliche Union von Nationalstaaten in der gleichen Region könnte vielleicht dazu beitragen, daß sich ihre mißliche Lage auf Dauer verbessert.

Wahrscheinlich könnte die Welt aus der Bildung von zehn bis fünfzehn regionalen Gemeinschaften großen Vorteil ziehen, und dies nicht nur vom wirtschaftlichen Standpunkt aus gesehen, sondern auch in politischer Hinsicht. Viele der bewaffneten Konflikte, welche in den vergangenen dreißig Jahren stattgefunden haben, hätten sich wahrscheinlich vermeiden lassen, wären derartige Gemeinschaften schon früher entstanden.

Dieser Gedanke findet sich schon in »Menschheit am Wendepunkt« (6) und wurde später von M. Guerniers Bericht an den Club of Rome »Die Dritte Welt – drei Viertel der Welt« (28) weiter vertieft. Solche Gemeinschaftsgebiete dürfen nicht zu groß sein und sollten Nationen umfassen, die von ähnlichen Problemen geplagt sind, für die sich eine Arbeitsteilung als günstig erweisen könnte und deren natürliche Ressourcen sich wechselseitig ergänzen ließen. Die Bildung regionaler Gemeinschaften sollte auch dort in Betracht gezogen werden, wo die Zerstückelung in viele kleine Nationalstaaten – wie zum Beispiel in Afrika südlich der Sahara – deren wirtschaftliche Entwicklung mit relativ viel zu großen militärischen und zivilen Bürokratien belastet und denen es bisher unmöglich war, ausreichende eigenständige Fortschritte in Wissenschaft und Technik zur Erhöhung ihrer Produktivität in Landwirtschaft und Industrie zu machen.

Die Bildung regionaler Gemeinschaften kann durchaus eine ganze Reihe wichtiger nutzbringender Folgen haben, wie wir in einigen Fällen aus der Geschichte wissen. Zum Beispiel machte Deutschland seinen ersten und vielleicht bedeutsamsten Schritt zu seinem Aufstieg als wirtschaftliche und politische Großmacht, als in den dreißiger Jahren des vorigen Jahrhunderts die Mehrzahl der vielen kleinen souveränen deutschen Staaten sich unter der Führung Preußens zum Deutschen Zollverein zusammenschlossen. So entstand ein weit größerer Markt, auf dem nun die neu aufkommenden Indu-

striezweige ihren Wettbewerb austragen und sich gleichzeitig innerhalb eines temporären Walls von Schutzzöllen vor der damals noch
übermächtigen englischen Konkurrenz schützen konnten. Darüber
hinaus entwickelte sich zwischen den verschiedenen deutschen Staaten eine Arbeitsteilung, durch welche sich im Laufe der Zeit die
unterschiedlichen Industriezweige dort ansiedelten, wo die Bedingungen am günstigsten waren.

Doch neben der Schaffung eines größeren Inlandsmarktes und einer
leistungerhöhenden Arbeitsteilung würde die Bildung dieser regionalen Gemeinschaften auch zu einem friedlichen Nebeneinander
von Ländern führen, die früher vielleicht bitter verfeindet gewesen
waren. Deutschland und Frankreich, heute als enge Freunde vereint
in der Europäischen Gemeinschaft, sind hierfür ein treffliches Beispiel.

Für die Entwicklungsländer kann ein gutes, friedliches Nachbar-
schaftsverhältnis zwischen den Gliedern einer regionalen Gemeinschaft zwei wichtige Konsequenzen haben: Es könnte, erstens, dazu
beitragen, die rapide Bevölkerungsvermehrung zu dämpfen, soweit
diese von seiten der Staatsführung bisher angeregt wurde; denn jetzt
würde jeglicher Ansporn dafür fehlen, durch größere Bevölkerungszahl militärisch die Nachbarn zu dominieren. Zweitens würde das
Wettrüsten gegeneinander ein Ende finden und damit auch die Verschwendung wertvoller knapper Ressourcen für die unnötige Unterhaltung von Streitkräften; denn in den regionalen Gemeinschaften
würden blutige Stammesstreitigkeiten ebenso wie Kriege zwischen
Nachbarstaaten bald der Vergangenheit angehören. Als Folge davon könnten die armen Länder ihre Ressourcen, statt sie für sinnlo-
sen militärischen Pomp und kriegerische Abenteuer zu verschwenden, nunmehr für nutzbringende wirtschaftliche Entwicklung einsetzen, die dann auch zu sozialer und politischer Stabilität führen
würde.

Zweifellos verlangt die Bildung regionaler Gemeinschaften von den
politischen Führungen in den betroffenen Ländern große Entschlossenheit, Mut, politisches Geschick und ausdauernde Willensstärke,
besonders dann, wenn die Beteiligten nach Größe, politischem Gewicht und wirtschaftlicher Stärke sehr verschieden sind. Zumindest

eine größere regionale Macht – zum Beispiel Nigeria in Zentralafrika, Brasilien und Venezuela im äquatorialen Lateinamerika –
muß beim Aufbau einer solchen Gemeinschaft die Vorreiterrolle
übernehmen. Die Starken in der Gemeinschaft müssen, besonders in
der Anfangsphase, zu Opfern zum Wohle der kleineren und schwächeren Partner bereit sein. Diese Voraussetzungen werden von den
großen Gemeinschaftsländern sicherlich nicht mit Enthusiasmus be-
grüßt werden, wenn man bedenkt, daß alle in der Gemeinschaft
vereinten Nationalstaaten auch bereit sein müßten, einen beträchtlichen Teil ihrer nationalen Souveränität an die politischen, militärischen, gesetzgeberischen, monetären und wirtschaftlichen Organe
der Gemeinschaft abzutreten. Denn ohne großzügigen Transfer solcher Befugnisse wird keine leistungsfähige Gemeinschaft entstehen.
Die vielen bisher im Aufbau von Gemeinschaften gemachten Ansätze, so zum Beispiel in Afrika, sind ineffektiv steckengeblieben, da
die teilnehmenden Nationen, oder besser ihre Führungen – aller in
europäischen und amerikanischen Universitäten erlernten blumigen
Rhetorik zum Trotz –, offensichtlich nicht bereit waren, wesentliche Besitzstände ihrer nationalen Autorität zugunsten der Gemeinschaft aufzugeben.
Es sei hinzugefügt, daß auch die in der Europäischen Gemeinschaft
vereinigten Partner dringend Schritte unternehmen sollten, mehr
wesentliche Befugnisse an die legislativen und exekutiven Organe
der Gemeinschaft abzutreten. Dies nicht nur, um deren wirtschaftliche Leistungsfähigkeit und politisches Gewicht zu erhöhen, sondern
auch, um eine leistungsfähige Nationengemeinschaft als nachahmenswertes Modell für Länder in der Dritten Welt zu werden.
Daß die Europäische Gemeinschaft noch viel zu wünschen übrig-
läßt, ist im Grunde auf einen Mangel partnerschaftlich-kooperativen Geistes auf nationalem wie auf internationalem Gebiet zurückzuführen. Die Nationalstaaten der Europäischen Gemeinschaft
haben noch einen langen Weg zu einer wirklich leistungsfähigen
Wirtschaftsunion und einen noch viel längeren zu einem europäischen politisch geeinten Bundesstaat vor sich. Europas wohlhabende Nationalstaaten müssen daher noch sehr viel größere
Anstrengungen unternehmen, um – auch der Dritten Welt – zu

beweisen, daß hier ein Modell für effektives nationales und internationales politisches und wirtschaftliches Management geschaffen wird. Was dabei wirklich zählt, sind nicht ausgekochte politische Manöver, sondern der Wille der Menschen, sich für ein gemeinsames Ziel zu vereinen, für das es sich lohnt, notfalls auch Opfer zu bringen, insbesondere die Stärkeren für die Schwächeren, für eine Zukunft, die langfristig nicht glänzend für einige wenige Nationen oder soziale Schichten sein kann und düster für all die anderen, sondern die von allen zusammen, in einer gemeinsamen und ausdauernden Anstrengung, gemeistert werden muß.

Zwar wird es Jahrzehnte brauchen, die gegenwärtige breite wirtschaftliche Kluft zwischen den reichen und armen Nationen, wenn nicht zu schließen, so doch wesentlich zu verengen, aber die dabei unvermeidbaren Spannungen können schon allein dadurch beträchtlich gemildert werden, daß alle Beteiligten vom Willen zu tätiger Solidarität getragen sind. Daher wäre es von großer Bedeutung, wenn die zum Zusammenschluß in einer gemeinsamen Region geeigneten Länder schon vor Eintritt in Verhandlungen über eine begrenzte formale Union sich zur Zusammenarbeit an großen, allen nützenden gemeinsamen Projekten zusammenfänden. In Südamerika, Afrika und Asien gibt es riesige noch zu realisierende Wasserbauprojekte, so etwa im Nordosten Indiens, dort, wo es mit Bangladesch und Nepal gemeinsame Grenzen besitzt: Die Ströme Brahmaputra und Ganges werfen große, grenzübergreifende Probleme auf, deren gemeinsame Bewältigung durch die daran beteiligten Nationen das Gemeinschaftsgefühl ihrer Menschen enorm stärken und damit den Grundstein für erfolgreiche formale Einigungsbestrebungen legen könnte.

Abschließende Bemerkungen

Die vorangegangenen beiden Kapitel waren Fragen und Problemen gewidmet, die gewisse grundlegende Voraussetzungen für eine dauerhafte Wahrung des Friedens betreffen. Sie setzten sich ferner mit den Möglichkeiten zur Erhöhung der Leistungsfähigkeit von Nationen bei der Bewältigung der globalen Problematik auseinander. Es waren dies alles Fragen, für deren erfolgreiche Lösung die Verantwortung überwiegend auf den Schultern der führenden Industrienationen ruht. Es liegt an ihnen, durch ihr Verhalten in politischen und wirtschaftlichen Angelegenheiten eine Politik zu entwickeln und durchzusetzen, die anderen Nationen als nachahmenswertes Beispiel dienen kann – oder zumindest als nachdenkenswürdiges Beispiel.

Aber ihre Führungsrolle und damit ihre unmittelbar gegebene Verantwortlichkeit sind in noch stärkerem Maße herausgefordert, wo es um die zukünftige Entwicklung und Gestaltung der Technologie geht und damit um die Frage: Werden die universale Übernahme und Anwendung der Technologie im Hinblick auf die natürliche Tragfähigkeit der Erde und auf ihre Ressourcen auch dann noch vertretbar sein, wenn die heutige industrielle Peripherie Teil des industriellen Zentrums geworden ist und die meisten der industriell noch ganz unterentwickelten Länder vor der Mitte des kommenden Jahrhunderts zur industriellen Peripherie geworden sind?

Wie schon in diesem Kapitel zum Ausdruck gebracht, besteht für mich kein Zweifel, daß alle Nationen bestrebt sind, ihren technologischen Status zu verbessern, weil alle wissen, daß die Leistungsfähigkeit von Gesellschaften für die Lösung ihrer Probleme in hohem Maße von der ihnen zur Verfügung stehenden Technologie abhängig ist.

Besonders die Länder der gegenwärtigen industriellen Peripherie, aber auch die meisten industriell noch sehr wenig entwickelten Länder werden bei ihrer weiteren Industrialisierung ihr Augenmerk auf die Technologie richten, die in den führenden Industrieländern Anwendung findet. Aber sie werden nicht nur auf die Technologie schauen, sie werden auch auf den Lebensstil achten, der sich im

Zuge des technischen Fortschritts in den Nationen des heutigen industriellen Zentrums ausgebildet hat. Da dieser Lebensstil schon heute von den politischen und wirtschaftlichen Eliten in der Dritten Welt übernommen worden ist, kann man mit Fug und Recht davon ausgehen, daß auch die »normalen« Bürger in den Entwicklungsländern, sobald ihre Grundbedürfnisse befriedigt sind, alles tun werden, um ihren materiellen Lebensstandard zu heben und schließlich an das Niveau des Lebensstandards der Menschen in den wohlhabenden Ländern heranzuführen, an einen Lebensstil, der ihnen täglich auf den Fernsehschirmen, in den Lichtspielhäusern und auch von den Touristen vorgeführt wird. Dabei wird es wohl leider auch keine Rolle spielen, ob dieser Lebensstil wirklich nachahmenswert ist. Er gewinnt einfach schon dadurch diese Qualität, daß die Wohlhabenden offenbar auf ihn nicht verzichten wollen.

Technologie und Entwicklung

Ein Rückblick

Man könnte eine interessante Parallele zu dem gleichzeitigen Auftreten der heutigen Bevölkerungsexplosion und des rapiden, durch die Hochtechnologie beflügelten Wandels der Industriestruktur unserer Tage darin sehen, daß im 18. Jahrhundert nach einem Jahrtausend geringen Wachstums sich Englands Bevölkerung schnell vermehrte und gleichzeitig mit der ersten industriellen Revolution eine sich ständig beschleunigende industrielle Entwicklung einsetzte. Wenn auch letztere zunächst nur ein regionales Ereignis war, führte dieser Vorgang innerhalb eines Jahrhunderts zur Herrschaft der Industrieländer über den Rest der Welt, und er entwickelte sich schließlich zu einem Phänomen globaler Dimension, das bis in die Gegenwart das Gesicht unserer Welt immer stärker geprägt hat. Obwohl die heutige Bevölkerungsexplosion auf den Süden beschränkt ist und die Entwicklung moderner Hochtechnologie nur im Norden stattfindet, kann man wohl mit Recht behaupten, daß diese beiden Erscheinungen zusammen ebenfalls ein gewaltiges Ereignis globaler Dimension darstellen, weil aufgrund der Interdependenz, die alle Nationen in der Welt zusammenbindet, der Norden für sein eigenes Wohl die Entwicklungsschwierigkeiten des Südens weder ignorieren darf noch kann. In diesem Entwicklungsprozeß wird die Hochtechnologie eine alles durchdringende Rolle spielen. Sie wird den Lebensstil in allen Teilen der Welt beeinflussen und nicht nur die Industrie im Norden transformieren, sondern – aufgrund ihrer Anpassungsfähigkeit – auch die Industrialisierung im Süden beschleunigen und deren Produktivität erheblich erhöhen. Deshalb soll zunächst – anhand eines nicht so bekannten Beispiels –

die Parallele zwischen der Frühzeit der Industrialisierung und der heutigen technischen und industriellen Entwicklung aufgezeigt werden.

Der von mir bereits im Prolog erwähnte Bevölkerungszuwachs in England zwischen 1700 und 1800 verursachte unter anderem auch eine beträchtliche Zunahme des Bedarfs an Rohstoffen für die Textilindustrie, der schließlich nicht mehr durch die Versorgung mit einheimischer Wolle und Leinen gedeckt werden konnte. Es mußte daher Baumwolle aus Mittel- und Nordamerika eingeführt werden. Doch Baumwolle benötigte für ihre Verarbeitung eine Reihe von Hilfsmaterialien, insbesondere für Wasch- und Reinigungszwecke, unter denen Soda eine höchst wichtige Rolle spielte. Darüber hinaus waren Seifen- und Glasfabriken auf die ausreichende Versorgung mit Soda angewiesen, das damals aus natürlichen Quellen stammte, wie den Soda-Seen Nordafrikas und der Asche mariner Pflanzen. Auch Frankreich deckte seinen Sodabedarf durch Einfuhr, vorwiegend aus Spanien, und wie England geriet es nach der Mitte des 18. Jahrhunderts wegen kriegsbedingter Handelsbarrieren in Versorgungsschwierigkeiten. Daher forderte die französische Regierung 1775 die Académie Française auf, einen Wettbewerb für die Erfindung eines Prozesses auszuschreiben, der Soda aus einheimischen Rohstoffen herzustellen gestatten würde. Den Wettbewerb gewann Nicolas Leblanc, Leibarzt des Herzogs von Orléans. Sein Herstellungsprozeß, den er in Zusammenarbeit mit Professoren der Universität Paris vervollkommnete, bedeutete den Beginn einer eigenständigen chemischen Industrie (29). Es ist bemerkenswert, daß diese neue chemische Technologie ihren ersten Anstoß von einer ganz anderen Industrie, nämlich vorwiegend von der Textilindustrie, empfing – und diese wiederum von dem für damalige Verhältnisse raschen Bevölkerungswachstum. Aber noch bemerkenswerter ist die Tatsache, daß diese neue Technologie ohne handwerkliche Vorstufe unmittelbar aus der wissenschaftlich betriebenen Chemie hervorgegangen ist.

Erfindung und Anwendung des Leblanc-Sodaprozesses sind durch Eigentümlichkeiten gekennzeichnet, die noch heute für neue technische Entwicklungen typisch sind:

1. Anstöße und Nachfrage seitens einer bestimmten Industrie führten zur Entwicklung eines neuen chemischen Prozesses, der sich dann auch für andere Industriezweige als nützlich erwies. Seife und Glas zum Beispiel wurden zu Massenprodukten lediglich aufgrund des billigen Leblanc-Sodas.

2. Der Süden (in diesem Falle Nordafrika und Spanien) verlor wegen der durch Anwendung wissenschaftlicher Methoden ermöglichten Substitution eines natürlichen Rohstoffs eine bedeutende Einkommensquelle.

3. Der Leblanc-Prozeß verursachte Umweltprobleme, die zu einer Abwandlung des Herstellungsprozesses führten. Im ersten Schritt des Leblanc-Prozesses entstand nämlich Chlorwasserstoff, und der wurde, zusammen mit anderen Verbrennungsgasen, »über Dach gefahren«, was verständlicherweise zu Protesten der in der Nähe der Sodafabriken lebenden Menschen führte. Noch vor 1800 koppelten die Sodafabrikanten das ursprüngliche Verfahren mit einem wiederum mit Hilfe wissenschaftlicher Chemie gefundenen Prozeß, der den Chlorwasserstoff in elementares Chlor wandelte. Sie gewannen durch dieses Recycling ein wertvolles und höchst erwünschtes Bleichmittel für die Textilindustrie.

4. Im letzten Schritt des Leblanc-Prozesses fiel ein weiteres, unerwünschtes Koppelprodukt an, das Calciumsulfid. Trotz intensiver Forschungsarbeit konnte hierfür keine nutzbringende Verwendung gefunden werden, und somit endete dieses Koppelprodukt auf den Halden neben den Sodafabriken, wo langsam, aber sicher das in der Luft stets vorhandene Kohlendioxid den äußerst übelriechenden Schwefelwasserstoff freisetzte. Diese sich langsam entwickelnde, jedoch stetig zunehmende Umweltbelästigung führte dann schließlich zur Entwicklung und industriellen Anwendung eines neuen Sodaherstellungsprozesses, des Ammoniak-Soda-Verfahrens von Ernest Solvay, bei dem lediglich das wasserlösliche Calciumchlorid als unerwünschtes Koppelprodukt ent-

steht. Immerhin dauerte es sechzig Jahre, bis die letzten Le-
blanc-Fabriken 1920 ihre Pforten schlossen.

Wir haben hier also schon all die Ingredienzen und Umstände
vor uns, welche auch die Entwicklung moderner Technologien
begleiten:

— das *Eindringen* in Industriezweige über den ursprünglichen Zweck hinaus;

— das *Zusammenwirken von Wissenschaft und Technik,*
wie es heute für die Hochtechnologie typisch ist;

— die *Umweltbelastung* und der *Systemansatz* zu ihrer —
zumindest teilweisen — Beseitigung durch wissenschaftlich
ersonnenes Recycling;

— die Beendigung einer Technologie durch einen neuen *Sub-
stitutionsprozeß,* wenn sich die Umweltprobleme nicht auf
dem Wege der Abfallbeseitigung lösen lassen;

— die *technologische Substitution eines natürlichen Rohstoffs* mit der Folge eines Einkommensverlustes im Süden.

Obwohl der hier betrachtete technologische Entwicklungsprozeß in
der Frühzeit der industriellen Revolution nicht der einzige Fall war,
auf den die oben zusammengestellten Kennzeichen zutrafen, so
blieb das Zusammenwirken von Wissenschaft und Technik zunächst auf die chemische Industrie beschränkt und griff erst um die
Mitte des 19. Jahrhunderts auf die Elektroindustrie über, nachdem
Siemens das elektro-dynamische Prinzip entdeckt und auf den Elek-
tromaschinenbau angewendet hatte.

Das Zusammenwirken von Wissenschaft und Technik der Art, daß
heute technischer Fortschritt ohne Abstützung auf die Wissenschaft, insbesondere auf die Naturwissenschaften, nicht mehr möglich ist, ebenso wie das universale Bewußtsein der Umwelt- und
Sozialfolgen des technischen Fortschritts sind in diesem Ausmaß
Phänomene, die erst in den Jahrzehnten nach dem Zweiten Weltkrieg voll in Erscheinung getreten sind.

In diesem Aspekt der Technologie-Entwicklung könnte die Gefahr
lauern, daß sich die Entwicklungslinien in Nord und Süd noch weiter voneinander entfernen. In der modernen technischen Entwicklung könnte allerdings auch die Hoffnung begründet sein, daß die

Entwicklungslinien in den so unterschiedlichen Teilen der Welt sich einander wieder nähern. Daß solche Hoffnung sich erfüllt, dafür können die führenden Industrieländer einen großen Beitrag leisten. Hier stehen sie wohl ihrer größten unmittelbaren Herausforderung und Verantwortung gegenüber, wenn die Welt in den kommenden Jahrzehnten eine organische Entwicklung in dem zuvor geschilderten Sinne erfahren soll. Denn sie stehen an vorderster Front bei der Gestaltung der zukünftigen Technologie, die sich dann auch in den Ländern der heutigen industriellen Peripherie und in den noch vorindustriellen Ländern ausbreiten wird.

Ungefähr hundert Jahre sind vergangen, seit der technische Fortschritt, gestützt auf Wissenschaft und Forschung, mit Macht begonnen hat, sich auf breiter Front in den Ländern des gegenwärtigen industriellen Zentrums zu entfalten. Die Industrialisierung mit Hilfe zunehmend komplizierterer Technik war natürlich auch von kulturellem Wandel begleitet; sie rief jedoch wegen des schrittweisen Tempos der Technisierung keinen kulturellen Schock hervor. Dem technischen Fortschritt begegnete man allgemein mit Enthusiasmus, da die mit ihm verbundene Zunahme der Arbeitsproduktivität und die immer besser und reichhaltiger werdende Versorgung mit Gütern der Bevölkerung größeren Wohlstand bescherten – mit Ausnahme zumeist nur kurzer und lokalisierter Übergangsperioden sowie der wenigen Menschen, die nicht flexibel und beweglich genug waren, sich den veränderten Arbeitsbedingungen anzupassen. Im ganzen gesehen führte der technische Fortschritt zu steigendem Wohlstand, größerer sozialer Gerechtigkeit und wirtschaftlicher Sicherheit.

Man könnte daher geneigt sein zu erwarten, daß für die führenden Industriegesellschaften die Wahrnehmung ihrer Vorbildfunktion, soweit sie den technischen Fortschritt betrifft, eine ziemlich klare, wenn nicht sogar einfache Angelegenheit sein würde.

Doch dem ist nicht so.

Kurzer Exkurs über gewisse Folgen
des technischen Fortschritts

Seit Ende des Zweiten Weltkriegs hat das Zusammenwirken von Wissenschaft und Technik gewaltige Fortschritte gemacht und in hohem Maße zur Vergrößerung ihrer Macht und Komplexität beigetragen. Gleichzeitig büßte die Technologie aus der Sicht des normalen Bürgers einen großen Teil ihrer Transparenz und Verständlichkeit ein und damit auch ihre uneingeschränkte Akzeptanz. Heute scheinen die meisten Bürger nicht mehr willens zu sein, neue Technologien zu akzeptieren, bevor sie nicht überzeugt sind, daß durch sie keine schädlichen Nebeneffekte eintreten können. Schädliche Nebenwirkungen finden gewöhnlich größere Aufmerksamkeit und treffen auf stärkeren Widerstand, je wohlhabender eine Gesellschaft ist. Besonders in den reichen Ländern hat die Komplexität in den Beziehungen zwischen Mensch, Technologie und Wirtschaft erheblich zugenommen. Dies führte über alle gesellschaftlichen Schichten hinweg zu einem allgemeinen Verlust an Vertrauen, ja häufig zu regelrechter Feindseligkeit gegenüber moderner Technik und dem mit ihr einhergehenden Lebensstil. Wohlhabende Gesellschaften betrachten die Nützlichkeit neuer Technologien und die damit verbundenen Risiken in einem ganz anderen Licht als die gegenwärtig noch armen Gesellschaften. Dabei wird auch die Kluft zwischen den in der Vorstellung der betroffenen Menschen wahrgenommenen und den wirklichen bei der Anwendung solcher Technologien auftretenden Risiken immer größer: eine Diskrepanz, die sich mit dem Reichtum einer Gesellschaft zu vertiefen scheint (30).
Wenn der technologische Wandel sich zu schnell vollzieht – zumindest in den Augen gewisser Gesellschaftsschichten –, dann entstehen Reaktionen, die für bestimmte Technologien zu einem Moratorium oder gar zu einem »Aus« führen können. Dieses Phänomen wird zumeist vom Aufkommen politischer Bewegungen begleitet, die ihr Recht auf Widerstand auf »höhere« Prinzipien gründen, welche, wie zum Beispiel das Überleben der Menschheit, nicht zur Disposition demokratischer Mehrheiten stehen. Dieses absolutistische, antidemokratische Verhalten ist in vielen radikal-ökologi-

schen Bewegungen vorherrschend, in denen die Rationalität ihrer Ziele weggeschwemmt wird von der Irrationalität ihrer Ansätze und Verhaltensweisen zu deren Durchsetzung.

Im Zusammenhang mit dem in diesem Buche vertretenen Anliegen verdienen solche politischen Bewegungen besondere Aufmerksamkeit, weil die wohlhabenden Gesellschaften ihre Vorbildfunktion nur dann erfolgreich wahrnehmen können, wenn es ihnen gelingt, technologische Entwicklungen zu fördern, die zur Stärkung auch ihrer eigenen sozialen, wirtschaftlichen und politischen Stabilität beitragen.

Hier liegt allerdings nur eine notwendige, nicht eine hinreichende Bedingung für die Entwicklung einer technologischen Struktur vor, die auch jenen Nationen Vorbild sein könnte, welche gegenwärtig zur industriellen Peripherie gehören. Gleich wichtig ist die Evolution von Mustern für technologische Zusammenarbeit und Technologietransfer; und natürlich ist es auch bedeutsam, geeignete Mittel und Wege für die Art technologischen Beistands zu finden, dessen die armen Entwicklungsländer dringend bedürfen.

Wohin führt der Weg für die Industrieländer?

Die führenden Industrienationen befinden sich – so hört man es in unterschiedlicher Weise immer wieder – auf dem Wege in die »nach-industrielle« Gesellschaft oder in die Dienstleistungsgesellschaft oder in die Informationsgesellschaft. All diese Bezeichnungen vermitteln nur gewisse Aspekte der neuen Gesellschaft. Die letztlich entstehende Ausprägung ihres Wesens ist heute vorerst in noch recht undeutlichen Konturen erkennbar.

Es wird mit Sicherheit keine »nicht-industrielle« Gesellschaft geben, da die Nachfrage nach industriell hergestellten Gütern eher in Quantität und Qualität zunehmen als abnehmen wird. Technischer Fortschritt wird jedoch zu »more from less« führen (13), das heißt zu mehr Gütern, die von weniger Beschäftigten in der Industrie mit einem geringeren Einsatz von Energie und natürlichen Rohstoffen hergestellt werden (31).

In der Tat stehen wir heute an der Schwelle einer Zeit, in welcher der Mensch in der Lage ist, die für ihn notwendigen Ressourcen zu »erfinden« und selbst herzustellen. Uran war zum Beispiel keine Energiequelle, bis die auf Kernspaltung beruhenden Reaktoren erfunden wurden. Und die Fortschritte in der Kernfusion zielen darauf, die in Lithium und Wasser verborgene Energie freizusetzen. In diesen beiden Fällen ist eher die Technologie der wahre Energieerzeuger als die in der Natur gefundenen Rohstoffe. Silizium, der hauptsächlich in der Mikroelektronik verwendete Rohstoff, ist ein Ressourcen erzeugender Werkstoff, indem er die photovoltaische Konversion von Sonnenstrahlung in elektrischen Strom ermöglicht und uns daher mit einer neuen und umweltfreundlichen Quelle für die Erzeugung elektrischer Energie versorgt. Andere Materialien, wie die neuen Keramik-Werkstoffe, die höchst belastbaren faserverstärkten Kunststoffe, die Glasfaser zur Nachrichtenübertragung, sind auch menschliche Erfindungen, die aus der wissenschaftlichen Erforschung fundamentaler Eigenschaften und Strukturen von Materialien mittels der Festkörperphysik und Chemie resultierten.

Der hier nur angedeutete Beitrag menschlichen Erfindergeistes zum Wohlstand von immer mehr Menschen und sein Einfluß auf die Entwicklung der Weltwirtschaft sind unbestreitbar, wenn auch in seinen ganzen Auswirkungen noch nicht mit voller Klarheit abzusehen. Jedenfalls läßt sich das Kommen einer Zeit erahnen, in der man die Erde vielleicht nicht mehr als eine »Schatzkammer auf Zeit« betrachtet, also mit Ressourcen angefüllt, die, einmal verbraucht, nicht mehr ersetzt werden können. Das Zusammenwirken von Wissenschaft und Technik kann auch dazu beitragen, anpassungsunfähige Lösungen zu vermeiden, sondern vielmehr Wahlmöglichkeiten zu gewinnen. Dadurch wird man in die Lage versetzt, unter den verschiedenen technischen Lösungsmöglichkeiten jene auszuwählen, die für die unterschiedlichen sozio-ökonomischen und kulturellen Gegebenheiten, wie sie nun einmal in der Welt bestehen, am besten geeignet sind; und somit kann es gelingen, unterschiedliche Traditionen, Bedürfnisse, Fähigkeiten und Fertigkeiten in vorteilhafter Weise zu berücksichtigen, was besonders auch für die Entwicklungsländer von hoher Bedeutung ist.

Zusammenfassend läßt sich feststellen: Die schon heute zur Reife gelangten Technologien und darüber hinaus die sich rasch entwikkelnde Biotechnologie, die kaum noch zu übersehenden Anwendungsmöglichkeiten der Lasertechnik, die für die Nutzung der Ozeane und des Weltraums in Entwicklung befindlichen Technologien besitzen alle die Eigenschaft, fast jeden Wirtschaftssektor zu durchdringen und sich gegenseitig zu befruchten. Damit entsteht ein solcher Reichtum an Optionen, daß es immer wichtiger wird, eine weise Auswahl beim Setzen von Prioritäten zu üben, und dies auch, um nicht die Chancen der Entwicklungsländer, mitzuhalten, völlig zu beschneiden. Insbesondere ist auch zu beachten: Die Nationen der gegenwärtigen industriellen Peripherie mit ihren riesigen Bevölkerungen werden bei ihrer zukünftigen technischen Entwicklung höchstwahrscheinlich Zugriff auf die gleichen natürlichen Ressourcen wie die heute führenden Industrienationen nehmen.

Noch einige Bemerkungen zu dem Begriff »Informationsgesellschaft«! Es offenbart eine völlig falsche Einstellung, wenn man annimmt, die fortgeschrittenen Gesellschaften der Zukunft würden »Informationsgesellschaften« in dem Sinne sein, daß die Nutzung von Information an die Stelle des Konsums von Gütern und Energie treten wird. Unsere Zeit, unsere Kapazität wie auch unser Bedürfnis, Informationen zu absorbieren, sind zu begrenzt, um noch sehr viel mehr an Informationen zu verdauen, als das schon heute der Fall ist.

Natürlich werden der Grad an Spezialisierung und die Mannigfaltigkeit im Informationsangebot weiter zunehmen; man wird noch leichteren Zugang zu Informationen haben, wie es auch größere Möglichkeiten für den einzelnen geben wird, aktiv am Informationsaustausch teilzunehmen. Es wird aber wesentlich vom Bildungsgrad der Massen und damit von der Qualität ihrer Ausbildung abhängen, ob viele den möglichen Nutzen aus der Informationstechnologie werden ziehen können.

Der Ausdruck »Informationsgesellschaft« hat offenbar seinen Ursprung in der Erwartung, daß wegen der zukünftigen Entwicklung der Informationstechnologie die Menschen einen zunehmend leichteren und schnelleren Zugang zu Informationen mannigfaltigster

Art haben werden. Daher würden dann auch immer mehr Menschen mit der Herstellung, Verarbeitung und Verbreitung von Informationen beschäftigt sein. Als Folge davon würden dann aber auch – und das sehen wir ja schon heute – immer mehr Menschen in zunehmendem Maße ihre Handlungen auf der Grundlage von Informationen aus zweiter und dritter Hand ausrichten und sich immer weniger von selbstgewonnener, persönlicher Erfahrung leiten lassen. Sie würden daher auf der Basis von Informationen tätig sein, deren Wert und Gültigkeit sie weder überprüfen noch selbst abschätzen können. Im Prinzip gilt dies natürlich auch für alle, die ihr Wissen aus Büchern schöpfen. Aber der schnelle und leichte Zugriff auf die elektronischen Medien vermag die eigene Neugier fast augenblicklich durch müheloses Anzapfen nationaler und internationaler Datenbanken mit nur geringem geistigen Aufwand auf kostengünstige Weise zu befriedigen.

Während das Volumen der vermittelten Information rasch anwächst, nimmt die mit Aufmerksamkeit aufgenommene Informationsmenge nur langsam zu. Es wird behauptet (32), daß die ausgestrahlte Gesamtmenge an Informationen jene Menge, welcher mit Aufmerksamkeit begegnet wird, schon heute um den Faktor drei übertrifft. In einer mit Information überfluteten Gesellschaft werden viele Menschen nicht in der Lage sein, die wirkliche Bedeutung der sie erreichenden Information richtig zu beurteilen, weil der Empfänger für die Interpretation einer informativen Botschaft – in der Regel – nur auf den intellektuellen und emotionalen Speicher in seinem Gehirn sowie auf dessen integrative und interpretative Fähigkeit zurückgreifen kann.

In einem Zeitalter, in dem uns Tausende universal zugänglicher Informationsquellen zur Verfügung stehen, kann es kein wesentliches Anliegen mehr sein, die Menschen, junge wie alte, mit Tatsachenwissen vollzupfropfen, das vielleicht ohnehin in wenigen Jahren überholt ist; sie sollten vielmehr in der Ausbildung die Fähigkeit erwerben, Wissen zu bewerten und es in der Welt, in der sie leben, auch anzuwenden. Die Lehrmethoden in unseren Schulen und Universitäten sind bisher auch in folgender Hinsicht höchst unzulänglich: Erstens werden die Schüler und Studenten durch ihre Ausbildung in gegeneinander dicht abgeschotteten monodisziplinären Fächern geradezu entfremdet von der komplexen systemaren Realität ihrer natürlichen und sozialen Umwelt; zweitens werden antizipatorisches und partizipatorisches Lernen nicht geübt, obwohl auf zukunftsbewußtes Denken in unserer sich schnell wandelnden Zeit ebensowenig verzichtet werden kann wie auf das Einüben kooperativer Teamarbeit zur Bewältigung des nationalen und globalen Problemgeflechts, das heißt der »Problematik« unserer Welt (6) (11).

Da die allgemeine Schulbildung und die berufliche Ausbildung die wichtigsten Grundlagen auch in den Entwicklungsländern für deren erfolgreiche Nutzung des zukünftigen Technologietransfers sein werden, sollten die führenden Industrieländer auch darin vorangehen, ihr eigenes Schulsystem nicht nur, wie zumeist bisher, organisatorisch umzugestalten, sondern auch die Ausbildung *inhaltlich* so zu reformieren, daß sie zumindest von den obengenannten Mängeln befreit wird. Das hat nur wenig mit der Einführung von Computern in den Unterricht – so nützlich und wichtig das auch sein mag – zu tun, sondern sehr viel mehr mit der Notwendigkeit, den jungen Menschen ein wirklichkeitsnahes Bild der systemaren Zusammenhänge zu vermitteln, die unablässig die Interdependenzen in unserer Welt in allen Beziehungen verstärken. Über die Wahrnehmung dieser Vorbildfunktion hinaus könnten die Industrieländer eine große Hilfe für die Entwicklungsländer dadurch leisten, daß sie ihnen beim Aufbau von Datenbanken helfen, die ihren Bedürfnissen nach Information entsprechen.

Die modernen Technologien werden durch ihren wirtschaftlichen Einfluß in dem Maße, wie dieser in den Ländern des heutigen industriellen Zentrums wirksam wird, einen profunden Strukturwandel herbeiführen. Zur Bewältigung der Folgen dieses Strukturwandels wird wohl auch ein grundlegender Wandel in den – im vorigen Kapitel erörterten – Schlüsselkomponenten der in den verschiedenen Teilen der Welt vorherrschenden und so unterschiedlichen Gesellschaftsordnungen notwendig werden. Dies wird nicht nur auf nationaler Ebene stattfinden, sondern auch die internationalen und interregionalen Beziehungen betreffen. Ich habe kaum Zweifel daran, daß die führenden Industrienationen die meisten ihrer gegen-

wärtigen Probleme und die in den kommenden schwierigen Über-
gangsjahrzehnten zu erwartenden überwinden werden, vorausgesetzt, der Friede bleibt gewahrt. Mit den gesellschaftlichen Instabili-
täten, die heute selbst in den wohlhabenden Gesellschaften festzustellen sind und ihre Ursache unter anderem in der Massenarbeitslo-
sigkeit, in mangelnder sozialer Gerechtigkeit, häufig auch im höchst
antidemokratischen Verhalten radikaler Minderheiten haben, wird
die jeweils geforderte Führungsschicht aber nur dann klug umgehen
können, wenn sie die tieferen Gründe für deren Auftreten begreift
oder zumindest erahnt. Sie muß sich auch darüber im klaren sein,
daß der technische Fortschritt als eine der wirkungsvollsten Triebkräfte für den gesellschaftlichen Wandel hierbei eine entscheidend
wichtige Rolle spielt.

Gangbare Wege für die Dritte Welt

Während die führenden Industrieländer ihre technischen und gesellschaftlichen Strukturen neu gestalten und sich dabei bemühen, die
ihnen innewohnenden Kräfte neu zu beleben und zu verjüngen,
indem sie eine neue Qualität wirtschaftlichen Wachstums (Mehr
unter Einsatz von Weniger!) suchen, scheint der von den Ländern
der Dritten Welt verfolgte evolutionäre Weg ein radikal anderer zu
sein: Da ihre schwachen wirtschaftlichen Kräfte – natürlich gibt es
da gewaltige Unterschiede zwischen den Entwicklungsländern –
noch immer kaum zur Befriedigung der Grundbedürfnisse ihrer
schnell wachsenden Bevölkerungen ausreichen, setzen diese Länder
gezwungenermaßen ihre Anstrengungen für *quantitatives* Wachstum fort. Auf diesem Wege wollen sie neue Arbeitsplätze schaffen
(bis zum Jahr 2000 vielleicht eine Milliarde, wenn Arbeitslosigkeit
und Unterbeschäftigung beseitigt werden sollen), den Lebensstandard ihrer Bürger auf ein akzeptables Niveau heben, ihnen immer
besseren Zugang eröffnen zu Nahrung, Gütern und Dienstleistungen, zu Energie und sauberem Wasser, zu besseren Verkehrsmög-
lichkeiten und so weiter. Dieses quantitative Wachstum wird von
zunehmender Urbanisierung begleitet sein (die Städte wachsen

zweimal so schnell wie die Bevölkerung im allgemeinen und die Slums zweimal so schnell wie die Städte). Dabei werden – zumindest anfänglich – noch größere soziale Ungleichheiten auftreten, ebenso wie sich in verstärktem Maße ein duales Wirtschaftssystem ausbilden wird, mit der Folge, daß die wirtschaftliche Entwicklung der städtischen Bevölkerung jener der Landbevölkerung immer weiter vorauseilt und damit auch Umweltbelastung und radikale Ausbeutung natürlicher Ressourcen schneller anwachsen.

Diese Divergenzen in den Entwicklungslinien von Nord und Süd müssen, sofern man die Dinge weiterhin so treiben läßt, zu einer ständig sich verbreiternden und vertiefenden Kluft führen: zwischen den wohlhabenden Ländern und denen der Dritten Welt sowie – dies ist kurzfristig politisch wohl noch gefährlicher – innerhalb der Länder der Dritten Welt selbst zwischen den wenigen reichen und den Millionen verarmter Menschen. Die neuen Technologien – an sich durchaus imstande, dieses Ungleichgewicht zu korrigieren – würden dann das genaue Gegenteil bewirken: Die Teilung der Welt in Wohlhabende und Habenichtse würde sich weiter vertiefen.

Obwohl die Unterschiede zwischen den Ländern der Dritten Welt enorm sind – vor allem die zwischen den Ländern, welche heute der industriellen Peripherie zugerechnet werden, und den rund hundert Staaten, die ganz am Anfang der Industrialisierung stehen und denen es auf nicht absehbare Zeit noch äußerst schwerfallen wird, die Grundbedürfnisse ihrer sich rasch vermehrenden Bevölkerungen zu befriedigen –, gibt es eine Reihe von ihnen allen gemeinsamen Aspekten, welche die führenden Industrienationen im Rahmen des Technologietransfers im Auge behalten sollten:

– Veraltete, überholte und deshalb in den Industrieländern ausgemusterte Technologien dürften in den Staaten der Dritten Welt, auch bei den industriell noch ganz rückständigen, auf empörte Ablehnung stoßen, wollte man sie ihnen anbieten; denn die Entwicklungsländer würden darin den Versuch der Reichen erblicken, ihre heutige Rückständigkeit zu verewigen und damit auch deren weitere Konkurrenzunfähigkeit zu besiegeln, die trotz erheblich niedrigerer Löhne und anderer vergleichbarer Vorteile besteht.

– Der Technologietransfer muß in jedem Einzelfall die menschlichen und materiellen Ressourcen des Entwicklungspartners in der Dritten Welt beachten, ebenso wie seine traditionellen Industriezweige, seine kulturellen Verhältnisse und weitere gesellschaftliche Gegebenheiten. Technologietransfer kann nicht »von der Stange« erfolgen.

– Es gibt kein unerschütterliches Gesetz, dem zufolge für die Entwicklungsländer Sprüche gelten wie »klein ist schön« und »groß ist häßlich« oder solche, die das Gegenteil behaupten. Großen Projekten muß jedoch mit weit größerer Vorsicht begegnet werden. Hier ist sehr viel mehr sorgfältig erarbeitete Vorausschau auf möglicherweise negative kulturelle, soziale, wirtschaftliche und umweltbedrohende Nebenwirkungen vonnöten als bei kleinen Entwicklungsvorhaben. Die Geschichte vieler der großen nach dem Zweiten Weltkrieg gebauten Staudämme liefert warnende Beispiele für die gewaltigen Risiken (soziale, wirtschaftliche und ökologische), die mit großen Projekten einhergehen (33).

– In allen Staaten der Dritten Welt – übrigens auch in den führenden Industrienationen – sind viele der modernen Hochtechnologien wahrscheinlich von beträchtlicher Relevanz für den überall stattfindenden Entwicklungsprozeß. Das gilt für die Informationstechnologie, für die Bio- und Gentechnologie, für die Photovoltaik und die thermischen Solartechniken, für die medizinische Diagnostik wie für die modernen Methoden der Qualitätskontrolle und schließlich auch für die große Gruppe der Verfahrenstechniken, die geeignet sind, »alte« Technologien zu verjüngen, indem sie diesen »aufgepfropft« werden. Mit diesem Aufpfropfen können die in den arbeitenden Bevölkerungskreisen vorhandenen Fähigkeiten am Leben erhalten werden, wenn es dadurch gelingt, ihre Produktivität zu erhöhen und so den Lebenszyklus traditioneller Wirtschaftssektoren zu verlängern. Damit dürfte es dann auch möglich sein, den Entwicklungsprozeß in Harmonie mit den vorherrschenden soziokulturellen Werten zu gestalten.

Zur Integration von neuen und alten Technologien

Da die zuletzt erwähnte integrative Anwendung von neuen und traditionellen Technologien für alle Länder – die industriellen Länder auf ihrem Weg in die »nach-industrielle« Gesellschaft eingeschlossen – von besonderer Bedeutung ist, mögen einige zusätzliche Bemerkungen hierzu von Nutzen sein. Für die Entwicklungsländer sollte das »Aufpfropfen« oder »Beimischen« moderner Technologien zur Verjüngung traditioneller Technik möglichst im Rahmen einer holistischen Strategie stattfinden, die soziale, ökonomische, wissenschaftlich-technische und auch politische Gesichtspunkte zu verarbeiten hätte, um die Wirkung dieser Welle neuer Technologien erfolgreich »verdauen« zu können. Unter den heutigen Verhältnissen ist die Fähigkeit der Entwicklungsländer, aus diesen neuen Technologien, insbesondere der Mikroelektronik und der modernen Biotechnologie, Nutzen zu ziehen, begrenzt, da ihre technische und wissenschaftliche Intelligenz in der Regel bei deren Forschungs- und Entwicklungsprozeß nicht aktiv mitwirkt, denn er findet praktisch allein in den Vereinigten Staaten von Amerika, in Japan und Westeuropa statt. Wie U. Colombo und andere (31) (34) wiederholt zum Ausdruck gebracht haben, ist es zunächst einmal notwendig, den Umgang mit diesen Technologien zu erlernen und mit ihnen Erfahrung zu gewinnen, um sie dann schließlich zu beherrschen und kontrolliert einzusetzen. Eine weitere wesentliche Voraussetzung für die oben beschriebene Nutzung moderner Technologien ist das Vorhandensein einer gut ausgebildeten und geistig aufgeschlossenen Facharbeiterschaft sowie von Ingenieuren und Technikern, die in der Lage sind, einfallsreich die neuen Technologien mit ihren hochentwickelten komplizierten technischen Geräten und Apparaten für die gewünschten besonderen Anforderungen aufzubereiten; dazu gehören ferner ausreichende Geldmittel, um die Erprobung und Verbreitung solch neuer Technologien und Prozesse finanzieren zu können. Es überrascht daher nicht, daß bisher die Erfolge der beschriebenen integrativen Anwendungen unbefriedigend waren, mit der bemerkenswerten Ausnahme von China. Für die Verbreitung der modernen Technologien in der Dritten Welt ist stets eine ganz erhebliche Anpassungsarbeit nicht nur im technischen Bereich, sondern auch in gesellschaftlicher Hinsicht zu leisten. Darüber hinaus wird sie erhebliche Investitionen im Bildungswesen, in der technischen Infrastruktur und so weiter und damit einen außerordentlichen Zufluß finanzieller Mittel erfordern, die nur die gegenwärtig führenden Industrieländer bereitstellen können. Aber solange diese fortfahren, Jahr für Jahr ungeheure Mittel für die Rüstung und andere militärische Ausgaben (zwischen 5 und 10 Prozent des Welt-BSPs) zu verschwenden, und solange die Einfuhr von Industrieerzeugnissen in die Länder der Dritten Welt in viel zu hohem Maße aus Waffen besteht, werden die finanziellen Anforderungen der oben geschilderten Aufbauarbeit – auch wenn sie weit geringer als die für militärische Zwecke gegenwärtig ausgegebenen sind – nicht erfüllt werden.

Biotechnologie:
eine Chance für die Menschen in den Dörfern und Kleinstädten der Dritten Welt

»Indien, wie die meisten anderen Entwicklungsländer, erlebt ein stürmisches Wachstum seiner Städte, die geradezu als Flüchtlingslager für die landlosen, am Rande der Existenz lebenden Bevölkerungsmassen dienen, welche aus den ländlichen Räumen verdrängt werden, wie auch für solche, die glauben, in den Städten ihr ›Glück‹ zu finden. In der Regel laufen all diese Menschen vor etwas davon, und so gehen sie nicht zielbewußt auf etwas Neues zu. Die normalerweise Schritt für Schritt durchlaufenen Stadien der Bevölkerungswanderung – von kleinen zu größeren Dörfern, dann zu Marktflekken, zu Kreisstädten, schließlich zur Hauptstadt und danach zuweilen zur regionalen Metropole – hat der Gewohnheit Platz gemacht, ohne Zwischenstufe vom entferntesten Dorf gleich in die Slums der riesigen Großstädte zu ziehen. Eine leistungsfähige Stadtverwaltung wird unter diesen Umständen unmöglich; die Städte werden einfach nicht mehr fertig mit dem Wohnungsproblem, mit einer ordentlichen Versorgung mit städtischen Dienstleistungen, mit der Schaffung von ausreichenden Arbeitsplätzen sowie mit dem Anstieg der Verbrechen« (35).

In den meisten lateinamerikanischen Staaten ist der Wanderungsprozeß sogar noch gravierender als in Indien. Dort schwoll die Stadtbevölkerung in den vergangenen zwei Jahrzehnten vielfach schon auf siebzig Prozent der Gesamtbevölkerung an. In den meisten Fällen ist hierfür eine soziale Marginalisierung verantwortlich, die den Lebensstandard von immer mehr Millionen von Menschen tief unter das Existenzminimum drückt und für die es in der Geschichte keine Parallele gibt. Weil gleichzeitig eine »Revolution der wachsenden Erwartungen« im Werden ist, welche durch die jeden einzelnen erreichende Nachrichtenflut ständig weiter angefacht wird, stellt Lateinamerika insofern einen politisch besonders gefährlichen Fall dar (36).

Verstädterung ist an sich kein Übel. Mehr noch, es ist wichtig, daß die ländlichen Räume urbanisiert werden, wie dies im 19. Jahrhundert in Westeuropa geschah, denn die zunehmende landwirtschaftliche Produktivität verlangt, daß der ausschließlich von der Landwirtschaft abhängige Bevölkerungsanteil, der weltweit im Schnitt noch etwa 60 bis 70 Prozent beträgt, reduziert wird. Aber hierfür muß die scharfe Trennung von Stadt und Land überwunden werden, und zwar durch den Aufbau einer raumordnenden Struktur, deren Rückgrat aus Tausenden von im ländlichen Raum angesiedelten Marktflecken und kleinen Städten besteht. Auf diese Weise lassen sich die Arbeitsplätze dort schaffen, wo die nach bezahlter Arbeit suchenden Menschen wohnen, und kann die Infrastruktur aufgebaut werden, die zur Erhaltung solcher Arbeitsplätze benötigt wird. Wirtschaftswachstum in den ländlichen Räumen erfordert die Entwicklung von Dienstleistungszentren, also von kleinen und mittleren Städten, die den größten Teil der Land-Stadt-Wanderung aufnehmen und den Menschen Einkommen und wirtschaftliche Aufstiegsmöglichkeiten zusammen mit einer attraktiven Lebensqualität bieten können (35).

Hier stehen wir vor einem Problem, das alle Länder der Dritten Welt betrifft, auch die Staaten der heutigen industriellen Peripherie.

Ein vielversprechender Weg zur Lösung dieses Problemkomplexes besteht wohl darin, auf der Basis einer zuverlässigen Technologie, die von der ländlichen Bevölkerung erfolgreich gemeistert werden kann, eine Kombination von Landwirtschaft und Industrie zu entwickeln, welche für den Aufbau der dazugehörigen Infrastruktur nur verhältnismäßig geringe finanzielle Mittel erfordern würde. Für diesen Zweck dürfte die Biotechnologie in ihren weitverzweigten verschiedenen Ausprägungen die am besten geeignete Technologie sein.

Seit Beginn der Zivilisation hat die Menschheit biotechnologische Methoden verwendet, und so haben sich fast überall in der Welt unzählige Generationen auf traditionelle Biotechnologien gestützt, um ihre Grundbedürfnisse für menschliche und tierische Nahrung, Kleidung und Behausung sowie ihren Bedarf an Düngungs- und Brennmaterial zu befriedigen. Diese Technologien – heute als wesentliche Bestandteile der Kulturen und Traditionen zu bezeichnen – haben jedoch über Jahrhunderte, ja Jahrtausende kaum irgendeinen Wandel erfahren; zumindest wurden hier keine ausreichenden Fortschritte gemacht, um den Bedürfnissen der an Zahl so schnell zunehmenden Menschen gerecht werden zu können. Im Blick auf die kulturelle Bedeutung der traditionellen Biotechnologie und die leistungsfähige Vielseitigkeit und Anpassungsfähigkeit der modernen Biotechnologien ist es offenbar der Mühe wert, die alten und die neuen Verfahrenstechniken so zu integrieren, daß die alten Technologien mit all ihren Kenntnissen und Fertigkeiten zwar weiterbestehen, aber in ihrer Produktivität und Wettbewerbsfähigkeit beträchtlich gesteigert werden, und daß die in ihnen gespeicherte kulturelle Substanz nicht verlorengeht (37).

Traditionelle Herstellungsmethoden mit Hilfe moderner Technik zu verbessern, ist nicht neu. Die Japaner zum Beispiel waren sehr erfolgreich im Einsatz moderner Fermentationstechnik zur Erhöhung der Leistungsfähigkeit althergebrachter Methoden auf diesem Gebiet. Heute ist mit Hilfe geeigneterer Mikroorganismen auch kontinuierliche Fermentierung möglich geworden. Da traditionelle Gärungsprozesse ein integraler Bestandteil der Lebenskultur vieler Gesellschaften in der Dritten Welt sind, scheint hier ein guter Ansatzpunkt gegeben zu sein, neue mikrobiologische Techniken zur Verbesserung herkömmlicher Gärungsprozesse zu verwenden. Natürlich lassen sich diese Methoden auch weit über die Nahrungsmittelaufbereitung hinaus anwenden, etwa für die Herstellung von Pharmaka und Industriechemikalien, für die Erzeugung von Energie (zum Beispiel Biogas) wie auch für Verfahrensprozesse bei der Aufschließung von Mineralien. Außerdem sind sie nicht kapitalintensiv, erfordern wenig Energiezufuhr und scheinen deshalb für Entwicklungsländer ideal geeignet zu sein.

Es ist daher zu beklagen, daß die Bemühungen zur Verbesserung traditioneller Biotechnologien in vielen Ländern bisher bruchstückhaft und halbherzig geblieben sind. Viele in den Städten der Dritten Welt tätigen Wissenschaftler und Ingenieure besitzen, wie es scheint, noch gar keinen Überblick über die in ihren ländlichen Bezirken praktizierten Biotechnologien. Zumindest war dies einer der Eindrücke, die wir 1986 auf der Konferenz des Club of Rome in Jaunde, der Hauptstadt von Kamerun, gewonnen haben. Und so kommt man an der Feststellung zunehmender Unterernährung der Bevölkerungen selbst in Ländern mit fruchtbaren Böden und klimatisch günstigen Bedingungen nicht vorbei. Die Einfuhr von Nahrungsmitteln und anderen ausländischen biologischen Erzeugnissen hat weit über die Zahlungsfähigkeit der meisten armen Staaten hinaus unnötigerweise zugenommen. Da auf dem Weltmarkt die Preise für ihre eigenen traditionellen landwirtschaftlichen Exportgüter ständig gesunken sind, lohnt es sich kaum, diese Art des Handels weiterhin zu betreiben. Und so wachsen Devisenmangel und Auslandsschuldenlast, während Arbeitslosigkeit sich weiter ausbreitet. Der beklagenswerte Zustand der Biotechnologie in vielen armen Ländern führt auch dazu, daß wertvolle Biomasse zu einem zentralen Abfallbeseitigungsproblem geworden ist. Das küstennahe Meer, die Seen, Flüsse und Teiche, die alle zur Erzeugung von Nahrungsmitteln und anderen wichtigen Rohstoffen herangezogen werden könnten, verdrecken unter der Last organischer Abfälle oder werden, wo die Gewässer noch »gesund« sind, durch schädliche Fischfangpraktiken und sonstigen ungeeigneten Umgang mit diesen Wasserressourcen bis zur Erschöpfung ausgebeutet. Andere erneuerbare

Ressourcen fallen wegen der Armut und mangels ausreichender bio-
technologischer Kenntnisse entweder einem hemmungslosen Raub-
bau zum Opfer, so zum Beispiel durch radikale Rodung der Wälder
ohne nachfolgende Wiederaufforstung, oder bleiben – im anderen
Extrem – ungenutzt.

In vielen unterentwickelten Ländern scheint eine Verbesserung der
Lage der Biotechnologie in weiter Ferne zu liegen, wenn man bedenkt, daß hier auch in der beruflichen Ausbildung, die sich zu sehr
auf »klassische« industrielle Berufe wie Automechaniker und Elek-
triker konzentriert, fast nichts getan wird, um gewisse Grundkennt-
nisse auf den Gebieten der Mikrobiologie, der Gärungstechnik, der
Elektronik und in anderen, verwandten Wissensbereichen zu vermitteln. In der Tat werden die wenigen Techniker und Ingenieure in
diesen Ländern auf Gebieten ausgebildet, die in den führenden Industrieländern im Begriff stehen, durch die Entwicklung moderner
Technik völlig überholt zu werden (37).

Hier bleibt viel zu tun. Denn die eigentliche Arbeit zur Modernisierung traditioneller Technologien muß »vor Ort« geleistet werden,
auch wenn regionale Kooperation und internationale Unterstützung weiter vonnöten sein werden. In einer Situation, in welcher
das Überleben der armen Länder auf dem Spiel steht, darf von
seiten der Industrieländer, welche gegenwärtig allein in der modernen Biotechnologie über ausreichende Kompetenz verfügen, auch
nicht mehr die bisherige Zurückhaltung in der Vermittlung wissenschaftlicher und technischer Informationen geübt werden. Doch
auch anderer Gefahren muß man sich bewußt sein, insbesondere
der Gefahr, daß die traditionellen Biotechnologien und ihre Erzeugnisse verdrängt werden durch aus dem Ausland fertig importierte
moderne Verfahren und mit ihnen hergestellte Produkte, ohne daß
auf diejenigen Rücksicht genommen wird, die in ihrer Beschäfti-
gung und in ihrem Lebensunterhalt vom Florieren des traditionellen
Sektors abhängen. Diese Gefahr ist um so größer, je weiter »fortgeschritten« ein Land der Dritten Welt ist. Deshalb sollten diejenigen,
welche grundsätzlich und ehrlich bereit sind, Ländern in der Dritten
Welt bei der Erhöhung ihrer biotechnologischen Produktivität zu
helfen, sich dringend umfassende Kenntnisse vom Stand der tradi-

tionellen in den ländlichen Gebieten praktizierten Techniken aneig-
nen, deren Produktivität es zu verbessern gilt, um somit auch die
Verdienstmöglichkeiten der einheimischen Werktätigen zu erhöhen.
Auf der Jaunde-Konferenz wurde deutlich, daß dies auch auf die
Bewahrung eines Konsumverhaltens zutrifft, das traditionelle Erzeugnisse bevorzugt, anstatt knappe harte Devisen für die Einfuhr
von Produkten, wie zum Beispiel Coca-Cola, auszugeben, eines
Verhaltens, das auch dem Entstehen eines zweigeteilten Lebensstandards entgegenwirken könnte – niedriger auf dem Lande, höher in
den Städten –, durch den die Landflucht begünstigt und beschleu-
nigt wird.

Es ist wahrhaftig im Interesse aller, der Armen und Reichen gleichermaßen, den Prozeß der Urbanisierung in der Dritten Welt
durch die Stärkung kleinerer Städte und die Erhöhung der Attrakti-
vität des ländlichen Lebens in ruhigere Bahnen zu lenken, indem mit
der Anwendung geeigneter Technologien, unter denen die moderne
Biotechnologie eine Hauptrolle spielen wird, neue, einkommensver-
bessernde Arbeitsplätze geschaffen werden und die Aussicht gefördert wird, gesunde ökologische Verhältnisse wiederherzustellen
oder zu erhalten.

Zur Notwendigkeit der Industrialisierung

Allerdings besteht nur wenig Hoffnung, daß diese Entwicklungs-
prozesse die schrecklichen sozialen Mißstände zu korrigieren vermögen, welche die Landflucht der vergangenen Jahrzehnte über die
riesigen Städte der Dritten Welt gebracht hat. Man muß sogar be-
fürchten, daß zu Beginn des kommenden Jahrhunderts die schlimmste Armut in Lateinamerika und im karibischen Raum zu 90 Prozent in den Vorstädten und zerrütteten alten Stadtkernen konzentriert sein wird, während in Afrika und Asien die Städte wohl »nur«
40 bis 50 Prozent der allerärmsten Bevölkerung beherbergen werden. Demographische Vorausberechnungen lassen erkennen: Innerhalb der letzten zwanzig Jahre dieses Jahrhunderts werden die in
Millionenstädten lebenden Menschen in der Dritten Welt sich auf

eine Milliarde verdreifachen, und die Zahl dieser Städte wird von heute wenig mehr als hundert auf nahezu dreihundert zunehmen (36). Zum Vergleich sei erwähnt, daß es in einem so dicht bevölkerten und durch und durch urbanisierten Land wie der Bundesrepublik Deutschland nur drei Städte mit über einer Million Einwohnern gibt.

Angesichts dieses Phänomens, das die meisten Staaten der Dritten Welt lawinenartig überrollt, wird Industrialisierung zu einer unausweichlichen Notwendigkeit. Natürlich gibt es hierfür kein Einheitsrezept, das für alle Entwicklungsländer gültig sein könnte. Danach zu suchen, sollte man gar nicht erst beginnen. Natürlich wird die Industrialisierung den Einsatz praktisch aller Zweige konventioneller Techniken wie auch der modernen Hochtechnologie erfordern. Dies im einzelnen darzulegen, überschreitet meine Kompetenz und würde auch zuviel Raum in diesem Bericht beanspruchen. Als Denkanstoß sollen hier nur einige Bemerkungen zum Nutzen der Biotechnologie und der Mikroelektronik für die weitere Industrialisierung der Städte in der Dritten Welt gemacht werden.

Die Biotechnologie in allen ihren Ausprägungen, einschließlich der Gentechnologie, könnte auch für die Entwicklung der Städte, ähnlich wie für die Entwicklung der ländlichen Gebiete, ein mächtiger Hebel sein. Bei geeigneter Unterstützung durch die Industrienationen haben die Entwicklungsländer eine gute Chance zur Überbrückung der heutigen tiefen Kluft, die in der Herstellung biochemischer, pharmazeutischer und chemischer Produkte unübersehbar ist, soweit sie die Beherrschung der wissenschaftlichen Grundlagen in organischer Chemie, Mikrobiologie und Gentechnologie voraussetzt. Im Gegensatz zu den traditionellen Biotechnologien unterliegen ihre modernen Zweige allerdings einem schnellen Wandel; aber wer überzeugt ist, daß das wirkliche Wesen des Entwicklungsprozesses in der Fähigkeit zu lernen besteht (38), wird dennoch auf die Biotechnologie setzen. Hier sind die Chancen für »learning by doing« in kleinen und einfach zu erstellenden Produktionseinheiten, die häufig auch Heimarbeit gestatten, ausgesprochen gut; und damit besteht durchaus die Möglichkeit, schrittweise von der Einfuhr ausländischer Technologien unabhängig zu werden.

Auch in der chemischen Industrie der führenden Industrieländer läßt sich der Trend feststellen, chemische Verfahrenstechniken zu entwickeln, die mit weit geringeren Drücken und Temperaturen und mit weniger Energieeinsatz als bisher auskommen sowie mehr und mehr die erneuerbaren Rohstoffe benutzen. Jedenfalls wird eine allmähliche Verschiebung von auf der Basis von Erdöl gewonnenen Polymeren zu alternativen chemischen Rohstoffen stattfinden. In noch stärkerem Maße ist ein Übergang zu keramischen Werkstoffen zu erwarten, deren Herstellung auf den am meisten in der Erdkruste vorhandenen Elementen beruht: Silizium, Aluminium, Sauerstoff, Eisen, Magnesium, Calcium und so weiter (39). Hier könnte auf dem Gebiet der Forschung und Entwicklung eine enge Zusammenarbeit zwischen Nord und Süd höchst fruchtbar sein.

Mit Hilfe der Mikroelektronik ließen sich weite Gebiete von Erzeugnissen, Herstellungsprozessen und Dienstleistungen weiter verbessern, ja vielfach neu erschließen. Mikroelektronik ist jedoch eine höchst komplizierte und informationsintensive Technologie, deren nutzbringender Einsatz – obwohl ihre Produkte, zum Beispiel die Chips, bisher immer billiger geworden sind – teures Zubehör, wie Sensoren, periphere Geräte und Apparate, sowie aufwendige Software erfordert. Nur wenn die Partner aus den Industrienationen großzügig und fair mit den Entwicklungsländern zusammenarbeiten, können diese mit einem Technologietransfer rechnen, der ihre wirtschaftliche Abhängigkeit nicht noch verstärkt.

Natürlich ist die Situation für die Staaten der gegenwärtigen industriellen Peripherie eine andere, und dies nicht nur für die Riesen unter ihnen wie China, Indien und Brasilien, sondern auch für eine ganze Reihe kleinerer asiatischer Staaten, die über ein erhebliches Reservoir von Ingenieuren und Wissenschaftlern verfügen und so in der Lage sind, nach anfänglicher Unterstützung ihre eigene mikroelektronische Kapazität in Hard- und Software aufzubauen. Sie können sogar für den »Norden« willkommene Partner in der Entwicklung arbeitsintensiver Software werden. Indien zum Beispiel verfügt über das drittgrößte Reservoir von wissenschaftlichem und technischem Personal nach den Vereinigten Staaten von Amerika und der Sowjetunion, könnte jedoch in Kürze von China überflügelt werden, wo in den vergangenen zehn Jahren ganz erhebliche Anstrengungen unternommen worden sind, die Ausbildung in den Natur- und Ingenieurwissenschaften zu modernisieren sowie Gemeinschaftsunternehmen und andere Arten der Kooperation mit ausländischen Partnern aus den führenden Industrieländern zu entwickeln. Seitdem im »Westen« klargeworden ist, daß China seinen eigenen politischen Kurs, unabhängig von der Sowjetunion, bestimmen wird, und seit es die Bereitschaft demonstriert hat, seinen Außenhandel weiter zu liberalisieren, haben sich westliche Industrieländer bereit gefunden, ihr wissenschaftliches und technisches »Know-how« ihren chinesischen Partnern immer großzügiger mitzuteilen. Ich konnte jedoch unter den vielen chinesischen Wissenschaftlern und Ingenieuren, mit denen ich in der ersten Hälfte der achtziger Jahre zusammengearbeitet habe, die Tendenz bemerken, sich lieber mit westlichen Wissenschaftlern auf internationalen Konferenzen im edlen wissenschaftlichen Wettstreit messen zu wollen, als sich Arbeiten zuzuwenden, die für die industrielle Entwicklung Chinas von größerer Relevanz wären. Eine ähnliche Situation scheint in Indien vorzuliegen, wo einheimische Kenner eine zu große Betonung von »big science« kritisiert haben und analog hierzu das weitgehende Fehlen von Bereitschaft, sich wissenschaftlichen und technischen Aufgaben zu widmen, die für die riesige Bevölkerung Indiens von größerer Bedeutung wären (35).

Vorsicht vor zuviel Vorsicht!

Es ist für die Entwicklungsländer wichtig, sich darüber im klaren zu sein, daß der technische Fortschritt unserer Tage Eingang in den überwiegenden Teil ihrer industriellen Produktion finden muß, wollen sie nicht weiter zurückfallen. Eine gewaltige gemeinsame Anstrengung von Nord und Süd wird vonnöten sein, damit die neuen Technologien nicht durch einseitige Ansiedlung im Norden dazu beitragen, das Nord-Süd-Gefälle zu vergrößern, und nicht nur dies, sondern auch die politischen, sozialen und wirtschaftlichen

Spannungen innerhalb der Entwicklungsländer selbst zu verstärken, wo furchtbares Elend der Millionen Armer Seite an Seite mit dem luxuriösen Lebensstil der wenigen Reichen existiert.

Man könnte andererseits versucht sein, in den modernen Technologien die historisch einmalige Gelegenheit für die Entwicklungsländer zu sehen, alle Zwischenphasen der Industrialisierung zu überspringen, um mit einem einzigen gewaltigen Schritt in das moderne Zeitalter einzutreten. Dieser Ansatz des »Großen Sprungs«, so überzeugend er scheinen mag, ist mit Sicherheit unrealistisch und unausführbar, ausgenommen hinsichtlich gewisser Biotechnologien und Anwendungen der Mikroelektronik im kleinen Maßstab. Dennoch besteht eine enge Beziehung zwischen dieser Zukunftsvision und der realistischeren Idee, auf der die oben erörterte Integration, die »Mischung« von neuen und alten Technologien fußt. Bei der meines Erachtens utopischen Perspektive des »Großen Sprungs« überwiegt der technische Aspekt den der wahren Natur des Entwicklungsprozesses, während der »Mischungsansatz« in größerer Harmonie mit den menschlichen und materiellen Ressourcen der Entwicklungsländer zu stehen scheint und damit deren soziale und wirtschaftliche Entwicklung auf breiter Front beflügeln könnte (40). Aber auch hier wird von vielen Seiten, insbesondere von Politologen und anderen Sozialwissenschaftlern in der Dritten Welt wie auch im Norden, Vorsicht anempfohlen, indem sie auf das häufige Scheitern dieses Ansatzes in der Vergangenheit hinweisen. Sie stellen mit Recht fest, daß Unterentwicklung das Ergebnis von vielen auf komplexe Weise miteinander verknüpften Faktoren sei und daß die Technik zur Lösung der Probleme der Unterentwicklung nur dann beitragen könne, wenn zunächst eine Vielzahl politischer, wirtschaftlicher und sozialer Voraussetzungen erfüllt sind. Deshalb müsse der Prozeß technologischer Erneuerung in den Entwicklungsländern in sorgfältig geplanten Stufenschritten erfolgen, um erfolgreich zu verlaufen (34).

Ich fürchte jedoch, daß eine solche Vorgehensweise eine Technologie-Politik zeitigen könnte, die sich verzögernd auf die technische Entwicklung auswirken und den Mut zum Risiko, ohne den es keine wahre unternehmerische Tätigkeit geben kann, außerordentlich schwächen würde. Natürlich müssen sich innovative Unternehmer der gesellschaftlichen und finanziellen wie der technischen Risiken bewußt sein. Aber zu glauben, alle Risiken und alle möglicherweise schädlichen Nebenwirkungen könnten durch sorgfältige Planung ausgeräumt werden, ist nicht nur unrealistisch, sondern dadurch würden in der Durchführung der Innovationen auch völlig unnötige administrative Hemmnisse geschaffen, die den Entwicklungsprozeß in unerträglicher Weise verlangsamen oder gar zum Erliegen bringen könnten.

Es wäre daher nach meinem Dafürhalten töricht oder zumindest wenig ratsam, in jedem noch so unbedeutenden Falle technischer Innovation einen umfassenden Prozeß holistischer Planung und Bewertung zu veranstalten, ein Vorgehen, das bei den großen Projekten notwendig gewesen wäre, dort aber unglücklicherweise in den meisten Fällen unterblieb, was zur Folge hatte, daß Milliarden von Dollars für Projekte mit häufig verheerenden ökologischen, sozialen und wirtschaftlichen Konsequenzen verschwendet wurden (33).

Meiner Meinung nach dürfte es bei kleineren technischen Entwicklungsvorhaben ausreichen, einige wesentliche Kriterien bei solchem Technologietransfer im Auge zu behalten, wie zum Beispiel:

— Sie müssen ökologisch vertretbar sein; der früher oft zu hörende Ruf: »Come and pollute us«, muß verstummen;

— sie müssen neue Arbeitsplätze und Einkommen für die Menschen schaffen;

— sie müssen die Wirtschaft im allgemeinen fördern. So sollte zum Beispiel alles getan werden, traditionelle Industriezweige nicht zu verdrängen, sondern deren Modernisierung zu bewirken.

In einem früheren Bericht an den Club of Rome »Die Revolution der Barfüßigen« (33) wurde dargelegt, wie effektiv die Nord-Süd-Kooperation funktioniert, wenn überwiegend kleine, nicht-gouvernementale Organisationen (NGOs) sich gemeinsam bemühen, das Los der Armen durch Befriedigung ihrer Grundbedürfnisse und durch Stärkung ihrer sozialen Rechte zu verbessern. Sie benötigen dazu verhältnismäßig geringe finanzielle Unterstützung; denn sie sind dadurch erfolgreich, daß sie die kreative und produktive Mitarbeit der Menschen aktivieren, denen die Hilfe gilt.

Auf industriellem Gebiet könnten analoge Aktivitäten auf den Weg gebracht werden, indem kleine und mittlere Unternehmen aus den Industrieländern angeregt würden, in Gemeinschaftsunternehmen und andere Formen enger Zusammenarbeit mit ähnlichen kleinen Unternehmen in den Entwicklungsländern einzutreten. Diese Art des Technologietransfers würde wahrscheinlich höchst geeignet auch dafür sein, eine erfolgreiche Integration neuer und alter Technologien durch die Nutzung und Auffrischung von in den Entwicklungsländern bereits vorhandenen Fähigkeiten und Fertigkeiten zu bewirken.

In der Vergangenheit waren es zumeist die großen multinationalen Unternehmen, die ihre Art des Technologietransfers betrieben, was – leider nur allzuoft – die Verdrängung traditioneller Technologien zum Ergebnis hatte, mit der Folge wachsender Arbeitslosigkeit und damit der Auslöschung traditioneller Fertigkeiten und bewährter handwerklicher Verfahren. In der Regel führte dies zu zentralisierter Massenfertigung in den großen Städten und somit zu dauernder Verschlechterung der sozialen und wirtschaftlichen Bedingungen in den ländlichen Gebieten. Aus diesem Grunde werden auch die »Multis« – allerdings häufig unberechtigt – für den wirtschaftlichen Abstieg und die zunehmende Abhängigkeit der Entwicklungsländer von unerwünschter ausländischer Technologie verantwortlich gemacht.

Diese Gefahr würde wohl kaum existieren, wenn kleinere ausländische Unternehmen sich ermutigen ließen, in den Ländern der Dritten Welt aktiv zu werden, nicht nur durch Import und Export, sondern auch durch die Gründung gemeinsam mit dortigen Unternehmen betriebener industrieller Firmen, in denen unter den beteiligten Partnern auch eine enge persönliche Beziehung und damit gegenseitiges Vertrauen entstehen könnte. Derartige Verbindungen herzustellen, wäre in erster Linie Aufgabe der internationalen Industrie- und Handelskammern, die von den Industrienationen in vielen Entwicklungsländern unterhalten werden.

Mit den größeren Einkommen als Ergebnis der Zusammenarbeit

würde nicht nur der Binnenmarkt für Güter wachsen, die in den
Entwicklungsländern selbst produziert werden, sondern für beide
Partner würden auch die Chancen im internationalen Handel zunehmen. Unter den heutigen Verkehrsbedingungen und Informa-
tionsmöglichkeiten stehen einer solchen engen Zusammenarbeit
keine nennenswerten Hindernisse entgegen, auch nicht im Falle sehr
kleiner Firmen. Finanzielle Unterstützung durch die Regierungen
der führenden Industrieländer mag in den meisten Fällen anfänglich
noch vonnöten sein. Doch wären die finanziellen Hilfeleistungen
hierbei weitaus geringer und könnten effektiver eingesetzt werden,
als wenn man sie den Verwaltungsbürokratien in den Entwicklungsländern zur Verfügung stellte, wo der endgültige Verbleib dieser Geldmittel zumeist unbekannt oder – milde gesagt – häufig
ziemlich dubios ist. Je weniger amtliche Bürokratien bei diesem Technologietransfer hineinreden, desto besser stehen für alle
Beteiligten die Chancen für »learning by doing«, auch hinsichtlich
unbeabsichtigter negativer Begleiterscheinungen und deren Vermeidung.
Technischer Fortschritt ist kein Allheilmittel gegen Unterentwicklung, aber ohne klug gehandhabten Technologietransfer bliebe das
größte Potential ungenutzt, mit dem das weitere Auseinanderlaufen
der Entwicklungslinien in Nord und Süd vermieden werden könnte.
Dann würde das gegenwärtige Ungleichgewicht nicht nur verfestigt,
ja verewigt, es würde wegen der raschen Bevölkerungszunahme in
der Dritten Welt sogar in unerträglichem Maße vergrößert. Dies
dürfen wir nicht zulassen!

Einige Zusatzbemerkungen zur Entwicklung

Dem Leser ist sicherlich nicht entgangen, daß ich weitgehend darin
Zurückhaltung geübt habe, den in Armut und Elend lebenden Menschen »guten Rat« zu erteilen. Im Gegensatz dazu habe ich mich
nicht gescheut, die Reichen und Mächtigen herauszufordern, ihre
Vorbildfunktion für die Gestaltung der Zukunft besser als bisher
wahrzunehmen. Die konkreten Vorschläge, wie sie zum Beispiel in

diesem Kapitel von mir hierzu gemacht wurden, sind allerdings nur als Anregungen und Denkanstöße zu verstehen und dürften in keiner Weise einem Anspruch auf unmittelbare Anwendbarkeit ebenso wie auf Vollständigkeit genügen.

Eine Erörterung der Zukunft der Entwicklungsländer darf jedoch nicht insofern unvollständig sein, als sie jene Probleme nicht wenigstens streift, welche zu den Schwierigkeiten noch hinzutreten, denen viele dieser Staaten schon bei der Befriedigung ihrer elementarsten Grundbedürfnisse gegenüberstehen. Deshalb seien hier einige dieser Probleme angesprochen, auch wenn bei ihrer Überwindung die führenden Industrienationen nur eine marginale Rolle spielen können.

Vielleicht besteht das ernsteste Problem der meisten Entwicklungsländer in ihrem zu schnellen *Bevölkerungswachstum*. Wie schon erwähnt, ist es nicht das Bevölkerungswachstum als solches, sondern das unheimliche Tempo seiner Zunahme, das der Entwicklung dieser Länder solch lähmende Fesseln anlegt. Diese Tatsache ließ M. Guernier, einen hervorragenden Kenner der afrikanischen Verhältnisse, kurz vor seinem Tode in dem Bericht an den Club of Rome »Die Dritte Welt – drei Viertel der Menschheit« (28) kategorisch feststellen, daß eine Entwicklung dieser Länder ohne ein Ende ihrer Bevölkerungsexplosion einfach nicht stattfinden werde. In zahlreichen afrikanischen Staaten ist sicherlich noch viel Raum für weit größere Bevölkerungen, bevor eine Bevölkerungsdichte etwa wie die in Westeuropa erreicht wäre. Aber dieses Wachstum muß mit weit geringerer Geschwindigkeit (höchstens mit etwa einem Prozent pro Jahr) erfolgen als mit 2,5 bis über 4 Prozent, wie es heute der Fall ist. Als Europa im 19. Jahrhundert seine Industrialisierung begann und die jährliche Bevölkerungszunahme durchschnittlich etwa ein Prozent betrug, zeigte es sich, daß sogar dieser verhältnismäßig niedrige Prozentsatz für einige Staaten zu hoch war, so daß der Bevölkerungsdruck in massiver Auswanderung nach Amerika und in die Kolonien der europäischen Mächte Entlastung suchte. Es muß daher eines der vornehmsten Ziele aller Entwicklungsländer sein, ohne weiteres Zögern ihr Bevölkerungswachstum zu drosseln, wobei ihnen China als Vorbild dienen

könnte, wenn auch manche der dort angewandten Praktiken vom
Standpunkt westlicher Menschenrechts- und Moralvorstellungen
zumindest als fragwürdig bezeichnet werden müssen.

Für den Erfolg solcher Bemühungen ist es zweifellos wesentlich, die
gesetzliche und soziale *Stellung der Frauen* zu stärken und ihrer
Bildung sogar mehr Aufmerksamkeit von seiten der Regierungen zu
schenken als der der männlichen Bevölkerung; denn es sind die
Frauen, welche Bildung und Kultur an ihre Kinder und Enkel weitergeben. Schon im Blick auf die kulturelle Bedeutung der Frauen
muß die Praxis ein Ende haben, diese mit inhumaner Schwerstarbeit
zu überlasten. Auf der bereits mehrfach erwähnten Konferenz des
Club of Rome in Jaunde waren unsere männlichen afrikanischen
Freunde ehrlich genug zuzugeben, daß in Zentralafrika die Frauen
mehr als 75 Prozent der harten körperlichen Arbeit verrichten.
Ähnliche Beobachtungen konnte ich in anderen Entwicklungsländern machen.

In engem Zusammenhang mit diesem Ziel gesellschaftlicher Entwicklung steht die Aufgabe, das *Analphabetentum* zu beseitigen,
denn in vielen Entwicklungsländern können 50 bis 80 Prozent der
erwachsenen Bevölkerung nicht lesen und schreiben. Es wäre jedoch ein Schritt in die falsche Richtung, wenn hierbei – abgesehen
vom Unterricht in Lesen, Schreiben und Rechnen – das Schulwesen
der früheren Kolonialherren kopiert würde, und dies nicht nur, weil
deren Schulwesen schon heute für die Industrieländer selbst auf
ihrem Weg in das »nach-industrielle« Zeitalter unzulänglich ist. Die
meisten Staaten der Dritten Welt benötigen ein Schulwesen, das den
Bedürfnissen der ländlichen Bevölkerung angepaßt ist, um diese für
die Phase intensiven landwirtschaftlichen Wachstums vorzubereiten, in der dann auch für die Landwirtschaft relevante kleine Indu-
strien den Kern für weitere industrielle Entwicklung bilden. Wie
einheimische Führungskader in einer offenen Diskussion mit Club-
of-Rome-Mitgliedern auf der Konferenz in Kamerun berichteten,
bildet ihr gegenwärtiges Schulwesen junge Menschen häufig nur mit
dem beklagenswerten Ergebnis aus, daß diese am Ende ihrer Schul-
zeit keine Lust mehr verspüren, auf dem Lande zu leben, daß sie
körperliche Arbeit in der Landwirtschaft ablehnen, sobald sie lesen

und schreiben gelernt haben, und daß sie schließlich ihr Dorf verlassen in der – bald bitterer Enttäuschung weichenden – Hoffnung, in den großen Städten eine gutbezahlte Stellung in der ohnehin schon überbesetzten staatlichen und städtischen Bürokratie zu finden. Ihr Scheitern führt dann zu Frustration nicht nur in der jungen Generation, sondern auch bei den Eltern, die angenommen hatten, ihre Nachkommen wären in der Schule für angesehene »Weiße Kragen«-Posten ausgebildet worden. Selbst die landwirtschaftlichen Fachhochschulen bilden nach Auskunft unserer Freunde nicht die landwirtschaftliche Elite aus, damit Methoden höherer Produktivität in die gegenwärtig noch primitive Landwirtschaft des »Hinterlandes« verpflanzt werden.

In der Tat: Vorstellungskraft, kluge Vorausschau und vorurteilsfreies Denken sind gefragt, um realistische, zukunftweisende Ziele für das Schulwesen der meisten Entwicklungsländer zu konzipieren und dann auch in die Tat umzusetzen. Für diese Aufgabe ist ein akademischer Grad einer europäischen oder amerikanischen Universität mit Sicherheit keine ausreichende Qualifikation. Sie könnte sogar das Gegenteil bedeuten, wenn diese Ausbildung nicht zusätzlich durch langjährige, gründliche Erfahrung und persönliche, »vor Ort« erworbene Kenntnisse abgestützt wird, nämlich mit welchen menschlichen Arbeits- und Führungskräften und mit welchen kulturellen Hemmnissen im »Hinterland« zu rechnen ist, welches die Lebensbedingungen und althergebrachten Praktiken in dem jeweiligen Entwicklungsland sind, für dessen weitere Entwicklung die junge Generation auf der Schule und Hochschule vorbereitet werden soll.

Von allen Grundbedürfnissen ist am dringendsten das Bedürfnis nach ausreichender *Ernährung* zu erfüllen. Ohne Hebung der *landwirtschaftlichen Produktivität* in den Entwicklungsländern, deren Bevölkerungswachstum wegen des Altersaufbaus bestenfalls in Jahrzehnten ein Ende finden wird, kann es keinen dauerhaften Sieg über wirtschaftliche Armut und politische Ohnmacht geben. Dieser Rat, der landwirtschaftlichen Entwicklung die erste Priorität einzuräumen, ist jedoch leichter gegeben als angenommen und in die Tat umgesetzt, insbesondere wenn – wie in den meisten Entwicklungsländern – der betreffende Staat von einer städtischen, im Ausland ausgebildeten Elite regiert wird, die keine oder nur wenig persönliche Erfahrung mit ländlichen Lebens- und Arbeitsbedingungen besitzt. Darüber hinaus muß man wissen, daß mehr als nur landwirtschaftliche Kenntnisse und Technik erforderlich sind, um die Leistungen der Landwirtschaft zu erhöhen: Es bedarf zunächst einmal der Menschen, mit denen man hierbei zusammenarbeiten muß. Aber es sind Menschen mit althergebrachten Traditionen und Gewohnheiten, und sie leben in einem gesellschaftlichen Umfeld, das gerade für Innovationen wenig aufnahmefreudig ist. Zudem fehlt es ihnen in vieler Hinsicht an allgemeiner Bildung und beruflicher Ausbildung, um neue landwirtschaftliche Praktiken reibungslos übernehmen zu können. Daher ist Geduld vonnöten, die aber kaum von Menschen erwartet werden kann, welche höchst ungeduldig sind und darauf drängen, von ihrem Elend befreit zu werden, und von denen viele schon jede Hoffnung haben fahren lassen, jemals in bescheidenem Wohlstand zu leben.

Hier können und müssen die führenden Industrienationen helfen, besonders in Afrika. Eine einfache Kopie der schon klassischen Methoden der »Grünen Revolution«, die in vielen Teilen Asiens erfolgreich waren, würde wahrscheinlich nur geringen Nutzen bringen. Es wird zwar wichtig, aber zugleich höchst schwierig sein, auf Afrika das Konzept des landwirtschaftlichen Erfolgs in Asien zu übertragen. Und es wäre ferner eine Täuschung, zu glauben, daß das Nahrungsproblem in Asien bereits gelöst sei, wo die heutigen Vorstellungen vom Nahrungsüberfluß in ein oder zwei Jahrzehnten »vom Winde verweht« sein werden, wenn keine weiteren Durchbrüche in der Ertragssteigerung stattfinden. Die »zerbrechlichen« afrikanischen Böden mit ihrem geringen Nährstoffgehalt haben zwar großen Bedarf an Düngemitteln, aber die reichen allein noch lange nicht aus. Ein viel tieferes Verständnis von den verschiedenen chemischen Stabilitätszuständen dieser Böden, als heute dort vorhanden ist, dürfte notwendig sein, damit Ertragssteigerungen auch von Dauer sein können. Der landwirtschaftlichen Forschung muß eine neue Richtung gegeben werden, nicht nur hinsichtlich der Züchtung ertragreicherer und nahrhafterer traditioneller Nahrungsmittel, wie Hirse, Sorghum und anderer auf trockenen Böden gedeihender Pflanzen, sondern auch hinsichtlich eines besseren Verständnisses der verschiedenen ökologischen Faktoren in ihren Beziehungen zu den sozio-ökonomischen Gegebenheiten. Nord und Süd stehen hier offenbar einer großen Herausforderung für gemeinsame Forschungsanstrengungen gegenüber. Aber Forschung und die sie unterstützenden Dienstleistungen werden nur wenig nützen, wenn kein rapider Zuwachs ausgebildeten Personals auf allen Ebenen stattfindet. Ausländische Unterstützung kann hier wohl ihren größten unmittelbaren Beitrag liefern.

Nichtsdestoweniger muß man sich darüber im klaren sein, daß Wissenschaft und Technik nur einen partiellen Beitrag zur Lösung des Ernährungsproblems zu leisten vermögen; sie allein werden den Hunger auf dieser Erde nicht ausrotten können. Technischer Fortschritt kann die Quantität und Qualität der Nahrungsmittel zwar beträchtlich steigern, aber er kann nicht dafür sorgen, daß diese die Hungrigen tatsächlich erreichen. Jahrzehntelang wären in der Welt ausreichende Nahrungsmittel vorhanden gewesen, und zwar für jeden; dennoch leben Millionen von Menschen unter ihrem Existenzminimum, und keine Linderung dieses Elends ist in Sicht, obwohl die durchschnittliche Pro-Kopf-Erzeugung von Nahrungsmitteln noch im Zunehmen begriffen ist. Selbst in Indien, wo eine dramatische Steigerung der Nahrungsmittelerzeugung bis zum »Überfluß« stattgefunden hat, läßt sich keine wesentliche Verbesserung in der Ernährung der Massen und in der Befriedigung ihrer anderen Grundbedürfnisse erkennen. Die Hungrigen sind eben zu arm; ihnen fehlt das Geld, die vorhandenen Nahrungsmittel zu kaufen. Das wirkliche Problem liegt deshalb seit Ewigkeiten in der Überwindung der Armut.

Energie und Umwelt

Über Wasserstoff und Kohlenstoff

»... Wasser, zerlegt in seine primitiven Elemente ... und zersetzt, zweifellos mit Hilfe von Elektrizität, welche dann eine mächtige und handhabbare Kraft geworden sein wird ... – ich glaube, daß Wasser eines Tages als Brennstoff eingesetzt werden wird, daß Wasserstoff und Sauerstoff, aus welchen es besteht, einzeln oder zusammen benutzt, eine unerschöpfliche Quelle von Wärme und Licht liefern werden, von einer Intensität, welcher Kohle nicht fähig ist. Eines Tages werden die Kohlenbunker der Dampfer und die Tender der Lokomotiven nicht mehr Kohle enthalten, sondern als Speicher für diese beiden kondensierten Gase dienen, die in den Kesseln mit enormer kalorischer Kraft brennen werden. ... Ich glaube, daß, wenn die Kohlelagerstätten erschöpft sein werden, wir mit Wasser heizen werden. Wasser wird die Kohle der Zukunft sein.« (41)

Als Jules Verne, der bedeutende französische Verfasser von Zukunftsromanen, diese Zeilen in seinem 1870 erschienenen Buch »Die geheimnisvolle Insel« schrieb, hatte die Kohle gerade begonnen, das Holz als die Hauptenergiequelle abzulösen. Wie es scheint, waren sich schon damals weitschauende Menschen der Tatsache bewußt, daß – wie die meisten Ressourcen auf unserer begrenzten Erde – auch die Kohle eines Tages erschöpft sein und die Suche nach einer unerschöpflichen Quelle schließlich zum Wasserstoff führen würde, der durch Elektrolyse aus Wasser gewonnen würde. Umweltsorgen gab es in den Köpfen der meisten Menschen offenbar noch nicht, sonst hätte Jules Verne wohl auch erwähnt, daß Wasserstoff der sauberste Brennstoff sein würde, den man sich vorstellen könnte. Immerhin, er war sich darüber im klaren, daß der

Wasserstoff keine Primärenergie ist, sondern mit Hilfe einer anderen Energiequelle, nämlich von Elektrizität, erzeugt werden müsse. Er ließ uns allerdings nicht wissen, daß auch Elektrizität nur eine Sekundärenergie ist; sie wird erzeugt durch Einsatz von Primärenergien wie Kohle, Öl, Erdgas, Wasser- und Windkraft, Kernenergie, Solarenergie und so weiter.

Wasserstoff ist also nur ein Energieträger, der mit Hilfe der erwähnten fossilen und nicht-fossilen Energiequellen erzeugt wird. Es dürfte aber noch eine lange Zeit vergehen, bis Wasserstoff in großen Mengen als Energieträger benutzt werden kann.

Andererseits hat Wasserstoff in inniger Verbindung mit Kohlenstoff schon seit jeher eine wesentliche Rolle bei der Energiegewinnung gespielt, und dies mit der Zeit in immer höherem Maße. In der Trockensubstanz des Holzes, das bis weit in die erste Hälfte des 19. Jahrhunderts hinein die vorherrschende Energiequelle war (was in den armen ländlichen Gebieten der Entwicklungsländer noch heute der Fall ist, häufig mit der Folge furchtbarer Umweltschäden), beträgt das Verhältnis zwischen Wasserstoff und Kohlenstoff etwa 0,1; in Kohle hat dieses Verhältnis einen Wert von rund eins und in Erdöl einen Wert von etwa zwei; im Erdgas, der zeitlich letzten und in den vergangenen Jahrzehnten stark im Vormarsch befindlichen fossilen Energiequelle, ist ein Wasserstoff-Kohlenstoff-Verhältnis von etwa vier vorhanden (42).

Diese Tendenz des Wasserstoff-Kohlenstoff-Verhältnisses in den wichtigsten Brennstoffen hat vom Umweltstandpunkt aus gesehen große Bedeutung: Je höher der Wasserstoffgehalt in dem Brennstoff ist, desto geringer ist bei seiner Verbrennung die Emission von Kohlendioxid (CO_2), dessen Anteil in der Atmosphäre sich seit 1850 wegen der Verbrennung von Kohle und anderen fossilen Brennstoffen enorm erhöht hat. Da Kohlendioxid die Wärmereflexion von der Erdoberfläche in den Weltraum behindert, führt seine ständige Zunahme in der Atmosphäre zu einem allmählichen Anstieg der Temperatur auf der Erde und damit zu Klimaveränderungen mit heute noch unvorhersehbaren Konsequenzen. Im Laufe des nächsten Jahrhunderts kann dies auch einen nicht unbeträchtlichen Anstieg des Meeresspiegels zur Folge haben: eine große Gefahr für alle dichtbesiedelten Küstenregionen. In diesem Zusammenhang ist auch zu bedenken, daß der CO_2-Gehalt der Atmosphäre quasi nicht umkehrbar ist; das heißt, es würde Jahrhunderte dauern, bis der CO_2-Gehalt wieder auf das heutige Maß reduziert wäre, auch wenn eines Tages die Emission von CO_2 so niedrig werden sollte, daß sie infolge der Absorption des CO_2 durch die Pflanzen auf der Erde und auf der Meeresoberfläche mehr als ausgeglichen würde.

Hierzu eine Anmerkung: Auch bei der Verbrennung von Holz und anderen aus Biomasse gewonnenen Brennstoffen wird der Atmosphäre CO_2 zugeführt. Wenn jedoch Pflanzen und Bäume als Ersatz für die verbrannte Biomasse in ausreichendem Maße nachwachsen, werden diese – natürlich mit gewisser zeitlicher Verzögerung – das zuvor emittierte CO_2 wieder absorbieren. Wir hätten dann einen geschlossenen CO_2-Kreislauf. Unglücklicherweise ist die Wiederaufforstung in vielen Teilen der Welt völlig unzureichend, besonders in jenen Ländern der Dritten Welt, in denen Holz die Hauptenergiequelle für den Haushalt ist – zumeist gesammelt von Frauen und Kindern, die dabei häufig über riesige Strecken die Last des gesammelten Holzes tragen müssen, da in der Nähe der Siedlungen kaum noch Büsche zu finden sind, von Wäldern gar nicht zu reden. Kritisch ist auch die Situation in den tropischen Regenwäldern, die während der vergangenen Jahrzehnte im Durchschnitt pro Minute zwischen 10 und 20 Hektar verloren haben sollen, weil man Platz für Siedlungen und Ackerland schaffen oder das Holz für kommerzielle Zwecke gewinnen wollte. Dadurch wird die Fähigkeit der Erde, das CO_2 der Atmosphäre zu absorbieren, ständig weiter reduziert.

Es scheint also gesichert zu sein, daß die Energieerzeugung mit Hilfe fossiler Brennstoffe (natürlicher und auch solcher synthetischen Ursprungs, die alle einen erheblichen Kohlenstoffgehalt besitzen) schließlich ein Ende finden wird, möglicherweise lange bevor sämtliche fossilen Energiequellen erschöpft sind.

Dann müßten also alle Endenergien (z. B. Wasserstoff, Elektrizität, Alkohole, Pflanzenöle) mit Hilfe nicht-fossiler Primärenergien erzeugt werden, um weitere CO_2-Emission in die Atmosphäre zu vermeiden. Die nicht-fossilen Energiequellen könnten Kernenergie (aus Kernspaltung und/oder Kernfusion) und Solarenergie (unmittelbare Sonnenenergie, Biomasse, Wasserkraft und Windenergie) sein, außerdem geothermische und Gezeiten-Energie, die jedoch wegen ihrer Abhängigkeit von lokalen Bedingungen wohl nur von untergeordneter Bedeutung sein werden.

Andererseits können auf pflanzlicher Basis erzeugte Endenergien wie Äthanol aus Zuckerrohr, Mais, Zuckerrüben usw. und Pflanzenöle aus Raps, Palmfrüchten usw. als flüssige Treibstoffe erhebliche Bedeutung gewinnen. Im Blick auf die Verbrennungsmotoren sind hier alle wesentlichen Probleme gelöst. Auch die Wirtschaftlichkeit dürfte ohne unüberwindliche Schwierigkeiten zu erzielen sein. Fest steht desgleichen, daß zum Beispiel Pflanzenöl dem flüssigen Wasserstoff an Energiedichte, Speicherfähigkeit und Handhabbarkeit hoch überlegen ist. Das Hauptproblem liegt meiner Ansicht darin: Können angesichts der schnell weiterwachsenden Weltbevölkerung so große Ackerbauflächen der Nahrungsmittelerzeugung entzogen werden, daß das Volumen der aus Pflanzen gewonnenen Treibstoffe den Bedarf eines von der Industrie als ausreichend erachteten Prozentsatzes von Verbrennungsmotoren zu befriedigen vermag?

Damit nicht-fossiler Wasserstoff als Energieträger ein ernst zu nehmender Konkurrent der Sekundärenergie Elektrizität werden könnte, wäre es notwendig, zunächst einmal – und dies schon in naher Zukunft – aus fossilen Quellen (zum Beispiel aus Erdgas) erzeugten Wasserstoff als Energieträger in das Energiesystem der führenden Industriestaaten einzuführen. Dann könnten auch im größeren Stile die bei reichlich angebotenem Wasserstoff möglichen fundamentalen Änderungen in der chemischen und metallurgischen Industrie sowie auf dem Transportsektor erprobt werden. Ob wirtschaftliche Anreize jemals stark genug sein können, um diesem Wandel in der Energieerzeugungs- und -verteilungsstruktur den Weg zu bahnen, ist gegenwärtig ziemlich zweifelhaft.

Ich glaube, die einzige Chance des Wasserstoffs, ein wesentlicher Energieträger zu werden, ist die, daß es in absehbarer Zeit gelingt, Elektrizität wirtschaftlich auf der Basis von Solarenergie zu erzeugen. Dann wäre mit Hilfe von Elektrolyse produzierter Wasserstoff

ein exzellenter Energieträger, der über Rohrleitungen sich dorthin
transportieren ließe, wo man ihn entweder als unmittelbare Wär-
mequelle benutzen oder über Brennstoffzellen in Elektrizität zu-
rückverwandeln könnte. Auf diese Weise wäre es auch möglich, die
bei der Nutzung der Solarenergie unvermeidbaren täglichen und
jahreszeitlichen Schwankungen auszugleichen, da die Speicherung
großer Mengen von Wasserstoff – obwohl auch sie weder billig
noch technisch einfach ist – leichter zu realisieren wäre als die des
elektrischen Stroms, sofern nicht auf dem Gebiete der Supraleitfä-
higkeit in den kommenden Jahrzehnten ähnlich große Fortschritte
wie die kürzlich bekanntgewordenen gemacht werden und diese
dann auch die Speicherung von Strom im industriellen Großmaßstab als nützlich erweisen. Dennoch, in Forschung und Entwicklung
werden ganz erhebliche Anstrengungen in den kommenden Jahrzehnten notwendig sein, um die Anwendung von Wasserstoff als
Träger für Solarenergie wirtschaftlich gestalten zu können. Heute
ist die Erzeugung von Elektrizität durch Solarenergie noch völlig
unwirtschaftlich, ganz gleich, ob sie auf photovoltaischem Wege
erfolgt oder mit Hilfe von Stirling-Motoren im Brennpunkt großer
parabolischer Sonnenreflektoren oder aber durch Turbogeneratoren, angetrieben durch Dampf, der in Sonnenkraftwerken auf Solar-
türmen erzeugt wird. Noch schwieriger ist die direkte Erzeugung
von Wasserstoff auf der Basis von Sonnenenergie mit Hilfe photo-
chemischer Prozesse. Allein die in Windkraftanlagen erzeugte Elektrizität könnte vielleicht schon in naher Zukunft als einigermaßen
wirtschaftliche Energiequelle für die elektrolytische Erzeugung von
Wasserstoff zur Verfügung stehen. Ob dies allerdings im industriellen Großmaßstab möglich sein wird, muß mit einem Fragezeichen
versehen werden. So hat zum Beispiel der erste deutsche Windkraft-
park nur eine Gesamtkapazität von 1 Megawatt, also weniger als
ein Tausendstel eines Kernkraftwerks üblicher Größe.
In diesem Zusammenhang sollten diejenigen, die sich für die Was-
serstoff-Solarenergie-Kombination einsetzen und diese Technologie
in den führenden Industrieländern auch für den Einsatz in sonnen-
reichen Entwicklungsländern weiterentwickeln wollen, auch noch
folgendes im Auge behalten:

1. In den Entwicklungsländern wird man sich dem Aufbau einer Energiestruktur widersetzen, die wirtschaftlich nicht mit der der Industrieländer konkurrenzfähig ist.

2. Große Sonnenenergie-Anlagen sind im Kriegsfall wie auch gegenüber Terroranschlägen sehr viel verwundbarer als jeder andere Kraftwerkstyp. Die Geschichte der letzten Jahrzehnte seit dem Ende des Zweiten Weltkriegs hat gezeigt, daß alle blutigen Kriege, Bürger- und Stammeskriege (rund 150 an der Zahl) in der Dritten Welt stattgefunden haben und daß großangelegter Terrorismus vorwiegend in den Entwicklungsländern »zu Hause« ist, wo die sozialen Spannungen zwischen den wenigen Reichen und den Millionen armer Menschen ein unerträgliches Ausmaß angenommen haben. So könnten dann zum Beispiel Terroristen mit dem Ziel, die ohnehin schon chaotischen Zustände noch weiter zu verschlimmern, mit einfachen Mitteln Solarkraftwerke, welche viele Millionen Dollar gekostet haben, zerstören. Sie brauchten nur Hunderte von Handgranaten aus kleinen Flugzeugen, wie sie heute überall für die Besprühung großer Plantagen mit Insekten- und Unkrautvertilgungsmitteln eingesetzt werden, in die großflächigen, offen daliegenden Solarkraftwerke zu schleudern.

Derartige Überlegungen und natürlich auch solche, die einem in den Sinn kommen, wenn man über die weitere Verbreitung von Kernenergie nachdenkt – denn damit würden auch das Know-how und die Fähigkeit zur Herstellung von Kernwaffen verbreitet –, machen es insbesondere für die Reichen und Mächtigen einfach zwingend, den Krieg als Instrument der Politik zu eliminieren. Nur in einem politischen Klima universalen Friedens und sozialer Gerechtigkeit wird sich der unvermeidbare Übergang in eine Ära vollziehen lassen, in der eine dauerhafte Energiestruktur, welche sich auf unerschöpfliche nicht-fossile Energiequellen stützt, aufgebaut werden kann.

Wenn man bedenkt, daß heute die weltweit verbrauchte Primärenergie zu fast 90 Prozent fossilen Ursprungs ist, würde der Übergang auf eine Energiestruktur, die sich in hundert Jahren, sagen wir

zu 90 Prozent, auf nicht-fossile Energiequellen stützt, einen riesigen
wissenschaftlichen, technischen und wirtschaftlichen Aufwand erfordern, der zumindest in den kommenden zwei, drei Jahrzehnten
in erster Linie von den industriell fortgeschrittenen Ländern zu leisten wäre. Aber nur wenn die politischen Entscheidungsträger wie
auch die Bürger dieser Länder genügend Einsicht in die mit der
Emission von Kohlendioxid und den übrigen klimawirksamen Spurengasen verbundene Problematik besitzen, kann die Bereitschaft
geweckt werden, diese Anstrengungen auf sich zu nehmen. Ich
werde mich daher im nächsten Abschnitt mit dem Zusammenhang
von Klima und diesen Spurengasen eingehender auseinandersetzen.

Treibhausgase in der Atmosphäre und Klimaänderung

Wann immer ich mich dem Kohlendioxid-Problem zuwende, wan-
dern meine Gedanken zurück zu einem unvergeßlichen Abend im
November 1967. Während unseres Urlaubs in San Angelo auf
Ischia waren meine Frau und ich hinübergefahren zum nahen Forio,
wo die Heisenbergs Urlaub machten. Es drängte mich, mit Werner
Heisenberg darüber zu sprechen, ob es nicht endlich an der Zeit sei,
die Forschung weitaus stärker als bisher auf uns alle bedrohende
Umweltprobleme zu lenken. Unmittelbarer Anlaß war eine wenige
Wochen zuvor geführte Grundsatzdebatte im NATO-Wissenschaftsausschuß über das mir damals noch unbekannte Kohlendioxid-Problem und seine Folgen für das globale Klima gewesen. (Der
NATO-Wissenschaftsausschuß besteht nunmehr seit dreißig Jahren.
Er dient der Förderung der zivilen Forschung und des wissenschaftlichen Nachwuchses in den Vertragsländern.) Die Frage, über die
ich mit einem der bedeutendsten Physiker unseres Jahrhunderts
sprechen wollte, war auch von eminent grundsätzlicher Bedeutung
für die Forschungspolitik und Forschungsförderung. Denn bisher
hatte Forschung – grob gesprochen – fast ausschließlich in säuberlich voneinander getrennten Disziplinen stattgefunden. Für die Erforschung von Umweltproblemen könnte jedoch nur eine interdiszi-

plinäre, eine fächerüberschreitende Vorgehensweise Erfolg verspre-
chen: Physik, Chemie, Biologie, Meteorologie, Ozeanographie,
Technik- und Sozialwissenschaften, sie alle wären gleichzeitig gefordert, um neue Einsichten in die Umweltproblematik zu gewinnen
und Möglichkeiten zu ihrer Bewältigung zu entdecken. In diesem
Zusammenhang mußte es auch als besonders schwerwiegend emp-
funden werden, daß diese Art interdisziplinärer Forschung in letzter
Konsequenz nicht mehr wertfrei wäre und somit das von den meisten Naturwissenschaftlern für »heilig« erachtete Postulat der
Wertfreiheit der Forschung verletzt werden würde.

Während wir über diese Probleme sprachen, stiegen wir auf eine
kleine Anhöhe, um von dort mit weitem Blick über das Meer den
herrlichen Sonnenuntergang zu erleben. Obwohl unser Gespräch
abwägend ruhig und sachlich, ja scheinbar erschütterungsfrei in
großer Einvernehmlichkeit verlief, wurde dieser wunderbare Abend
für mich ein, wenn auch völlig undramatisches, »Damaskus-Erleb-
nis«. Seither wandte ich mich nur noch wissenschaftlichen Arbeiten
interdisziplinärer Natur zu, die wenig später in die Arbeit des Club
of Rome einmündeten. Und so führte das Kohlendioxid-Problem zu
einer Weichenstellung für meine weitere wissenschaftliche Tätigkeit
in den folgenden zwei Jahrzehnten.

Seit langem wissen wir, daß Wasserdampf und Kohlendioxid in der
Atmosphäre auf das Klima der Erde eine entscheidende Wirkung
ausüben. Von ihnen – überwiegend vom Wasserdampf, in geringerem Maße vom Kohlendioxid und anderen Spurengasen – geht jener »Treibhauseffekt« aus, der dadurch entsteht, daß diese Gase in
der Atmosphäre einen Teil der von der Erdoberfläche in den Weltraum abgestrahlten Wärme absorbieren und teilweise auf die Erde
zurückstrahlen. Aufgrund dieses Treibhauseffekts beträgt die mittlere Temperatur auf der Erdoberfläche heute etwa +15 Grad Celsius. Wären diese Gase in der Atmosphäre nicht vorhanden und
würde somit die Wärme von der Erdoberfläche ungehindert in den
Weltraum abstrahlen können, dann würde aufgrund der Strah-
lungsbilanz zwischen Einstrahlung von der Sonne und Wärmeab-
strahlung von der Erde die mittlere Temperatur auf der Erdoberflä-

che um etwa 33 Grad Celsius niedriger sein, also bei etwa
−18 Grad Celsius liegen. Die Erde wäre dann eine kalte Wüste
ohne jedes Leben, wie wir es kennen.

Nun, so war es nie auf der Erde, seit der größte Teil der Erdoberfläche mit Wasser bedeckt war. Jedoch hat es in den vergangenen
Jahrmillionen zwischen Eis- und Warmzeiten Schwankungen der
mittleren Temperatur an der Erdoberfläche zwischen etwa
+10 Grad Celsius und +16 Grad Celsius gegeben. In der letzten
Eiszeit, mit ihrem Höhepunkt vor etwa 18 000 Jahren, sank der
Kohlendioxid-Gehalt der Luft auf weniger als 200 ppm (parts per
million) = 0,2 Promille, während er in den beiden letzten Warmzeiten etwa 280 ppm betrug. Von diesem auch zu Beginn des 19. Jahrhunderts vorhandenen Wert stieg der Kohlendioxid-Gehalt auf seinen gegenwärtigen Wert von 347 ppm. Daraus folgt, daß in den
vergangenen zwei Jahrhunderten nach dem Beginn der »industriellen Revolution« die natürliche Regelung des Kohlendioxid-Gehalts
der Luft im Kreislauf zwischen Atmosphäre, Ozean, Pflanzen und
Gesteinsverwitterung erheblich gestört worden ist.

Diese Störung geht überwiegend zurück auf die künstliche Freisetzung von Kohlendioxid durch die Verbrennung von Kohle, Erdöl
und Erdgas (heute zusammen etwa fünf Milliarden Tonnen Kohlenstoff pro Jahr) sowie auf die Zerstörung großer Teile der Biosphäre,
zum Beispiel durch Rodung von Wäldern, durch Entwässerung von
Feuchtgebieten und durch Bodenerosion. In ihrer Gesamtwirkung
entspricht dies etwa einer bis drei Milliarden Tonnen Kohlenstoff
pro Jahr. (Wie sehr der Mensch schon seit der Zeit, in der er begann, Ackerbau und Viehzucht zu betreiben, in die Natur eingegrif-
fen hat, geht auch daraus hervor, daß vor rund 5000 Jahren mehr
als ein Drittel der Landfläche der Erde bewaldet war; 1860 war es
noch etwas mehr als ein Viertel, und heute ist nur noch wenig mehr
als ein Fünftel der Landfläche mit Wäldern bedeckt.)

Von dem künstlich freigesetzten Kohlendioxid ist in den vergangenen hundert Jahren weniger als die Hälfte in der Atmosphäre ver-
blieben. Zwischen fünfzig und sechzig Prozent sind im Ozean ge-
speichert. Wenn man davon ausgeht, daß künftig weiterhin ein Anteil von vierzig bis fünfzig Prozent des künstlich freigesetzten Koh-

lendioxids in der Atmosphäre verbleibt, würde bei nur einprozentiger Steigerung pro Jahr (gegenüber zwei Prozent pro Jahr im letzten Jahrzehnt) mit einem Anstieg des Kohlendioxid-Gehalts der Atmosphäre bis zur Mitte des nächsten Jahrhunderts auf etwa 500 bis 600 ppm zu rechnen sein. Er wäre dann also etwa doppelt so hoch wie in der letzten vor-industriellen Warmzeit.

Die auf diesen Kohlendioxidwerten beruhenden Klimamodell-Rechnungen – sie sind trotz ihres heute schon erreichten hohen Komplexitätsgrades immer noch recht unvollkommen, da sie Veränderungen der Erdbewölkung ebenso wie die verzögernde und sicherlich auch dämpfende Wirkung der Ozeane nicht zuverlässig einbeziehen können – haben ergeben, daß für Mitte des nächsten Jahrhunderts eine Erhöhung der mittleren Temperatur auf der Erdoberfläche um 1,5 bis 4,5 Grad Celsius zu erwarten ist.

Dies ist aber, was die Temperaturerhöhung betrifft, bei weitem nicht alles. Die Luft erfährt seit geraumer Zeit eine wachsende Zunahme von – im Sinne des Treibhauseffekts – klimawirksamen anderen Spurengasen:

– Methan, das aus Müllanlagen entweicht, aus den Mägen von Rindern und von Bakterien stammt, die in den nassen Reisfeldern angesiedelt sind, und mit dem ferner die Luft bei unsachgemäßer Handhabung von Erdgas und bei der Verbrennung organischer Substanzen angereichert wird;

– Lachgas (Distickstoffoxid), das ebenfalls bei der Verbrennung organischer Substanzen, besonders aber durch die mikrobielle Zersetzung von Kunstdünger entsteht, also im wesentlichen von überdüngten Böden ausgeht;

– Chlor-Fluor-Kohlenwasserstoffe aus Kühl- und Klimaanlagen und Spraydosen sowie aus der Verschäumung von Kunststoffen;

– Ozon, dessen unterschiedliche Rolle in der Troposphäre (bis zu zehn Kilometer Höhe) und der Stratosphäre hier nicht eingehend behandelt werden kann. Gegenwärtig steht die Zerstörung der stratosphärischen Ozonschicht durch chlorierte Kohlenwasserstoffe im Vordergrund des öffentlichen Interesses, weil dadurch die Zurückhaltung der haut-

krebsfördernden ultravioletten Strahlung geschwächt wird. Vielleicht noch wichtiger ist aber die Rolle des stratosphärischen Ozons, die es im Zusammenwirken mit der UV-Strahlung als »Waschmittel der Atmosphäre« spielt, indem auf solche Weise Kohlenmonoxid (z. B. aus den Auspuffen von Automobilen), Stickoxide, Schwefeldioxid und andere toxische Gase aufgespalten und unschädlich gemacht werden.
Die vorgenannten, sich langfristig in der Atmosphäre festsetzenden Spurengase haben die gleiche Wirkung wie das Kohlendioxid: Sie lassen die einfallende Sonnenstrahlung passieren, behindern aber die Abstrahlung der von der Erdoberfläche reflektierten Wärme. Besonders bemerkenswert ist – und dies erfährt in der gegenwärtigen öffentlichen Diskussion um die chlorierten Kohlenwasserstoffe kaum Beachtung –, daß ein Molekül von ihnen die Wärmestrahlung der Erde zehntausendmal so wirkungsvoll reflektiert wie ein Kohlendioxid-Molekül. Würde man nur die gegenwärtige Freisetzung chlorierter Kohlenwasserstoffe beibehalten, dann wären diese schon in weniger als fünfzig Jahren für ein Viertel des Treibhauseffekts verantwortlich.
Für den Fall, daß die erwähnten Spurengase in der Atmosphäre weiterhin so zunehmen wie im vergangenen Jahrzehnt, würde diese Zunahme im Zeitraum bis etwa zur Mitte des kommenden Jahrhunderts den gleichen Anstieg der mittleren Temperatur der Erdoberfläche zur Folge haben wie die oben anvisierte Erhöhung des Kohlendioxid-Gehalts in der Atmosphäre. Und zwar würden sich diese beiden Temperaturanstiege addieren, zusammen also drei bis neun Grad Celsius betragen, da die vorgenannten Spurengase andere Bereiche des Spektrums der Wärmestrahlung betreffen als das Kohlendioxid. Selbst bei dem niedrigsten errechneten Wert des Anstiegs der mittleren Temperatur von drei Grad Celsius würde also die mittlere Temperatur mit 18 Grad Celsius etwa zwei Grad mehr betragen als zur Zeit der ausgeprägtesten Warmzeit auf der Erde.
Nach dem heutigen Stand der Klimamodell-Forschung wird die Zunahme der Temperatur auf der Erde sehr unterschiedlich sein: im äquatorialen Gebiet um etwa nur die Hälfte der obengenannten Werte, im polaren Herbst und Winter um etwa das Doppelte bis

Dreifache. Dabei sind in den Klimamodell-Rechnungen ein teilweises Abschmelzen des Meereises sowie die damit verbundene verstärkte Absorption der Sonneneinstrahlung und größere Zunahme des Temperaturanstiegs im Polargebiet berücksichtigt.

Aufgrund der heute noch vorhandenen Unzulänglichkeiten der Klimamodelle kann zwar die Abschätzung des mittleren Temperaturanstiegs innerhalb der genannten Schwankungsbreite als einigermaßen gesichert angesehen werden, doch sind Angaben über die regionale und saisonale Verteilung des Temperaturanstiegs noch wenig verläßlich. Das gleiche gilt für die Vorausschau der mit den regionalen und jahreszeitlichen Temperaturanstiegen verbundenen Änderungen der Niederschlagsmenge und Niederschlagsverteilung und der atmosphärischen Zirkulation im allgemeinen. Sollten sich die genannten regionalen Verteilungen des Temperaturanstiegs als einigermaßen zutreffend erweisen, dann lassen meteorologische Überlegungen erwarten, daß

— die Niederschläge in den tropischen Feuchtgebieten sich noch weiter erhöhen;

— die ariden Zonen in Nordafrika, in Arabien, in Zentralasien und im Südwesten der USA um mehrere hundert Kilometer weiter nach Norden wandern und gegenwärtig fruchtbare, dichtbesiedelte Gebiete in subtropische Trockenzonen verwandeln;

— landwirtschaftlich nutzbare Flächen, die mit ausreichenden Niederschlägen versorgt würden, nur noch weit im Norden zu finden wären, wo die Bodenverhältnisse unvergleichlich schlechter sind als in den heute ackerbaulich genutzten Gebieten;

— fundamentale Änderungen in der atmosphärischen Zirkulation und in den kalten und warmen Meeresströmungen nicht unwahrscheinlich sind und damit Klimaveränderungen eintreten können, die dann Völkerwanderungen bisher unbekannten Ausmaßes zur Folge hätten.

Eine andere Folge des Anstiegs der mittleren Temperatur wird der weitere Anstieg des Meeresspiegels sein, der seit Beginn des 20. Jahrhunderts etwa 10 bis 20 Zentimeter betragen hat und bis zur Mitte des nächsten Jahrhunderts einen Meter überschreiten könnte. Schon dies würde katastrophale Folgen für viele dichtbesiedelte und industrialisierte Küstenzonen haben; denn ein weiterer Anstieg des Meeresspiegels könnte über Jahrhunderte nicht zum Halten gebracht werden, da die Anreicherung der Atmosphäre mit Kohlendioxid und den übrigen Treibhausgasen für lange Zeit irreversibel sein würde. Leider sind im Fernsehen gezeigte Horrorvisionen vom überfluteten Manhattan, aus dem nur noch die höchsten Wolkenkratzer herausragen, oder von dem bis zur Turmspitze in den Fluten versinkenden Kölner Dom für jeden halbwegs intelligenten Zuschauer so unglaubwürdig, daß solche Fernsehdarbietungen keine realistische Einstellung der Menschen zum Kohlendioxid-Problem bewirken, sondern im Gegenteil die Ernsthaftigkeit des Problems völlig in Frage stellen können.

Es ist in der Tat schon eine sehr schwierige Aufgabe, die politischen Entscheidungsträger und die »normalen« Bürger von den realen Gefahren zu überzeugen, die von der Freisetzung der Treibhausgase ausgehen. Dafür dürfte vorwiegend der folgende Umstand maßgebend sein:

Aufgrund der Klimamodell-Rechnungen sollte der Anstieg des Gehalts der Atmosphäre an allen klimarelevanten Spurengasen seit etwa 1800 bis heute zu einem Anstieg der mittleren Temperatur von 0,5 Grad Celsius geführt haben. Auch wenn Messungen auf diesen Betrag hindeuten, so liegt er dennoch gegenwärtig innerhalb der natürlichen kurzzeitigen Temperaturschwankungen. Erst um die Jahrhundertwende oder kurz danach ist nach den Klimamodell-Rechnungen ein Anstieg der mittleren Temperatur zu erwarten, der deutlich außerhalb der natürlichen Schwankungsbreite liegt. Dann erst könnte auch durch Messungen die gegenwärtig mit den Klimamodellen errechnete Korrelation zwischen dem Gehalt der Luft an allen klimarelevanten Spurengasen und der mittleren Temperatur an der Erdoberfläche bestätigt oder korrigiert werden.

Angesichts des Fehlens verläßlicher experimenteller Bestätigung der Klimaänderungsprognosen ist es nicht überraschend, daß Politiker immer wieder der Versuchung erliegen, die Wirkung der Treibhausgase je nach politischer Opportunität hoch- oder herunterzuspielen.

Ein Beispiel: Solange sich in den siebziger Jahren in der Bundesrepublik Deutschland alle demokratischen Parteien in der Förderung des Ausbaus der Kernenergie einig waren, wurde den Gegnern der Kernenergie von allen Politikern in voller Einmütigkeit unter anderem auch das Argument entgegengehalten, daß der Anstieg des Kohlendioxid-Gehalts in der Atmosphäre in Grenzen gehalten werden müsse; und dies sei nur möglich mit Hilfe verstärkten Einsatzes der Kernenergie zu Lasten fossiler Brennstoffe, vorwiegend zu Lasten der Kohle. Heute, nachdem im Gefolge der Tschernobyl-Katastrophe praktisch eine Hälfte der Parteien in der Bundesrepublik Deutschland den Ausstieg aus der Kernenergie auf ihre politischen Fahnen geschrieben hat, wird von diesen das Kohlendioxid-Problem heruntergespielt und als Einschüchterungspropaganda der Anhänger der Kernenergie diffamiert. Kein Wunder, daß der »normale« Bürger völlig verunsichert ist und die Gefahren der Kernenergie nun weit höher einschätzt als die, welche »in ferner Zukunft« von den Folgen des Kohlendioxid-Anstiegs ausgehen könnten.

Was also ist anzustreben? Auf keinen Fall sollte man mit der Steigerung der Verbrennung von Kohle und Erdöl fortfahren, bis der gemessene Anstieg der mittleren Temperatur außerhalb der natürlichen Schwankungsbreite liegt, um damit eine »sicherere« Korrelation zwischen dem Gehalt der Luft an Treibhausgasen und dem Anstieg der mittleren Erdtemperatur zu erlangen. Denn dann ist dieser klimaverändernde Prozeß bereits so weit fortgeschritten, daß seine schädlichen Weiterungen für lange Zeit nicht mehr aufzuhalten sind.

Vernünftig scheint mir der von der Deutschen Meteorologischen Gesellschaft und der Deutschen Physikalischen Gesellschaft in ihrer kürzlich erschienenen Schrift »Warnung vor drohenden weltweiten Klimaänderungen durch den Menschen« gemachte Vorschlag zu sein, sich ein Ziel für die Eindämmung der von Menschen verursachten Klimaveränderungen auf ein noch vertretbares Maß zu setzen, zum Beispiel den Anstieg der mittleren Temperatur auf ein Grad Celsius über das heutige Niveau von 15 Grad Celsius zu begrenzen. Dies wäre nach unserem gegenwärtigen Wissensstand eine Erhöhung, durch die zwar schon nicht unbeträchtliche Klimaverschiebungen hervorgerufen werden könnten, die es jedoch auf der Erde zur Zeit der größten Warmzeiten schon gegeben hat. Die Erhöhung der mittleren Temperatur auf ein Grad Celsius zu begrenzen, würde allerdings ganz erhebliche Anstrengungen erfordern; denn nach den Klimamodell-Rechnungen dürfte dann der Gehalt der Luft an allen klimawirksamen Spurengasen (einschließlich des Kohlendioxids) nicht höher sein als ein Wert, der einer Kohlendioxid-Konzentration von etwa 450 ppm äquivalent wäre.

Heute beträgt der tatsächliche Kohlendioxid-Gehalt fast 350 ppm. Wenn man davon ausgeht, daß Kohlendioxid und die übrigen Spurengase zu gleichen Teilen zur Klimaänderung beitragen, bleiben für den Beitrag des Kohlendioxids nur noch weitere 50 ppm. Dies würde bei dem bisher in der Atmosphäre verbleibenden Anteil von 40 bis 50 Prozent und bei unverändertem »Menü« des Primärenergieverbrauchs schon nach der Verbrennung von insgesamt 260 Milliarden Tonnen SKE (Steinkohleneinheiten) der Fall sein, das heißt, bei einer Beibehaltung des gegenwärtigen Tempos im Verbrauch von fossilen Brennstoffen schon nach dreißig Jahren. Lange vor der Erschöpfung der bekannten fossilen Energieressourcen würde also die obengenannte Grenze des mittleren Temperaturanstiegs erreicht werden.

Um den Gehalt aller klimawirksamen Spurengase in der Luft auf 450 ppm zu begrenzen, müßte ab sofort eine weltweite Verminderung aller Emissionsraten um jährlich zwei Prozent stattfinden, bis diese nach fünfzig Jahren nur noch ein Drittel der heutigen Emissionsraten betragen. Man erkennt leicht, daß, selbst wenn die Emission aller anderen Spurengase (außer Kohlendioxid) sofort vermieden würde – was allerdings nur bei den chlorierten Kohlenwasserstoffen möglich sein sollte –, auch dann noch ab sofort die Emissionsrate für Kohlendioxid jährlich um ein Prozent zurückgenommen werden müßte. Ist dies jedoch überhaupt möglich, wenn man bedenkt, daß die Dritte Welt, insbesondere die Länder der industriellen Peripherie, in den kommenden Jahrzehnten ihren Energieverbrauch erheblich steigern werden? Versuchen wir daher zunächst eine Vorausschau auf die Entwicklung des Energiebedarfs in den kommenden fünfzig, sechzig Jahren!

Langfristige Vorausschau auf den globalen Energieverbrauch

In fünfzig bis sechzig Jahren wird die Bevölkerung in der gegenwärtigen industriellen Peripherie (u. a. China, Indien, Brasilien) ungefähr drei Milliarden Menschen betragen. Dies ist, nach den vorliegenden Daten zu urteilen, eine niedrige Schätzung. Heute verbrauchen die etwa zwei Milliarden Menschen in der industriellen Peripherie etwas mehr als 1,5 Milliarden Tonnen SKE (Steinkohleneinheiten) an Primärenergie, dazu eine beträchtliche Menge an nichtkommerzieller Energie (Holz, Biomasse, Tierexkremente usw.), die in den Statistiken nicht erfaßt wird. Sollten diese Länder ihren durchschnittlichen materiellen Lebensstandard auf den der gegenwärtigen Industrieländer anheben können, und dies mit einem Primärenergie-Einsatz, der etwa nur einem Drittel des nordamerikanischen oder der Hälfte des sowjetischen Pro-Kopf-Verbrauchs entspräche, dann würden sie ihren jährlichen Verbrauch an Primärenergie um sieben bis acht Milliarden Tonnen SKE auf insgesamt etwa neun bis zehn Milliarden Tonnen SKE erhöhen. Dies würde erheblich mehr als der gesamte Verbrauch von Nordamerika, Westeuropa und Japan sein, der gegenwärtig etwa 5,5 Milliarden Tonnen SKE pro Jahr beträgt. Es ist anzunehmen, daß der Verbrauch der »westlichen« Industriestaaten an Primärenergie in Zukunft kaum noch zunimmt, und zwar wegen weiterer Energieeinsparung, höherer Energieproduktivität, geringen Bevölkerungswachstums und wegen der Tatsache, daß der Löwenanteil des BSP-Wachstums dem Dienstleistungssektor zufallen wird, der wenig Energie verbraucht. Große Ersparnisse an fossiler Energie werden wahrscheinlich durch die thermische Nutzung von Sonnenenergie für Raum- und Wasserheizung und Klimaanlagen erzielt werden. Auch die Sowjetunion und die anderen Oststaaten werden wohl ihren Primärenergie-Verbrauch aus den gleichen Gründen kaum erhöhen, was auch im Blick auf deren gegenwärtig geringe Energieproduktivität plausibel erscheint. Daher könnte wohl angenommen werden, daß der Primärenergie-Verbrauch dieser Staaten etwas unter 2,5 Milliarden Tonnen SKE bleiben wird.

In fünfzig bis sechzig Jahren werden immer noch vier Milliarden (plus/minus 0,5 Milliarden) Menschen im ärmeren Teil der Dritten Welt leben, und die meisten von ihnen werden dann – wenn alles gutgeht – zur industriellen Peripherie gehören oder sich anschicken, in der zweiten Hälfte des nächsten Jahrhunderts Teil der industriellen Peripherie zu werden. Ihr Pro-Kopf-Verbrauch an Primärenergie dürfte dann etwa eine Tonne SKE pro Jahr betragen, der jährliche Gesamtverbrauch all dieser Länder also etwa vier Milliarden Tonnen SKE.

Damit würde um die Mitte des 21. Jahrhunderts der Weltverbrauch an Primärenergie etwa 22 Milliarden Tonnen SKE, also etwa zweieinhalbmal soviel wie heute, betragen. Diese Schätzung des Anstiegs im Weltverbrauch von Energie ist sehr konservativ, indem sie noch zehn Prozent unter dem »Niedrig-Szenario« (43) des IIASA (Internationales Institut für Angewandte Systemanalyse) liegt. Sie unterscheidet sich jedoch erheblich von diesem und anderen Szenarien für den zukünftigen Energieverbrauch. Diese unterschätzen meines Erachtens den Verbrauchszuwachs in den Staaten der gegenwärtigen industriellen Peripherie beträchtlich, während sie die Zunahme des Primärenergie-Verbrauchs in den Ländern des heutigen industriellen Zentrums überschätzen. Deren Verbrauch an *Endenergie* mag sogar ohne größeren Einsatz von Primärenergie weiter zunehmen, da sich die Energieproduktivität unter anderem durch Fortschritte in der Mikroelektronik, der Regelungstechnik und der Informationstechnologie mit Sicherheit weiter erhöhen wird.

Ich nehme daher an, daß der Anteil des gegenwärtigen industriellen Zentrums von mehr als 75 Prozent des Weltverbrauchs in den kommenden fünfzig bis sechzig Jahren auf rund 35 Prozent fallen wird, während der Anteil der heutigen industriellen Peripherie bis zur Mitte des nächsten Jahrhunderts auf ungefähr 45 Prozent ansteigen wird: ein ganz enormer Wandel, wenn man bedenkt, daß heute noch die Vereinigten Staaten allein 30 Prozent der global erzeugten Primärenergie verbrauchen.

Die Tatsache, daß in fünfzig bis sechzig Jahren weitaus mehr Energie von den heutigen Entwicklungsländern verbraucht werden wird als im gegenwärtigen industriellen Zentrum, verdient große Beachtung, besonders hinsichtlich der Umweltbelastung und der Ressourcennutzung. Man braucht keine besondere Phantasie, um sich vorzustellen, daß die Entwicklungsländer möglichst einheimische Primärenergie-Quellen zu benutzen wünschen, und unter diesen vorwiegend solche, welche zu ihrer Umwandlung in Endenergie die am wenigsten komplizierte und am billigsten herzustellende Technologie erfordern. Kohle wird daher wohl jene Energieressource sein, welche die asiatischen Staaten, zugleich auch die volkreichsten in der industriellen Peripherie, einsetzen werden. Wegen der begrenzten Finanzkraft dieser Länder muß ferner damit gerechnet werden, daß diese keine großen Geldmittel aufwenden würden, um Schwefeldioxid und Stickoxide aus den Rauchgasen herauszufiltern. Die Kosten für Anlagen welche 85 Prozent des Schwefeldioxids und mehr als 75 Prozent der Stickoxide zurückhalten können, belaufen sich heute auf etwa die Hälfte der »nackten« Kraftwerksbaukosten.

Die führenden Industrienationen sind deshalb herausgefordert, den Entwicklungsländern nicht nur Zugang zu moderner Energietechnologie zu verschaffen, sondern sie auch zu ermuntern, den Aufbau ihrer Energiestruktur nicht ausschließlich auf Kohle auszurichten, um einen allzu schnellen Anstieg des CO_2-Gehalts in der Atmosphäre zu vermeiden, der beim Verbrennen der Kohle durch keine in der Praxis verwertbaren technischen Tricks zu verhindern wäre. Diese Empfehlung nicht zu befolgen, würden allerdings die Entwicklungsländer geradezu veranlaßt werden, wenn in einigen der führenden Industriestaaten, wie zum Beispiel in der Bundesrepublik Deutschland und in den Vereinigten Staaten von Amerika, wegen des starken Widerstands von Kernkraftgegnern die vorhandenen und geplanten Kernkraftwerke durch Kohlekraftwerke ersetzt würden. In der Bundesrepublik könnte man zwar das Argument vorbringen, daß in der Zukunft der deutsche Kraftwerksanteil bis unter 2 Prozent aller in der Welt betriebenen Kraftwerke sinken wird und es deshalb bezüglich des CO_2-Anstiegs nicht ins Gewicht fiele, wenn alle bundesdeutschen Kraftwerke durch Kohle gespeist würden. Aber es ist dabei zu bedenken, daß man die Länder der industriellen Peripherie nicht ermahnen kann, sich im Verbrauch von Kohle zurückzuhalten, wenn man selber mit »schlechtem« Beispiel vorangeht.

Eine Energie-Fallstudie: China

China hat begonnen, ein Programm industrieller und landwirtschaftlicher Entwicklung zu verwirklichen, das darauf zielt, Jahr für
Jahr den Verbrauch von Konsumgütern und Lebensmitteln um 4 bis
5 Prozent zu erhöhen und die allgemeine Lebensqualität durch bessere Wohnverhältnisse und Umweltbedingungen zu heben. In diesem Prozeß steht China vor ernsten Schwierigkeiten auf dem Ener-
gie- wie auf dem Transportsektor. Beide hängen eng miteinander
zusammen, da jedes Jahr Hunderte von Millionen Tonnen Kohle
auf dem Schienenwege von den Zechen zu den großen Städten und
riesigen ländlichen Gebieten transportiert werden müssen.
Gegenwärtig beträgt der jährliche Pro-Kopf-Verbrauch an Primärenergie ungefähr 0,7 Tonnen SKE, das heißt wenig mehr als 10 Prozent des europäischen Durchschnitts. In Wirklichkeit liegt der effek-
tive Energieverbrauch sogar noch sehr viel niedriger, da wegen der
technisch veralteten Industriestruktur, kleiner Kraftwerke und In-
dustrieeinheiten und wegen der langen Schienenwege die Energieproduktivität verglichen mit dem Standard in den führenden Industrieländern sehr gering ist. Man kann erwarten, daß Chinas Verbrauch an Primärenergie im Jahr 2000 auf etwa 1,5 Milliarden
Tonnen SKE (eine Verdopplung in 20 Jahren) angewachsen sein
wird, von denen der Kohleanteil etwa eine Milliarde Tonnen SKE
(ungefähr 1,4 Milliarden Tonnen chinesischer Rohkohle) betragen
dürfte. Dieses Ziel könnte ohne besondere Schwierigkeiten durch
Erhöhung der Arbeitsproduktivität der chinesischen Bergleute erreicht werden. Hierfür besteht gute Aussicht, da gegenwärtig im
Tage- und Untertagebau die Arbeitsproduktivität des chinesischen
Bergmanns durchschnittlich nur bei einer Tonne pro Tag liegt. In
Indien ist diese doppelt so hoch, in der Bundesrepublik Deutschland
beträgt sie etwa das Fünffache, obwohl hier – von der Braunkohle-
förderung abgesehen – nur Untertagebau betrieben wird.
Kohle deckt heute etwa 70 Prozent von Chinas Primärenergie-Be-
darf, Erdöl und Erdgas zusammen rund 25 Prozent. Erdgas wird
gegenwärtig nur als Nebenprodukt bei der Erdölförderung gewonnen. Seine Förderung betrug 1984 nur 12,4 Milliarden Kubikmeter

= 15,6 Millionen Tonnen SKE, während Chinas Erdölförderung mit 130 Millionen Tonnen = 190 Millionen Tonnen SKE schon recht eindrucksvoll war und China auf Rang sieben unter den erdölfördernden Nationen brachte. Nach chinesischen Informationsquellen betragen die nachgewiesenen Reserven an Erdöl 30 Milliarden Tonnen = 200 Milliarden Faß. Diese Zahlen liegen etwa eine Größenordnung über den »westlichen« Schätzungen. Die Erdgasvorräte sollen zu den größten der Welt gehören, größer als die Nordamerikas und fast so groß wie die der Sowjetunion.

Chinas Elektrizitätserzeugung ist noch sehr niedrig, ungefähr so groß wie die der Bundesrepublik Deutschland, deren Bevölkerung aber nur 6 Prozent der chinesischen beträgt. China beabsichtigt, seine Elektrizitätserzeugung in Kohlekraftwerken bis zum Jahr 2000 zu verdoppeln und seine Wasserkraftkapazität zu verdreifachen. Im Endausbau könnte die Kapazität der chinesischen Wasserkraftwerke 100 000 Megawatt betragen, also um 30 Prozent höher sein als die gesamte deutsche Kraftwerkskapazität. Würden die Chinesen in fünfzig bis sechzig Jahren den halben Pro-Kopf-Verbrauch der Amerikaner an Elektrizität oder, anders ausgedrückt, den westeuropäischen Pro-Kopf-Verbrauch anstreben, dann müßte China zusätzlich zu dem erwähnten Ausbau seiner Wasserkraft thermische Kraftwerke (fossile und nukleare) mit einer Gesamtkapazität von 1,5 Millionen Megawatt (etwa das Zwanzigfache der gegenwärtigen bundesdeutschen Kapazität) errichten, das heißt insgesamt etwa 2000 der größten heute gebauten Kohlekraftwerke oder rund 1200 der gegenwärtig größten Einheiten von Kernkraftwerken.

Sollte China in Zukunft dem »Weg des geringsten Widerstands« folgen, dann würde Kohle weiterhin 70 Prozent seines Primärenergie-Verbrauchs decken. In diesem Falle müßten dann in China ungefähr fünf Milliarden Tonnen Rohkohle = 3,5 Milliarden Tonnen SKE jährlich gefördert werden. Die dazu notwendigen Arbeitskräfte dürften zur Verfügung stehen. Sofern China überhaupt vor einem schwierigen Ressourcenproblem steht, so ist es das der Wasserknappheit: In der Ebene um Peking zum Beispiel ist in den vergangenen dreißig Jahren der Grundwasserspiegel um 30 Meter auf 35 Meter unter der Erdoberfläche abgesunken.

Die gewaltige Zunahme des Verbrauchs von Kohle und Erdöl wird
natürlich enorme Umweltprobleme zur Folge haben. Mit steigendem Lebensstandard wird sich auch die chinesische Bevölkerung
immer weniger tolerant gegenüber der dann ständig zunehmenden
Luftverschmutzung verhalten. Schließlich werden dann auch in
China aufwendige Technologien für die Reinigung der Rauchgase
von Flugasche, Schwefeldioxid und Stickoxiden (verantwortlich für
den »sauren Regen« und das Waldsterben) eingesetzt werden müssen; man bedenke nur, daß andernfalls in fünfzig bis sechzig Jahren
von diesen Schadstoffen zusammen mit Kohlendioxid und Kohlenmonoxid mehr als 20 Milliarden Tonnen pro Jahr allein aus chinesischen Schornsteinen und Automobilauspuffen in die Luft emittiert
würden.

Wird der CO_2-Anstieg genügend ernst genommen?

Es würde aber in jedem Falle unmöglich sein, die riesigen Mengen
von CO_2 abzufangen, die als hauptverantwortlich für den Treibhauseffekt und damit für die allmähliche Erwärmung des Erdkli-
mas zu betrachten sind. In den führenden Industrieländern des
»Westens« betrachtet man mit großer Sorge das kontinuierliche
Anwachsen des CO_2-Gehalts und der übrigen klimawirksamen
Spurengase in der Atmosphäre, besonders weil nach dem gegenwärtigen Stand der Klimamodell-Rechnungen die Erwärmung der
polnahen Gebiete auf der nördlichen Halbkugel die regenarmen
Zonen weiter nach Norden in die heute produktivsten landwirtschaftlichen Regionen verschieben würde und sie ferner – mit einer
Verzögerung von mindestens mehreren Jahrzehnten – den Meeres-
spiegel so heben könnte, daß die dichtbevölkerten und industriali-
sierten Küstengebiete gefährdet würden.
Solche Klimaveränderungen scheinen jedoch den riesigen »Land-
mächten« wie der Sowjetunion und China viel weniger Sorge zu
bereiten als den Westeuropäern. Als eine Delegation des Club of
Rome schon vor fünfzehn Jahren ihre Bedenken wegen der Folgen

weiteren CO$_2$-Anstiegs in einer Diskussionsrunde über »Die Grenzen des Wachstums« in Moskau vortrug, wurde sie sofort von seiten sowjetischer Akademiemitglieder mit dem Argument konfrontiert, daß für die Sowjetunion eine Erwärmung von Sibirien und Rußlands Norden nur vorteilhaft sein könne. In China könnten die gleichen – wie ich meine, simplizifierenden – Argumente vorgebracht werden. Man sollte daher ins Kalkül ziehen, daß China möglicherweise die Sorge des »Westens« gar nicht in ausreichendem Maße teilen könnte, um auf die Nutzung ihrer gewaltigen Kohlereserven für die Erzeugung dringend benötigter Energie in großem Umfang zu verzichten. Auch Indien könnte versucht sein, auf den Treibhauseffekt mit Gleichmut zu blicken, da sein Territorium in der tropischen und subtropischen Zone liegt, die nach dem gegenwärtigen Wissensstand nur geringe Erwärmung erfahren würde. Das gleiche würde für die übrigen südostasiatischen Staaten gelten, so daß es in dem riesigen euro-asiatischen Block – mit der Ausnahme Westeuropas – schwer sein würde, Verbündete gegen fortgesetzte auf Kohle gestützte Erzeugung von Energie zu rekrutieren. Man mag sich auch die Frage stellen, ob die Vereinigten Staaten und Kanada bereit sein würden, gegen die Nutzung von Kohle und flüssigen Kohlenwasserstoffen Front zu machen, sobald Rauchgasreinigung und andere Abgasreinigungsanlagen ausreichend dazu beigetragen hätten, das Waldsterben auch in Nordamerika zu stoppen; denn die Erwärmung der nördlichen US-Staaten und Kanadas könnte auch dort als willkommen erachtet werden.

Es gibt jedoch eine ganze Reihe spezieller wie allgemeiner Gründe, die gegen die soeben vorgetragenen Argumente sprechen. Nord-Sibirien ist seit Zehntausenden von Jahren dem Permafrost ausgesetzt gewesen, der tief ins Erdreich hineinreicht. Ein beträchtlicher Temperaturanstieg aufgrund zunehmenden CO$_2$-Gehalts in der Atmosphäre würde daher Sibirien nicht in fruchtbares Ackerland, sondern in ein riesiges von Morast bedecktes Gebiet verwandeln, das zum Beispiel für die in der Ukraine infolge der Klimaänderung weggefallenen Ackerbauflächen keinen Ersatz bieten könnte. Und niemand weiß heute, welchen Einfluß eine allgemeine Störung des Klimas auf Verteilung und Menge der Niederschläge haben könnte.

Würden sich nicht vielleicht Muster, zeitliches Eintreten und Dynamik des Monsuns und anderer quasi regelmäßiger atmosphärischer Strömungsvorgänge in unvorhersehbarer Weise verändern und damit katastrophale Folgen zum Beispiel auch für das Klima in Südasien auslösen? Welchen Einfluß würde eine erhebliche Erhöhung der mittleren Temperatur in den polnahen Gebieten auf die großen Meeresströme wie den kalten Labradorstrom und den warmen Golfstrom haben? Ähnliche Fragen sollten auch alle die beschäftigen, welche heute noch die Möglichkeit einer für Nordamerika schädlichen Auswirkung CO_2-bedingter Klimaveränderungen ausschließen oder zumindest gering einschätzen.

Die gigantischen Projekte für die Umleitung sowjetischer und nordamerikanischer Ströme sind auch ein Anzeichen dafür, daß in diesen riesigen Ländern die Sorge um von Menschen zu verantwortende Klimaveränderungen geringer ist als in Westeuropa. In beiden Fällen wird mit dem Projekt beabsichtigt, das Wasser zu ersetzen, das für die Bewässerung der trockenen Landwirtschaftsgebiete im Südosten der Sowjetunion und in Zentralasien ebenso wie im Südwesten der Vereinigten Staaten den dortigen Gewässern entzogen wird. In der Sowjetunion hat der Wasserverbrauch für die künstliche Bewässerung den Wasserspiegel des Kaspischen Meers und des Aralsees bereits enorm sinken lassen: Allein 1985 ist der Spiegel des Kaspischen Meers um 3,5 Meter gesunken. Im Norden Arizonas hat die künstliche Bewässerung ein Sinken des Grundwasserspiegels auf 100 Meter herbeigeführt.

Die nunmehr laut gewordene Sorge um die sowjetischen Pläne rührt daher, daß das in das arktische Meer fließende Süßwasser leichter als das Salzwasser des Meeres ist und daher auf einer Schicht wärmeren, aus dem Atlantik kommenden Salzwassers schwimmt. Das Süßwasser hat damit die Wirkung, die polare Eisdecke vom warmen atlantischen Wasser abzuschirmen. Würde diese Isolierung infolge der Umleitung der Flüsse nach Süden und wegen des somit geringeren Süßwasserzuflusses ins arktische Meer geschwächt werden, dann würde ein teilweises Schmelzen der Eisdecke eintreten, was wiederum zu einer Erwärmung der nördlichen Hemisphäre um einige Grade führen könnte. Dies würde dann unter anderem Ver-

änderungen in der Menge und Verteilung von Niederschlägen verursachen und damit in den südlichen Teilen Rußlands, also in den
heutigen Kornkammern der Sowjetunion, wegen dann dort mangelnden Regens dauernde Mißernten zur Folge haben können. Es
werden hier also die gleichen Konsequenzen befürchtet wie beim
weiteren Anstieg des CO$_2$-Gehalts in der Atmosphäre. Bisher haben
eine Reihe von sowjetischen wie amerikanischen Wissenschaftlern
und Ingenieuren diese Möglichkeit weltweiter Klimaveränderungen
noch auf die leichte Schulter genommen. Doch ist glücklicherweise
in der Sowjetunion und in den Vereinigten Staaten die Diskussion in
Gang gekommen, so daß übereilte Entscheidungen, die unvorhersehbare und möglicherweise katastrophale Klimaveränderungen im
Gefolge haben könnten, wohl nicht getroffen werden. Auf jeden
Fall dürften in diesen Flußumleitungsprojekten zunächst nur kleine,
vorsichtige Schritte gemacht werden.
Mit großer Wahrscheinlichkeit wird niemand durch wissentlich in
Kauf genommene Klimaveränderungen etwas gewinnen können, da
sie für alle die unterschiedlichsten und unvorhersehbare Risiken mit
sich bringen. Klimatische Interdependenz ist wohl noch viel stärker
und unberechenbarer, als es politische und wirtschaftliche Interdependenzen sind. Letztere werden sich allerdings schnell bemerkbar
machen, sobald bestimmte Länder durch derartige klimatische Veränderungen große Nachteile erfahren.
Was läßt sich aber überhaupt gegen die rapide Zunahme des CO$_2$-
Gehalts in der Atmosphäre tun, solange das Zeitalter, in welchem
nur nicht-fossile Primärenergien verwendet werden, noch in weiter
Ferne liegt? Denn die Nutzung der Solarenergie in großem Ausmaß
wird aus wirtschaftlichen und technischen Gründen wohl noch
lange auf sich warten lassen, und man kann kaum damit rechnen,
daß der Trend gegen einen massiven Einsatz der Kernenergie in
wenigen Jahren umgekehrt werden kann.

Das Methan-Zeitalter:
Zeitgewinn für noch sicherere Kernenergie?

Erdgas ist zum allergrößten Teil Methan. Der einfache chemische Aufbau des Methan-Moleküls CH_4 bringt mit sich, daß eine fast vollständige Verbrennung dieses Kohlenwasserstoffs stattfindet; das heißt, nahezu der gesamte Kohlenstoff wird zu CO_2 verbrannt, und fast der gesamte Wasserstoff wird im Verbrennungsvorgang wieder zu Wasser gewandelt. Diese Tatsache ist im Blick auf die Luftverschmutzung äußerst bedeutsam.

Methan ist auch in bezug auf das CO_2-Problem der »angenehmste« fossile Brennstoff: Bei gleichem Wärmeinhalt entsteht bei seiner Verbrennung nur etwas mehr als die Hälfte des CO_2 wie bei der Kohleverbrennung. Könnte man also Kohle und auch Erdöl für die Erzeugung von Wärme und Elektrizität durch Erdgas ersetzen, dann würde der Treibhauseffekt mit all seinen Konsequenzen im kommenden Jahrhundert erheblich gemildert. Dadurch würden die vorhergesagten Klimaveränderungen und der schließlich damit verbundene Anstieg des Meeresspiegels sehr viel langsamer ablaufen, womit wertvolle Zeit für die Vorbereitung des »nicht-fossilen Zeitalters« gewonnen wäre. In dieser Ära würden dann – soweit nicht Sonnenenergie unmittelbar zur Wärmeerzeugung über Biomasse zur Produktion gasförmiger und flüssiger Brenn- und Treibstoffe oder zum Beispiel über Windenergie direkt als mechanische Endenergie etwa zum Pumpen von Wasser eingesetzt wird – Elektrizität und vielleicht auch Wasserstoff als die Endenergien dominieren, welche sich mit nicht-fossilen Primärenergien erzeugen lassen. Erdgas würde somit im kommenden Jahrhundert die Rolle einer »Brücke« von der fossilen zur nicht-fossilen Ära übernehmen (44).

Dieses Szenario hat übrigens auch den Vorteil, flexibel zu sein, indem es keine unabänderlichen Weichen für eine langfristige Energiestrategie stellt, da die hier aufzubauende Infrastruktur auch weitgehend für andere Primärenergie-Träger verwendbar wäre.

Erst vor kurzem ist dieses Potential des Erdgases erkannt worden, nachdem man es – hauptsächlich historisch bedingt – bis heute erheblich unterschätzt hatte. Es ist nur fünfzig Jahre her, daß Erdgas lediglich als Nebenprodukt der Erdölförderung, häufig sogar als unerwünschtes und deshalb abgefackeltes, betrachtet wurde. Ich erinnere mich noch lebhaft an eine Nacht vor fünfzig Jahren, als ich mit einem mexikanischen Kommilitonen von Texarkana, an der Grenze von Arkansas und Texas gelegen, nach Süden in Richtung Austin fuhr und plötzlich zu beiden Seiten der Landstraße ein unübersehbares Meer von Flämmchen erblickte, als ob Tausende von Hektar mit brennenden Fackeln »bepflanzt« wären. Natürlich überraschte mich diese Verschwendung von Energie, die »einzufangen« offenbar als zu unwirtschaftlich, verglichen mit dem Wert des geförderten Erdöls, erachtet wurde.

Es scheint zu allen Zeiten das »Schicksal« von Erdgas gewesen zu sein, daß man immer nur dann auf Erdgas stieß, wenn man etwas anderes suchte, wie zum Beispiel schon 600 v. Chr. in China, als dort Erdgas entdeckt wurde, während man nach Solequellen bohrte. Ebenso wie in China, wo nach Berichten von Konfuzius Bohrungen bis zu 500 Meter Tiefe abgeteuft wurden, bestand die erste wirtschaftliche Nutzung von Erdgas im »Westen« darin, Salz zu trocknen.

Die Erdgasindustrie hat erst vor wenigen Jahren begonnen, sich von der Erdölindustrie abzukoppeln. Bis vor kurzem war die Erschließung der meisten Erdgasvorkommen eine Folge der Suche nach Erdöl (»zugeordnetes« Erdgas), während »reine« Erdgasquellen mehr oder weniger zufällig entdeckt wurden. Hieraus erwuchs die Vorstellung, daß Erdgas eine knappe Energieressource sei, die wahrscheinlich schneller als Erdöl erschöpft sein würde. Wir wissen heute, daß Methan in großen Mengen gefunden werden wird und viel gleichmäßiger als Erdöl über die Erde verteilt ist (44). Gegenwärtig verfügen rund hundert Länder über Erdgasvorhaben von beträchtlichem wirtschaftlichen Wert. Im Gegensatz zum Erdöl wächst die Wahrscheinlichkeit, auf Erdgas zu stoßen, mit der Tiefe der Bohrungen. Zwischen 1000 und 2500 Meter Tiefe bestehen die Kohlenwasserstoff-Lager meistens aus Erdöl; von da ab überwiegt der Erdgasanteil, und unter 4000 Meter Tiefe bestehen sie praktisch nur noch aus Erdgas. Bis zu Tiefen von 30 Kilometern, wo Tempe-

raturen von 1000 Grad Celsius und Drücke von 10 000 bar herr-
schen, ist Methan thermisch stabil. Da sich die Prospektion hauptsächlich auf Erdöl konzentrierte, wurden die tieferen Sediment-
schichten nur wenig erforscht. Doch sollte die vorherrschende Tendenz, tiefere Erkundungsbohrungen vorzunehmen, die Entdeckung
zusätzlicher Erdgasreserven begünstigen.

Der amerikanische Astrophysiker T. Gold (45) belebte vor wenigen
Jahren die bereits vor mehr als hundert Jahren von Alexander von
Humboldt und Dimitrij Mendelejew konzipierte Theorie, daß aus
dem tiefen Erdinnern aufsteigendes Methan für die Bildung der
fossilen Energieressourcen verantwortlich sei. Dieses »abiotische«
Methan stelle daher eine unerschöpfliche, in großer Tiefe und unter
undurchlässigen Gesteinsschichten gespeicherte Energiereserve dar.
Bisher konnte Golds Theorie nicht bestätigt werden. Die Tiefbohr-
projekte (bis 10 000 Meter und tiefer), die man gegenwärtig unter
anderem im Sylvankrater in Schweden, auf der sowjetischen Kola-
Halbinsel und in Bayern durchführt, können vielleicht zur Bestätigung oder Widerlegung von Golds Theorie beitragen.

Aber selbst für den Fall, daß sich die Hoffnung auf den Zugang zu
»abiotischem« Erdgas nicht erfüllt, sind die bereits bekannten Erdgasvorkommen weit größer, als vor zehn, fünfzehn Jahren angenommen. Sobald man die einseitige Suche nach Erdöl aufgibt zugunsten unmittelbar auf Erdgas zielender Tiefbohrungen, die in
Schichten hineinreichen, welche für Erdöl undurchlässig, aber wegen der Kompressibilität von Erdgas für dieses durchlässig sind,
wird man – wie Experten erwarten – noch so viel mehr Methan
finden, daß eher ein Überfluß als die bisher vermutete Knappheit zu
erwarten ist.

Bei diesen Aussichten dürfte es sinnvoll sein, wenn die führenden
Industriestaaten ein zielstrebiges Programm für die technische Entwicklung auf allen Gebieten der Erdgastechnologie erarbeiteten,
wie zum Beispiel auf Erdgas »zugeschnittene« Explorationstechni-
ken, Tiefbohrtechnik (auch auf See), Optimierung von Gasleitungs-
netzwerken (da diese über große Entfernungen die meisten Kosten
verursachen, sogar noch mehr als große Bohrinseln), stark verbes-
serte Methoden zur Erdgasverflüssigung und hochleistungsfähige

Verfahren für die Erzeugung von Wärme und Elektrizität (z. B. Gasturbinen, Brennstoffzellen), die möglichst geringe Luft- und Gewässerverschmutzung verursachen. Wie eine kürzlich veröffentlichte MIT-Studie ergab, können heute schon erdgasbefeuerte Gasturbinen Elektrizität mit einem Gesamtwirkungsgrad von rund 50 Prozent erzeugen, der sich natürlich in Verbindung mit Fernwärmeerzeugung noch erheblich steigern läßt. Dabei erfordern solche Turbinenkraftwerke nur etwa ein Drittel der finanziellen Investierungen für moderne Kohlekraftwerke und noch weitaus weniger als für Kernkraftwerke. Darüber hinaus entstehen wegen des Nichtvorhandenseins von Risiken und praktisch nicht-existenter Luftverschmutzung kaum irgendwelche Standortprobleme. Aus allen diesen Gründen kann man die »Brückenfunktion« von Erdgas in der zu erwartenden langen Übergangszeit in die nicht-fossile Ära nicht hoch genug einschätzen.

Eine verhältnismäßig einfache Rechnung ergibt: Trotz einer Erhöhung des globalen Primärenergie-Verbrauchs von 10 auf 22 Milliarden Tonnen SKE in den nächsten fünfzig, sechzig Jahren ließe sich die zuvor erörterte Begrenzung der mittleren Temperaturerhöhung um etwa ein Grad Celsius erzielen, wenn rund 60 Prozent der gesamten im genannten Zeitraum verbrauchten fossilen Primärenergie vom Erdgas übernommen und gleichzeitig die nicht-fossilen Energiequellen mindestens 25 Prozent des auf 800 Milliarden Tonnen SKE geschätzten Gesamtenergieverbrauchs decken würden. Um dann beträchtliche weitere Temperaturerhöhungen zu verhindern, müßte der Übergang ins nicht-fossile Energiezeitalter bis zum Ende des 21. Jahrhunderts vollzogen werden. Bemerkenswerterweise hat in derartigen Betrachtungen das Energieressourcen-Problem seine Bedeutung so gut wie völlig eingebüßt. Entscheidend ist vielmehr die Frage: Wie läßt sich eine weltweite Übereinstimmung in den Bemühungen herbeiführen, die reichlich vorhandenen Ressourcen so einzusetzen, daß irreversible Klimaveränderungen vermieden werden? Dies ist möglich, wenn die Völker unserer Erde ihre politische und wirtschaftliche Entwicklung im Geiste organischer Weltentwicklung vorantreiben.

Wenn der »Westen« Verbündete im »Osten« und besonders in den

Ländern der industriellen Peripherie zu gewinnen wünscht, um durch drastische Verminderung des Einsatzes von Kohle und Erdöl den sich heute ständig beschleunigenden Anstieg des CO_2-Gehalts in der Atmosphäre zu verhindern, dann müßte die Entwicklung der obenerwähnten Erdgastechnologien mit Macht und Entschlossenheit vorangetrieben werden. Für deren Anwendung in den Entwicklungsländern wäre darüber hinaus jede notwendige technische und finanzielle Unterstützung bereitzustellen. Wegen der großen wirtschaftlichen Vorteile der Erdgastechnologie dürften solche Anstrengungen von gutem Erfolg begleitet sein.

In der Zwischenzeit sollte die Weiterentwicklung aller Solartechnologien, aber auch die der Kernenergie kraftvoll gefördert werden, weil ohne diese der Übergang in das nicht-fossile Energiezeitalter nicht möglich sein wird. In naher Zukunft werden zahlreiche neue Technologien existieren, welche die Probleme des Kernbrennstoffs lösen und geschlossene Brennstoffkreisläufe schaffen, wozu nicht nur die Brüter-Option und die Kernfusion gehören, sondern auch die Möglichkeit, riesige Mengen spaltbaren Materials über hybride Fusionsreaktoren zu gewinnen.

Eines ist aber auch gewiß: Das nicht-fossile Energiezeitalter wird nur kommen und dann andauern, wenn der Friede überall in der Welt gewahrt bleibt. Wegen der »leichten« Verwundbarkeit großer Solarenergieanlagen und der unerträglichen Risiken, die im Falle eines Atomkriegs noch zusätzlich von der möglichen Zerstörung von Kernkraftwerken ausgehen würden, ist »Friede auf Erden« die allerwichtigste Vorbedingung für den Aufbau einer Welt, die sich auf nicht-fossile Energie stützt. Mir als Bürger eines »westlichen« Landes sei gestattet festzustellen, daß diese Überzeugung vom »Osten« geteilt wird. Als ich im September 1986 mit Professor Alexandrow, bis Ende 1986 Präsident der Sowjetischen Akademie der Wissenschaften, ein langes Gespräch über die Tschernobyl-Katastrophe und die Gefahren führte, die aus der Zerstörung von Kernkraftwerken erwachsen, meinte er, ich dürfe ein untrügliches Zeichen für die Entschlossenheit der Sowjetunion zur Friedenswahrung darin sehen, daß sie ihr gewaltiges Expansionsprogramm für den Ausbau der Elektrizitätserzeugung mittels Kernenergie fortsetze, obwohl man sich voll der tödlichen Gefahr bewußt sei, welche im Falle eines Krieges zwischen »Ost« und »West« für die Sowjetunion von den sowjetischen Kernkraftwerken ausgehen würde. Ich möchte dieser Aussage große Glaubwürdigkeit zubilligen; denn mit ihren riesigen Vorräten an Kohle, Erdgas und Erdöl wäre die Sowjetunion mehr als alle anderen Industriestaaten in der Lage, ihren Energiebedarf ohne die Nutzung der Kernenergie zu befriedigen. Ich hoffe, daß diese letzten Zeilen auch den vielen Anti-Atomenergie-Bewegungen im »Westen«, die gewöhnlich eng verbunden, wenn nicht sogar identisch sind mit gewissen militanten Friedensbewegungen, Stoff zum Nachdenken geben.

Schlußbetrachtung

Es dürfte dem Leser der vorangegangenen vier Kapitel kaum entgangen sein, daß bei den meisten der hier behandelten Probleme das monetär gemessene globale Wirtschaftswachstum eine ganz untergeordnete oder überhaupt keine Rolle spielt und daß damit solches Wachstum auch nicht den Schlüssel zur Lösung dieser Probleme bereithalten kann. Vielmehr ist es die Qualität des Wirtschaftswachstums und der übrigen in den verschiedenen Teilen der Welt so unterschiedlichen Entwicklungsaspekte, die für das Entstehen der »Weltproblematik« (s. S. 30) und für die Hartnäckigkeit ihres Weiterbestehens verantwortlich ist; so zum Beispiel die Qualität des politischen Klimas, die Qualität der Weltsicht der politischen Entscheidungsträger, auch die Qualität des technischen Fortschritts und des daraus resultierenden technischen, wirtschaftlichen und sozialen Strukturwandels etc.

Es dürfte auch deutlich geworden sein, daß die weltweit differenzierte Ausformung der erwähnten und vieler weiterer Qualitäten in hohem Maße davon abhängen wird, wie die Menschen in den wohlhabenden und mächtigen Industrieländern ihre Vorbildfunktion ausüben. Ich hege ferner die Hoffnung, viele Leser mögen auch erkannt haben, daß das Paradigma der »organischen Entwicklung« mit seinen auf Seite 66 zusammengestellten Merkmalen einen konzeptionellen Rahmen für eine geeignete und durchhaltbare Wahrnehmung dieser bereits im Prolog ausführlich angesprochenen Vorbildrolle anbietet. Diesen Rahmen mit – dem jeweiligen Problemkomplex angemessenen – konkreten Zielen und Lösungswegen auszustatten, ist die große Zukunftsaufgabe für die politischen und wirtschaftlichen Führungskräfte überall in der Welt, besonders in den gegenwärtig dominierenden Industrieländern. Hierfür gewisse

Leitlinien beispielhaft zu skizzieren und zur Diskussion zu stellen, war für mich auch ein wesentliches Motiv für die Abfassung des zweiten Teils dieses Berichtes an den Club of Rome. Dahinter stand ebenso die Absicht, den Leser zum Erdenken unterschiedlicher Lösungsszenarien anzuregen, auch für viele andere Problembereiche, seien sie globaler, regionaler oder lokaler Natur – und dabei auch zur Frage, ob seine Lösungsszenarien den oben erwähnten Kriterien der »organischen Entwicklung« standhalten.

Die inhaltliche Substanz der vorangegangenen vier Kapitel läßt erkennen, mit welch gewaltigen Schwierigkeiten die Wege zu »organischer Entwicklung« – national und international – gepflastert sind. Dennoch lassen sich immer mehr Menschen in aller Welt nicht von der Suche nach solchen Wegen für die Überwindung ihrer eigenen und der globalen Probleme abschrecken; denn sie sehen hierin eine höchst dringliche Aufgabe, weil sie davon überzeugt sind, daß trotz des zu erwartenden technischen Fortschritts unsere Optionen zur Bewältigung der »Weltproblematik« mit der Zeit abnehmen werden. Trotzdem zögern auch Entscheidungsträger, deren Handeln nicht bloß taktisch bestimmt ist, massive Kurskorrekturen vorzunehmen, weil sie wissen, daß in dieser komplexen Welt langfristig wirksame Entscheidungen selbst nach wenigen Jahren kaum noch korrigiert werden können, sollten sie schon dann als fehlerhaft erkannt werden. Hier könnte die Besinnung auf den konzeptionellen Rahmen der »organischen Entwicklung« die Bereitschaft zu gemeinsamen mutigen Schritten der Entscheidungsträger in den wohlhabenden und mächtigen Ländern erhöhen, die am meisten zur Bewältigung der »Weltproblematik« beitragen können – und es daher auch sollten.

Epilog

In den Jahren seit der Veröffentlichung der »Grenzen des Wachstums« bin ich oft gefragt worden, wann der Club of Rome endlich wieder einmal die Welt mit einem Bericht dieser Qualität aufrütteln werde. Um der Wahrheit die Ehre zu geben: Nichts hat der Club of Rome und besonders sein Gründer Aurelio Peccei mehr gewünscht und erhofft, seit das Buch »Die Grenzen des Wachstums« in Dutzenden von Sprachen in allen Teilen der Welt veröffentlicht wurde. Aber diese Hoffnung blieb unerfüllt.

Jedes Ding hat seine Zeit. Das Buch »Die Grenzen des Wachstums« erschien gerade im rechten Augenblick, nämlich als die ersten Zweifel zu nagen begannen an den Erwartungen für unaufhörlichen Fortschritt, dessen zwingendes Ergebnis der Wohlstand sein würde, früher oder später überall auf Erden. Nach diesem Bericht konnte es einfach keine Wiederholung in Gestalt einer ähnlich schockierenden Botschaft monumentaler Einfachheit geben, sei es durch den Club of Rome oder irgend jemand anders.

Und auch davon bin ich fest überzeugt: Die weltweite Diskussion, welche der Veröffentlichung dieses ersten Berichts an den Club of Rome folgte, war in dem Sinne nützlich, daß dadurch in Millionen von Menschen das Bewußtsein für die »Weltproblematik« erweckt wurde, daß sie unsere Herzen und Sinne für die Dringlichkeit eines radikalen Wandels unserer gegenwärtig so sehr von materiellen Wünschen und Streben beherrschten Wertvorstellungen öffnete. Aber diese kontroverse Debatte nun im »alten« Stil fortzusetzen — meinetwegen auch mit Hilfe immer weiter verbesserter Weltmodelle — würde m. E. nur kontraproduktiv sein. Wenn diese Debatte weiterhin in stets hitzigere dogmatische Dispute entarten sollte, dann würde sie schließlich die Glaubwürdigkeit aller Beteiligten unterminieren, jene von ihnen eingeschlossen, die mit der Bereitschaft, aus der Debatte zu lernen, »Die Grenzen des Wachstums« nunmehr als Ausgangspunkt nehmen möchten, nach neuen praktikablen Wegen zu suchen, die zu einer durchhaltbaren Entwicklungspolitik führen könnten.

Der Leser von »Jenseits der Grenzen des Wachstums« wird – wie ich hoffe – erkannt haben, daß ich bestrebt war, eine Vorstellung davon zu vermitteln, wie in den verschiedenen Teilen der Welt solche Politik gestaltet werden könnte, welche politischen, wirtschaftlichen und moralischen Vorbedingungen für ihre Durchsetzung in einer kompetitiven Welt erfüllt werden müßten. Denn diese Welt wird, davon bin ich überzeugt, weiterhin von Wettbewerb geprägt sein, und in ihr wird Solidarität es schwerhaben, die Folgen häufig rücksichtslosen, egoistischen Wettbewerbs – innerhalb der Völker und zwischen den Nationen – zu mildern. Doch während ohne Wettbewerb der Fortschritt erlahmt, ist Solidarität eine absolute Vorbedingung für unser aller Überleben. Wettbewerb und Solidarität müssen sich nicht notwendigerweise gegenseitig ausschließen. Wettbewerb darf nicht zur völligen Niederlage des Unterlegenen führen; denn das wäre ja – zumindest zeitweilig – das Ende des Wettbewerbs. Der Überlegene sollte vielmehr – im Geiste der Solidarität wie im eigenen, wohlverstandenen Interesse – den Wettbewerb lebendig erhalten, indem er dem Unterlegenen hilft, »wettbewerbsfähig« zu bleiben, nicht zum Schaden anderer, sondern zum Wohle aller. Der 1947 ins Leben gerufene Marshall-Plan war eine solche im Geiste der Solidarität erfolgte Tat.

In der Vergangenheit – und auch heute noch in vielen Teilen der Welt – ist der Wettbewerb zwischen Nationalstaaten immer wieder in Krieg entartet. Nicht zuletzt hat diese Tatsache dazu beigetragen, den Nationalstaat als Institution suspekt werden zu lassen, und Phrasen wie: »Das Schiff der Souveränität hat ein Leck bekommen«, sind in dem Sinne interpretiert worden, daß die Idee des Nationalstaats überholt sei und zugunsten einer supranationalen Weltregierung aufgegeben werden sollte. Natürlich müssen nationalistische Exzesse mit Stumpf und Stiel ausgerottet werden, aber der Nationalstaat als solcher ist weder gut noch böse. Es ist eine immer wieder bestätigte Erfahrung, daß der Nationalstaat nationale Probleme besser zu bewältigen vermag, als dies supranationale Bürokratien könnten, und daß lokale Gemeinden mit lokalen Problemen besser fertig werden als ferne staatliche Verwaltungen. Bevor die Menschen dieser Welt wirklich lernen werden, die globale Umwelt zu bewahren, müssen sie erst einmal begreifen, daß die Idee des »Eigentums« an der lokalen Umwelt und die damit einhergehende Verantwortung aller Teilhaber an diesem »Eigentum« am besten in kleinen Gemeinschaften funktionieren. Dieses Verantwortungsgefühl könnte und sollte dann auch lokale, nationale und regionale Grenzen überschreiten, damit jene Menschen guten Willens, die in tätigem Lernen die Fähigkeit erworben haben, ihre lokalen Probleme zu meistern, sich nun auch – geistig und praktisch vorbereitet – den Problemen der uns allen anvertrauten globalen und universalen »Allmende« stellen: den Problemen der Meere, der Luft, die wir alle atmen, und des Weltraums. Aber in allererster Linie sollten die Menschen bereit sein, sich den Gefahren zu stellen, die unsere geistige und moralische »Allmende« bedrohen. Hier geht es um unsere humanen Werte, und die reichen von der freudigen Bereitschaft, für den Lauf dieser Welt im Großen wie im Kleinen Verantwortung zu übernehmen, bis zu der Charakterstärke, auf moralisch vertretbare Weise die eigenen Rechte zu wahren. Es geht dabei um Toleranz und Achtung für verschiedene Glaubensüberzeugungen und Menschen anderer Rassen, und nicht zuletzt geht es um die Bewahrung unseres kulturellen und sozialen Erbes, ohne das es keinen weiteren kulturellen und sozialen Fortschritt geben kann.

Ich richte diesen Schlußappell für die Stärkung der Qualität des Menschen in all ihren Aspekten insbesondere an die politischen Eliten in aller Welt, die dieser Herausforderung am besten dadurch genügen können, daß sie durch ihren persönlichen Lebensstil die ihnen zukommende Vorbildfunktion für die weniger privilegierten Mitbürger erfüllen. Denn es ist die Qualität des Menschen, die schließlich über das Schicksal unserer Erde entscheiden wird.

Ich finde es daher höchst angemessen, meinen Bericht mit den letzten Sätzen aus Aurelio Pecceis wohl bedeutendstem Buch »Die Qualität des Menschen« (46) zu beschließen: »Was zählt, sind die Menschen, mehr als Taten und Gedanken; denn selbst diese sind ohne die Menschen ein Nichts. Und was wirklich in jedem von uns und in unserem Leben zählt, das sind die Bande der Liebe – die aus eines Menschen Leben mehr als nur eine Episode machen, sondern es innig einbetten in die wachsende, die Zeiten überdauernde Gemeinschaft der Menschen.«

Literaturverzeichnis

(1) Patel, S. J.: *A hopeful future – says the past*. Development Forum, Vol. IV No. 3, April 1987

(2) Pestel, E.: *Kultur und Technik*. Carl Hanser Verlag, München 1985

(3) Meadows, D. L. u. a.: *Die Grenzen des Wachstums,* Bericht an den Club of Rome. Deutsche Verlags-Anstalt, Stuttgart 1972

(4) Peccei, A.: *The Chasm Ahead*. Macmillan, New York 1969

(5) Forrester, J.: *Der teuflische Regelkreis*. Deutsche Verlags-Anstalt, Stuttgart 1972

(6) Mesarović, M. und Pestel, E.: *Menschheit am Wendepunkt,* 2. Bericht an den Club of Rome zur Weltlage. Deutsche Verlags-Anstalt, Stuttgart 1974

(7) Holister, G. S.: *In Praise of Modelling,* in: Impact of Science on Society, Vol. 31, No. 4. UNESCO, Paris 1981

(8) Meadows, D. L.: *Wachstum bis zur Katastrophe*. Pro und Contra zum Weltmodell, S. 108 ff. Deutsche Verlags-Anstalt, Stuttgart 1974

(9) Pestel, E.: *Unsere Chance heißt Vernunft*. Westermann Verlag, Braunschweig 1980

(10) Giarini, O.: *Dialogue on Wealth and Welfare*. An Alternative View of World Capital Formation. A Report to The Club of Rome. Pergamon Press, Oxford 1980

(11) Botkin, J. W., Elmandjra, M. und Malitza, M.: *No Limits to Learning*. Bridging the Human Gap, A Report to The Club of Rome. Pergamon Press, Oxford 1979

(12) King, A.: *The Great Transition*. (Private Information)

(13) Malaska, P.: *Transformational Dynamics Approach to Social Discontinuities,* 1987 (noch unveröffentlicht)

(14) Friedrichs, G. und Schaff, A.: *Auf Gedeih und Verderb,* Bericht an den Club of Rome. Europa Verlag, Wien 1982

(15) King, A.: *The Club of Rome – Reaffirmation of a Mission*. Interdisciplinary Science Reviews, Vol. 11, No. 1, 1986

(16) Carnesale, A. u. a.: *Living with Nuclear Weappons*, Report by the Harvard Nuclear Study Group. Bantam Books, Inc., New York 1983

(17) Pestel, E.: *Breves Apuntes sobre la Manera de Mantener la Paz*, in: Brújula para los Años 2000. Madrid 1986

(18) Kuusi, P.: *This World of Man*. Pergamon Press, Oxford 1985

(19) Boulding, K. E.: *National Defense through Stable Peace*. International Institute for Applied Systems Analysis, Laxenburg (Österreich) 1983

(20) Kjellén, R. und Haushofer, K.: *Die Großmächte vor und nach dem Weltkrieg*. Teubner Verlag, Leipzig 1930

(21) Kant, I.: *Zum Ewigen Frieden*. Universal-Bibliothek Nr. 1501, Stuttgart 1984. – Siehe auch: *Idee zu einer allgemeinen Geschichte in Weltbürgerlicher Absicht*, 1784

(22) Isernia, P.: *The Factors of Peace in the World Community*, Club of Rome Bogotá Conference: Development in a World of Peace, December 1983. Published by Banco Central Hipotecario, Bogotá (Kolumbien) 1984

(23) Pestel, E.: *Wege in die Zukunft*, in: Naturwissenschaft und Technik. Stuttgart 1983

(24) Pestel, E.: *Prinzipien und Leitlinien sowjetischer Außenpolitik*, in: Das sowjetische Konzept der Korrelation der Kräfte und seine Anwendung in der Außenpolitik. Haus Rissen, Hamburg 1982

(25) Hawrylyshyn, B.: *Wegweiser in die Zukunft*, Ein Bericht an den Club of Rome. Pergamon Press, Frankfurt 1982

(26) Pestel, E.: *Denken über die Zukunft (Zukunftsgestaltung: Erwartungen und Möglichkeiten)*. Schweizer Illustrierte, Zürich 1986

(27) Laszlo, E.: *Evolution – Die neue Synthese*, Ein Bericht an den Club of Rome. Europa Verlag, Wien 1987

(28) Guernier, M.: *Die Dritte Welt – Drei Viertel der Welt*, Ein Bericht an den Club of Rome. R. Piper Verlag, München 1981

(29) Cordes, H.: *Wissenschaft und Industrialisierung – Zur Verantwortung des Wissenschaftlers*, in: Naturwissenschaft und Technik, Stuttgart 1983

(30) Fritsch, B.: *Das Prinzip Offenheit*, Olzog Verlag, München 1985

(31) Colombo, U.: *The New Technology and Its Human Impact*, Physis: Inhabiting the Earth, Florenz, Oktober 1986

(32) Landesregierung Baden-Württemberg: *Zukunftsperspektiven gesellschaftlicher Entwicklungen*. Stuttgart, November 1983

(33) Schneider, B.: *Die Revolution der Barfüßigen*, Ein Bericht an den Club of Rome. Europa Verlag, Wien 1986

(34) Herrera, A. O.: *Endogenous Generation of Imitated Innovation*, in: New Frontiers of Technology (Hrsg. E. U. Weizsäcker u. a.). Tycooly International Publishing Ltd., Dublin 1983

(35) Thapar, R.: *Agenda for India*. (Private Information, 1981)

(36) Calderon, Rivera, M.: *Un Nuevo Municipio, un Nuevo Pais*. Bogotá (Kolumbien) 1987

(37) Ventura, A. K.: *Marriage of Traditional and Modern Biotechnologies for the Amelioration of Underdevelopment*, a. a. O. (siehe 34)

(38) Socdjatmoko: *Development as Learning*, 10. Vikram Sarabhai Memorial Lectures Ahmedabad, India, 1985

(39) Roy, R.: *Materials Technologies and their Potential Impact on Third World Nations*, a. a. O. (siehe 34)

(40) Wad, A.: *Limitations and Opportunities for Developing Countries of Emerging Microelectronics Technologies*, a. a. O. (siehe 34)

(41) Veziroglu, T. N.: *Hydrogen Technology for Energy Needs of Human Settlements*. Int. J. Hydrogen Energy, Vol. 12, No. 2

(42) Marchetti, C.: *When will Hydrogen come?* Int. J. Hydrogen Energy, Vol. 10, No. 4

(43) Häfele, W.: *Energy in a Finite World*. Ballinger Publishing Company, Cambridge (Mass.) 1981. – Siehe auch Robert Gerwien: *Die Welt-Energieperspektive*. Deutsche Verlags-Anstalt, Stuttgart 1980

(44) Grübler, A. und Nakicemovic, N.: *The Dynamic Evolution of Methane Technologies*, IIASA Task Force Meeting on the Methane Age, Sopron (Ungarn) 1986

(45) Gold, T.: *The Origin of Natural Gas and Petroleum*, Annual Review of Energy (Hrsg. J. M. Hollender u. a.). Annual Reviews, Inc., Palo Alto (CA) 1985

(46) Peccei, A.: *Die Qualität des Menschen*. Deutsche Verlags-Anstalt, Stuttgart 1978